五年制高职专用教材

U0772050

财会类专业

内部控制与风险管理

■ 主编 蔡晓方 严 艳

中国教育出版传媒集团

高等教育出版社·北京

内容提要

本书是五年制高职专用教材，依据五年制高等职业教育财会类专业人才培养方案，以及内部控制与风险管理课程的主要教学内容和目标要求进行编写。本书以我国现行企业内部控制规范为依据，结合具体操作，理论与实践相结合，介绍企业内部控制机制和风险管理方法。

本书主要内容包括内部控制与风险管理概述、内部环境、风险评估、购销业务内部控制与风险管理、资产业务内部控制与风险管理、其他业务内部控制与风险管理、信息与沟通、内部监督和内部控制评价、风险管理的流程与方法九个项目，每个项目设有项目训练。整个教材体系由浅入深、通俗易懂，具有很强的可读性、可操作性。

本书配套扩展阅读等学习资源，请登录高等教育出版社 Abook 新形态教材网（https://abooks.hep.com.cn）获取相关资源。详细使用方法见本书最后一页"郑重声明"下方的"学习卡账号使用说明"。

本书可作为职业院校大数据与会计专业及财会类相关专业教学用书，也可用于企业管理人员岗位培训、审计从业人员参考或继续教育教学。

图书在版编目（ＣＩＰ）数据

内部控制与风险管理 / 蔡晓方，严艳主编． -- 北京：高等教育出版社，2024.12（2025.8重印）.-- ISBN 978-7-04-062408-3

Ⅰ．F272.3

中国国家版本馆CIP数据核字第2024GM0181号

Neibu Kongzhi yu Fengxian Guanli

策划编辑	王　印
责任编辑	刘　睿
封面设计	李卫青
版式设计	杨　树
责任绘图	裴一丹
责任校对	胡美萍
责任印制	刁　毅

出版发行	高等教育出版社
社　　址	北京市西城区德外大街 4 号
邮政编码	100120
印　　刷	鸿博汇达（天津）包装印刷科技有限公司
开　　本	889mm×1194mm　1/16
印　　张	17
字　　数	290 千字
购书热线	010-58581118
咨询电话	400-810-0598
网　　址	http://www.hep.edu.cn
	http://www.hep.com.cn
网上订购	http://www.hepmall.com.cn
	http://www.hepmall.com
	http://www.hepmall.cn
版　　次	2024 年 12 月第 1 版
印　　次	2025 年 8 月第 2 次印刷
定　　价	47.80 元

本书如有缺页、倒页、脱页等质量问题，请到所购图书销售部门联系调换

版权所有　侵权必究

物 料 号　62408-00

　　五年制高等职业教育（简称五年制高职）是指以初中毕业生为招生对象，融中高职于一体，实施五年贯通培养的专科层次职业教育，是现代职业教育体系的重要组成部分。

　　江苏是最早探索五年制高职的省份之一，江苏联合职业技术学院作为江苏五年制高职教育的办学主体，经过20年的探索与实践，在培养大批高素质技术技能人才的同时，在五年制高职教学标准体系建设及教材开发等方面积累了丰富的经验。"十三五"期间，江苏联合职业技术学院组织开发了600多种五年制高职专用教材，覆盖16个专业大类，其中178种被认定为"十三五"职业教育国家规划教材。学院教材工作得到国家教材委员会办公室认可并以"江苏联合职业技术学院探索创新五年制高等职业教育教材建设"为题编发了《教材建设信息通报》（2021年第13期）。

　　"十四五"期间，江苏联合职业技术学院依据"十四五"教材建设规划进一步提升教材建设与管理的专业化、规范化和科学化水平。一方面与全国五年制高职发展联盟成员单位共建共享教学资源，另一方面与高等教育出版社、凤凰职业教育图书有限公司等多家出版社联合共建五年制高职教材研发基地，共同开发五年制高职专用教材。

　　本套"五年制高职专用教材"以习近平新时代中国特色社会主义思想为指导，落实立德树人根本任务，坚持正确的政治方向和价值导向，弘扬社会主义核心价值观。本套教材依据教育部《职业院校教材管理办法》和江苏省教育厅《江苏省职业院校教材管理实施细则》等要求，注重系统性、科学性和先进性，突出实践性和适用性，体现职业教育类型特色；遵循长学制贯通培养的教育教学规律，坚持一体化设计，契合学生知识获得、技能习得的累积效应，结构严谨，内容科学，体例编排得当，适应五年制高职学生生理成长、心理成长、思想成长跨度大的特征，针对性强，是为五年制高职量身打造的专用教材。

江苏联合职业技术学院

教材建设与管理工作领导小组

2022 年 9 月

我国发展正处于重要战略机遇期，在发展期间，企业所面临的风险越来越多，越来越复杂，以至于到了"无处不在无时不在"的地步，给企业的生存和发展带来了威胁和挑战。为此，党的十九大将防范化解重大风险纳入要坚决打好的三大攻坚战之列。也正因为如此，习近平总书记多次发表重要讲话强调风险治理的重要性，并提出明确要求，包括强化风险意识，提高风险化解能力，完善风险防控机制。可见，建立健全和有效实施内部控制与风险管理制度体系已经成为企业实现可持续发展的必然要求。

本书以风险管理为主线、内部控制为辅线，突出风险及其管理的重要性，力求在深入贯彻风险管理的同时，增强企业内部控制体系的风险应对能力并完善其操作规范，提升企业在激烈的市场竞争中防范风险、强化内控的基本技能。本教材由江苏联合职业技术学院徐州财经分院蔡晓方及严艳担任主编，负责制定编写大纲、设计教材体例、提出编写方案并统稿、总纂。具体分工如下：项目一由徐州经贸分院武艳颖编写，项目二由徐州财经分院杨雅晴编写，项目三由扬州高职校雍茹佳编写，项目四由徐州财经分院严艳编写，项目五由徐州财经分院段彦编写，项目六由盐城生物工程高职校景卉编写，项目七由徐州财经分院戚筱伊编写，项目八由徐州财经分院蔡晓方编写，项目九由徐州财经分院刘慧敏编写。

为了进一步提升高职学生的实际技能，在总结我国改革开放以来内部控制与风险管理领域经验教训的基础上，编者在书中引入更具操作性与可读性的案例，讲好中国故事，展现中国形象。围绕内部控制与风险管理主线，以法治思维、底线意识、社会责任、职业道德、反舞弊等为重点，通过"案例导入"等栏目将职业素养融入知识学习，努力契合职业教育价值塑造、知识传授、能力培养"三位一体"的人才培养目标。

为适应"互联网＋"时代教学环境的变化，提升教师的教学技能，激发学生的学习兴趣，本书配有"扩展阅读"等学习资源，为学生提供更优质的学习体验，为教师提供更便利的教学资源，从而建立起纸质教材与移动终端交互立体可视化的现代教学生态模式。

　　本书作为内部控制与风险管理的入门教材，适合大数据与会计、大数据与财务管理、大数据与审计、金融科技等开设相同或类似课程的专业的五年制高职学生学习，也可供相关财务、会计类从业人员以及其他对风险管理与内部控制感兴趣的人员参考。本书案例中的企业与真实企业无关，如有雷同，纯属巧合。由于编者水平有限，书中难免存在疏漏之处，恳请广大读者指正，在此深表感谢。读者意见反馈邮箱：zz_dzyj@pub.hep.cn。

编　者

2024 年 5 月

目录

001 项目一 内部控制与风险管理概述

003 任务一 内部控制与风险管理的概念及特性

014 任务二 内部控制与风险管理的产生与发展

026 任务三 内部控制与风险管理的目标、要素与原则

035 项目二 内部环境

037 任务一 内部环境概述

040 任务二 组织架构

050 任务三 人力资源

055 任务四 企业文化

060 任务五 内部审计

067 项目三 风险评估

069 任务一 目标设定

075 任务二 风险识别

086 任务三 风险分析

102 任务四 风险应对

107 项目四 购销业务内部控制与风险管理

109 任务一 业务活动内部控制的基本思路与内容

113 任务二 采购业务内部控制与风险管理

123 任务三 销售业务内部控制与风险管理

133 项目五 资产业务内部控制与风险管理

135 任务一 货币资金业务的内部控制与风险管理

148 任务二 生产与存货业务的内部控制与风险管理

157 任务三 固定资产业务的内部控制与风险管理

164 任务四 无形资产业务的内部控制与风险管理

171 项目六 其他业务内部控制与风险管理

173 任务一 财务报告的内部控制与风险管理

180 任务二 工程项目的内部控制与风险管理

193 任务三 合同管理的内部控制与风险管理

201　项目七　信息与沟通

203　任务一　企业内部信息传递与控制

216　任务二　企业信息系统内部控制

233　项目八　内部监督和内部控制评价

235　任务一　内部监督

242　任务二　内部控制评价

247　项目九　风险管理的流程与方法

249　任务一　风险管理的流程

257　任务二　风险管理的方法

内部控制与风险管理概述

项目目标

1. 熟悉《内部控制——整合框架》（2013）的整体变化；
2. 了解内部控制的概念及发展，掌握内部控制的特性；
3. 了解风险管理的概念及发展，掌握风险管理的特性；
4. 熟悉与内部控制各要素相关的基本原则及其主要目标；
5. 掌握内部控制与风险管理建设应遵循的基本原则；
6. 了解内部控制各要素。

```
内部控制与风险                内部控制与风险管理的            内部控制的概念
管理概述                      概念及特性                   风险管理的概念
                                                      内部控制与风险管理的特性

                            内部控制与风险管理的            内部控制与风险管理的产生
                            产生与发展                   内部控制与风险管理的发展

                            内部控制与风险管理的            内部控制与风险管理的目标
                            目标、要素与原则              内部控制与风险管理的要素
                                                      内部控制与风险管理的原则
```

内部控制与风险管理的概念及特性

"一带一路"倡议是世界的机遇，也是中国企业的机遇。自2001年中国正式提出"走出去"战略以来，中国企业"走出去"方式不断跨越升级，而"一带一路"倡议更为中国企业"走出去"指明了方向，描绘了一幅壮丽的全球化蓝图。然而，"走出去"的企业必然要面对与国内不同的政治体系、文化背景、发展环境和舆论体系。这种差异不仅客观存在，还表现出多样性、复杂性的特点，给企业跨国经营带来一定的风险和挑战。这就要求中国企业在"一带一路"新时代背景下"走出去"时，进行系统的内控与风险管理问题的深层思考，如何架起沟通桥梁、用好文化媒介、发挥建设力量，实现与当地社会的文化相融、民心相通、共同发展，进一步做好跨地域沟通、跨理念管理和跨文化传播，必须加快提升"走出去"企业的内部控制与风险管理的软实力。

通过本任务的学习，掌握内部控制的特性，熟悉与内部控制各要素相关的基本原则及其主要目标，了解内部控制的概念，同时思考为什么"一带一路"背景下中国企业"走出去"必须要提升内部控制与风险管理软实力？

一、内部控制的概念

内部控制（internal control）已经被公认为是企业长期健康发展的法宝之一。随着企业自身对规范化管理和股东掌握企业运营准确信息的需要，以及外部审计师审计财务报表的需要，理论界和实务界对内部控制的关注日益密切。特别是在美国的"安然事件"和"世通公司财务欺诈案"之后，全球范围内掀起了一股内控管理热潮。各个国家也从制度层面对企业内部控制进行了规范和要求，尤以《2002 年公众公司会计改革和投资者保护法案》（以下简称《萨班斯法案》）为代表。《萨班斯法案》是一部涉及会计职业监管、公司治理、证券市场监管等方面改革的重要法案，是美国关于会计和公司治理的一揽子改革方案。法案要求所有在美国上市的公司（包括在美国注册的上市公司和在外国注册而在美国上市的公司）都必须遵守该法案。此后，各国政府也开始积极推动企业内部控制的发展，减小企业的舞弊和违规行为对市场经济秩序的消极影响。

在我国，企业内部控制标准委员会于 2006 年正式成立。2006 年 6 月，国务院国有资产监督管理委员会（简称国资委）发布了《中央企业全面风险管理指引》，这是我国第一个全面风险管理的指导性文件。2008 年 5 月，财政部、中国证券监督管理委员会（简称证监会）、审计署、中国银行业监督管理委员会（简称银监会）、中国保险监督管理委员会（简称保监会）①五部委联合发布了《企业内部控制基本规范》，该规范的发布，标志着我国企业内部控制规范体系建设取得重大突破。2010 年 4 月，上述五部委又联合发布了《企业内部控制配套指引》，标志着适应我国企业实际情况、融合国际先进经验的中国企业内部控制规范体系基本建成。

什么是内部控制？为什么要进行内部控制？企业如何进行内部控制？这些是现代企业面对百年未有之大变局和全球经济一体化大潮下，生存与发展需要解决的几个关键问题。

内部控制是一个非常重要的管理术语，是现代企业管理的重要手段，是促进企业实现战略目标和经营计划的必要因素。英文"control"，不仅指控制，还有管理、核实、检验、限制、支配、监督、指导等含义。

在 1992 年以前，理论界不同的组织和学者对内部控制概念的内涵界定有着不同的答案，对内部控制概念存在多种不同解释。从审计视角来看，内部控制是保证财务报告可靠性的手段和方法；从管理者视角来看，内部控制是保证企业经营效率和目标实现的管理活动；从股东和其他利益相关者的角度来看，内部控制是为了解决代理人的道德风险与逆向选择问题而建立的一套监督和制衡制度，即公司治理制度。

企业内部控制是由企业董事会、经理层以及其他员工共同实施的，为财

---

① 2018 年银监会、保监会合并成立中国银行保险监督管理委员会（简称银保监会）；2023 年在银保监会的基础上组建国家金融监督管理总局。

务报告的准确性、经营活动的效率与效果、相关法律法规的遵循性等目标的实现提供合理保证的过程。内部控制活动分成五个部分，即控制环境、风险评估、控制活动、信息与沟通和监督。

结合国内的实际情况和一些前沿的研究成果，我国 2008 年 5 月发布的《企业内部控制基本规范》将内部控制定义为：由企业董事会、监事会、经理层和全体员工实施的、旨在实现控制目标的过程。

内部控制的目标，是合理保证企业经营管理合法合规、资产安全、财务报告及相关信息真实完整，提高经营效率和效果，促进企业实现发展战略。

内部控制的主体，即内部控制设计、执行和考核评价的主体，是单位内部的行政领导、职能部门及其相关人员。

内部控制的客体，是单位内部的经济、业务管理活动。为了控制客体，即控制单位内部的一切生产经营活动、财务收支活动和各种行政业务管理活动，必须针对其具体环节建立内部控制制度，制定一套相互联系、相互制约的程序和方法，使之严格按照计划规定的预期目标，有秩序、有效率地进行。内部控制以责任、牵制、程序、手续等各项制度为控制依据，建立健全合理的组织机构，明确部门和个人的职权范围及其责任界限，规定授权处理程序及相互联系、相互制约的内部流程和方法。

内部控制的主要目的是，领导、组织、协调、监督企事业单位和机关团体内部的各项管理活动，促使其认真贯彻执行管理部门制定的方针、政策，准确、可靠地取得各种管理信息，确保财产安全、完整，不断提高经营管理水平，如期实现管理目标。

内部控制的全过程，其实质就是有效地执行经营策略的一种管理控制。要求管理人员在特定的环境和期限内，按照内部控制的要求，以最经济有效的方式去完成目标任务，实现整体经营策略和目标，这就是内部控制的作用。

内部控制体系的建立、执行、检查、测试和评价，是现代管理学和现代审计学共同关心的问题。因此，内部控制学属于新兴的边缘学科。

二、风险管理的概念

风险是可能对组织目标的实现产生影响的各种不确定性因素，可能造成实际结果与预期目标的差异，而风险管理（risk management）则是内部控制发展的新阶段。

风险管理是对企业内部可能产生的各种风险进行识别、衡量、分析、评价，并适时采取及时有效的措施进行应对的过程。

按照国资委 2006 年发布的《中央企业全面风险管理指引》，企业实施风险管理应该围绕总体目标，在生产经营和管理活动的各个环节执行风险管理流程，培育良好的风险管理文化，建立健全风险管理体系。全面风险管理包括五个基本要素：风险管理策略、风险管理措施、风险管理组织体系、风险管理信息系统和内部控制系统，如图 1-1 所示。风险管理流程主要包括收集风险信息、进行风险评估、制定风险管理策略、提出和实施风险管理解决方案、监督与改进风险管理等工作。

图 1-1 全面风险管理

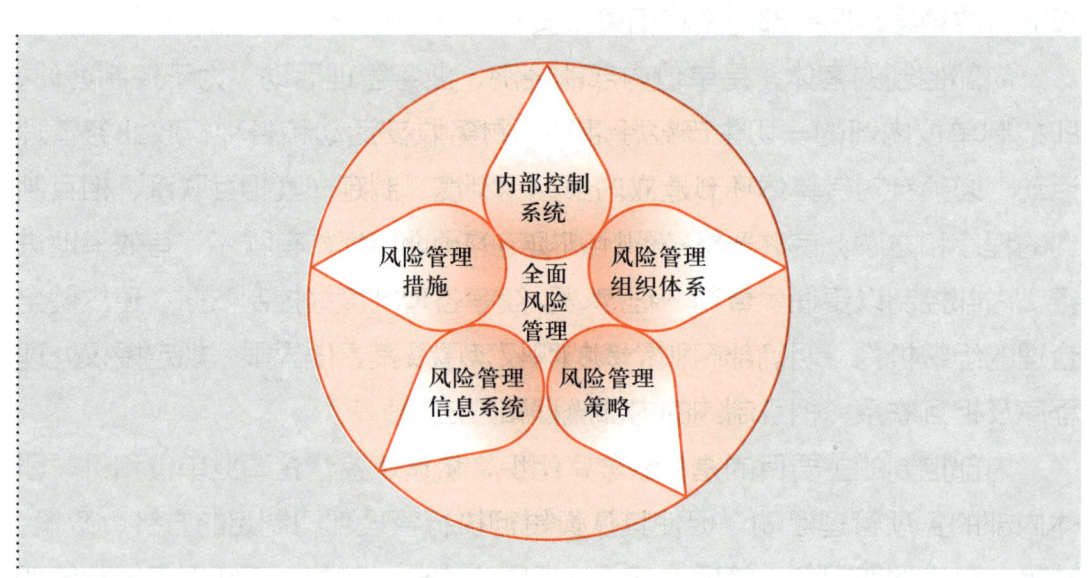

风险管理是一个动态管理过程，受企业董事会、管理层和其他员工的影响，包括内部控制及其在战略管理和整个公司活动中的应用，旨在为实现经营的效率和效果、公司报告的可靠性及法规的遵循提供合理保证。

内部控制是实现风险管理的手段，是企业风险管理的重要内容，两者融为一体，整合为一个完整的框架。风险管理的整合框架如图 1-2 所示。

风险管理在内部控制整合框架的基础上增加了战略目标和目标设定、事项识别、风险应对三个要素，从而形成了一个具备完整三维度结构的整合框架。目标层面包括：战略目标、经营目标、合规性目标和报告目标。在目标层面，风险管理的最高目标是帮助企业实现发展战略，促进企业的可持续发展。要素层面包括：控制环境、目标设定、事项识别、风险评估、风险应对、控制活动、信息与沟通、监控。在要素层面，突出了风险评估和风险应对的重要性，从目标设定、事项识别、风险评估和风险应对四个方面完善了风险管理流程，并定义了风险偏好和风险容忍度两个概念。结构层面包括：

图 1-2　风险管理的整合框架

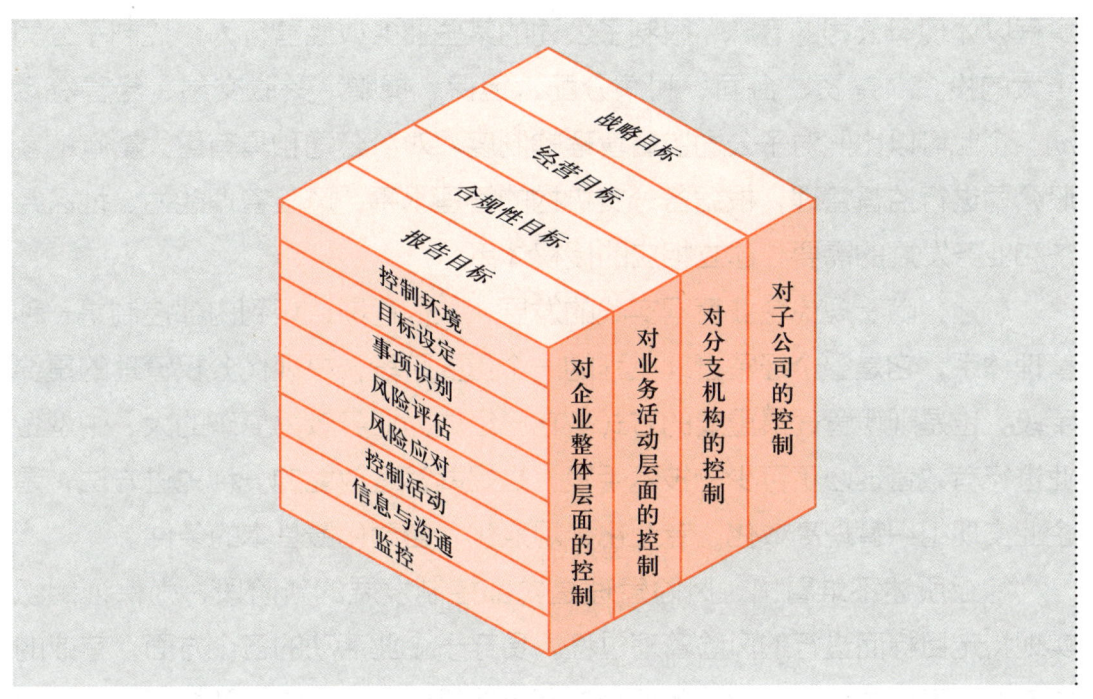

对企业整体层面的控制、对业务活动层面的控制、对分支机构的控制和对子公司的控制四个方面。在结构层面,风险管理活动贯穿于企业上下和业务始终,上至公司战略和经营计划,下至业务单元和职务岗位,是一种全面的风险管理。在报告目标方面,拓展了范围,由财务报告目标扩大到促进公司整体报告可靠性的提高。对企业整体层面的控制,是指存在于企业整体范围内,对内部控制目标的实现能够产生深远影响,与内部控制各要素直接相关的基础性控制。对业务活动层面的控制及其他控制的有效实施,能够产生普遍影响的控制领域。例如,企业的风险管理理念、风险承受能力、全面预算管理、信息系统及沟通机制、内部监督的有效性、公司治理水平、内部机构设置和运行的有效性、对诚信和道德价值观的遵守、管理理念和经营风格、员工素质与权责配置等。对业务活动层面的控制,是指针对企业主要业务活动开展的控制,涉及资金业务、资产管理投资业务、筹资业务、采购业务、生产业务、销售业务、工程项目、担保业务、业务外包等。对分支机构的控制,是指企业总部或上级管理部门为确保分支机构在运营过程中能够有效地识别、评估、应对和监控各种风险,从而实现企业整体风险目标和战略规划而采取的一系列管理措施和手段。这些控制措施旨在规范分支机构的行为和决策,协调其与总部的风险偏好和策略,保障企业资源的合理配置和安全,降低因分支机构风险失控而给整个企业带来的损失,促进企业在各分支机构的协同运作下稳健发展。对子公司的控制主要涉及选任子公司董事、经理、总会计师等高管人员,并对选派人员进行绩效考核与薪酬激励;修订子公司章程以体现母公司的意志，限制子公司的某些业务或经营行为；控制子公司重大的投资、筹资、合同、利润分配、担保、捐赠、关联交易、经营等活动。企业可以比照对子公司监督管理的制度，对分公司和具有重大影响的参股公司进行监督管理，根据各分支机构的管理水平、风险管理能力、地区经济和业务发展的需要，建立相应的授权体系。

总之，随着现代企业管理实践的发展，人们逐渐认识到内部控制是一种管理体系，它是整个经营管理过程的一个重要阶段，是现代分权管理的重要手段，也是现代管理最重要的方式。它已经成为业务较为复杂的大、中型企业进行有效管理必不可少的技术手段，是提高管理效能的一种先进方法，是企业实现组织管理高效化、专业化、规范化、自动化最基本的条件。

综上所述不难看出，风险管理是内部控制发展的新阶段，为保证组织实现特定目标而进行的风险管理过程，贯穿于企业活动的各个方面。有效的内部控制不仅关系到企业的各项经济目标能否达到、经济效益能否实现，也是企业建立现代企业管理制度的一项根本要求。因此，无论是政府机关的负责人，还是企业的领导者，都应该高度重视内部控制，建立健全内部控制制度。

三、内部控制与风险管理的特性

（一）内部控制的特性

从内部控制的定义，可以看出内部控制具有以下特性：

（1）内部控制是一个动态的过程，是为实现企业目标而实施控制活动的过程。包括持续的任务和活动，是达到目标的手段。内部控制过程涉及事前、事中和事后，覆盖决策、执行和监督等全过程。

（2）内部控制不是单纯的政策、制度、流程和表单，而是由目标、要素及原则等构成的完整框架，强调对制度及流程的执行过程和效率效果。内部控制是一项全面的风险管理活动，涉及全员、全方位和全过程，覆盖企业整体层面、业务单元及处理流程、业务或地区分部及子公司等各个层面。因此，内部控制建设绝不等同于制度建设，而是要建立健全有效的内部控制框架。

（3）内部控制的主体是全体员工，而不仅仅是管理层，上至董事会、监事会、管理层，下至普通员工，都是实施控制活动的主体。当然，董事会对内部控制的建立健全和有效性承担最终责任。

（4）内部控制已从制约理念提升为可持续发展理念，内部控制的目标不仅仅是预防差错和舞弊，而是由合法性目标、报告目标、资产目标、经营目标及战略目标等构成的一个多目标管控体系。预防差错和舞弊是较低层面的控制目标，已经融入其他几类目标，没有必要单独提出。内部控制的最高目标是促进公司实现发展战略和可持续发展。

（5）内部控制只能提供一种合理保证，不能提供绝对保证。任何组织的内部控制体系都存在局限性，没有人能够对不确定性和风险事件进行绝对准确的预测，追求绝对保证是不切实际的。目标设定不适当、员工串通、管理层凌驾、人员素质低、职业判断失误、成本效益低、外部环境变化莫测等都可能导致内部控制失效。

（6）内部控制的对象是风险，而不是员工，员工是内部控制的主体。

（7）内部控制是由人设计和实施的，内部控制的核心是人，人的素质及其具体行动直接影响内部控制的有效性。每位员工都有特定的背景、操守、能力和需求，企业每天都可能面临各种问题，而相关人员可能无法完全理解这些问题的本质，对事件重要性的认识和采取的具体行动也有差异。这些个体差异如果不能正确地与组织的目标协调一致，将直接影响内部控制的有效性。内部控制的最高境界是"无为而治"，如果每一位员工都能做到业务能力足够强，个人道德修养非常高，责任感和使命感异常坚定，与企业同呼吸、共命运，达到"人企合一"，就不需要内部控制了。企业应重视人力资源、社会责任、企业文化等软环境建设，积极培育以人为本的管理理念。高层管理人员应建立恰当的管理基调，强调内部控制和行为准则的重要性，带头垂范，以身作则。

（8）内部控制的定义具有普遍适用性和灵活性。内部控制的定义被设计得很宽泛，这是因为：一方面，它必须具有普遍适用性，适用于任何类别、任何行业或地区的任何组织，能为主体设计、实施和执行内部控制，以及开展内部控制有效性评价提供基本的概念支撑；另一方面，它必须具有灵活性，主体可根据特定需求或实际情况建立或维护内部控制体系。它既可以覆盖组织整体，也可以在下属单位、分部、业务单元或在与经营、报告和合法目标相关的某个职能部门内开展。

内部控制的概念及特性参见图1-3。

图 1-3　内部控制的
概念及特性

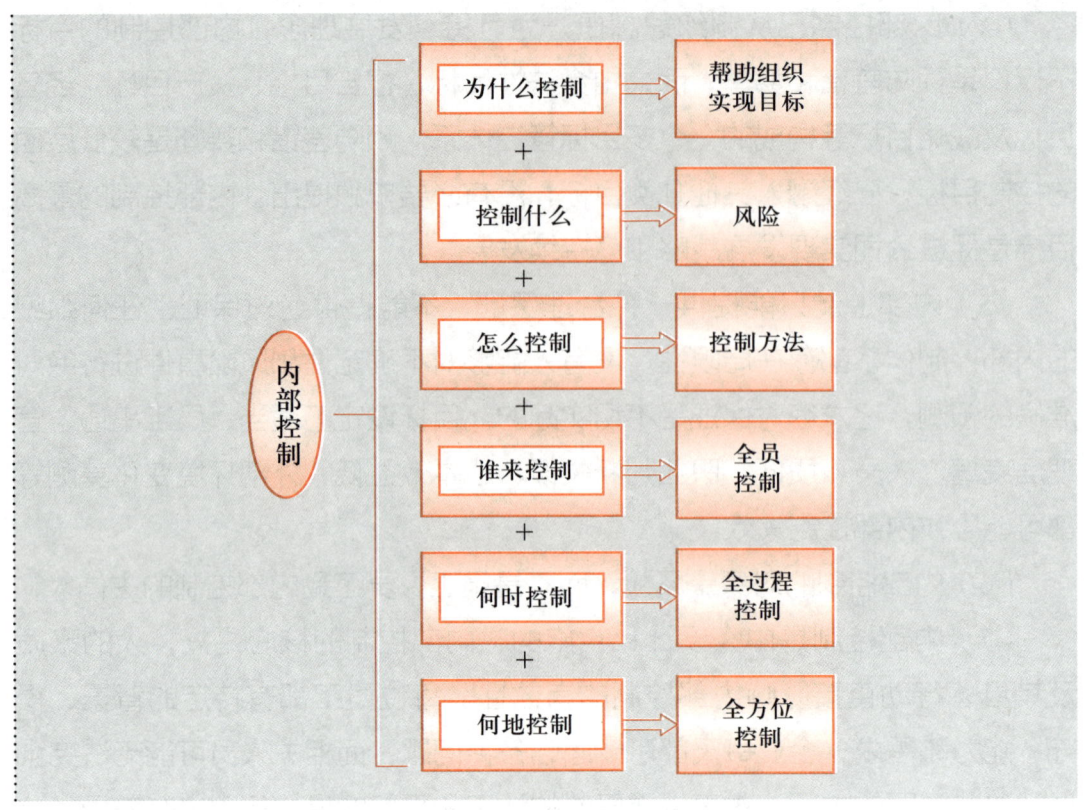

（二）风险管理的特性

1. 战略性

战略性的一个重要内容，就是将实力的对抗、资源的消耗，变成智慧的较量。在战略层面整合和管理企业层面风险是全面风险管理的价值所在，风险管理的目标不仅仅是使公司免遭损失，主要是运用于企业战略管理层面，包括能在风险中抓住发展机遇。战略性可归纳为三个"确保"：一是确保企业风险管理目标与业务发展目标相一致；二是确保企业风险管理能够涵盖所有业务和所有环节中的风险；三是确保能够识别企业所面临的各类风险。

2. 一致性

风险管理有"道"也有"术"，风险管理的"道"根植于企业的价值观与社会责任感；风险管理的"术"是具体的操作技术与方法；风险管理的"道"是"术"之纲，"术"是"道"的集中体现，二者高度一致。

3. 关联性

有效的风险管理系统是一个由不同的子系统组成的有机体系，如信息系统、沟通系统、决策系统、指挥系统、后勤保障系统、财务支持系统等。因而，企业风险管理的有效与否，除了取决于风险管理体系本身外，在很大程度上还取决于它所包含的各个子系统是否健全和有效，任何一个子系统的失灵都有可能导致整个风险管理体系的失效。

4. 集权性

集权的实质就是要在企业内部建立起职责清晰、权责明确的风险管理机构，因为清晰的职责划分是确保风险管理体系有效运作的前提。同时，企业应确保风险管理机构具有高度权威，并尽可能不受外部因素的干扰，以保持其客观性和公正性。

5. 系统性

风险管理战略的系统性在很大程度上取决于其是否拥有一套系统的、规范的全面风险管理体系与所获信息是否充分，而风险管理战略能否被正确执行则受制于企业内部是否有一个高效的全面风险管理体系与信息沟通渠道。有效的信息沟通可以确保企业所有人员都能正确理解其工作职责，使风险管理体系各环节正常运行，从而为实现风险管理的总体目标提供合理的保证。

6. 创新性

风险管理既要充分借鉴成功的经验，又要根据风险的实际情况，尤其要借助新技术、新信息和新思维，进行大胆创新。

（三）内部控制与风险管理的关系

内部控制是对影响企业目标实现的众多不确定因素进行辨别和评估、实施相应的控制活动，以管理和控制这些风险，从而为企业目标的实现提供合理保证的过程。如图 1-4 所示，内部控制与风险管理有融合之势。我国《企业内部控制基本规范》及其配套指引，充分吸收了全面风险管理的理念和方法，始终贯穿着风险导向的基本原则，强调了内部控制与风险管理的统一。内部控制的目标就是防范和控制风险，促进企业实现发展战略；风险管理的目标也是促进企业实现发展战略，两者都要求将风险控制在可承受的范围之内。因此，内部控制与风险管理不是对立的，而是协调统一的整体。

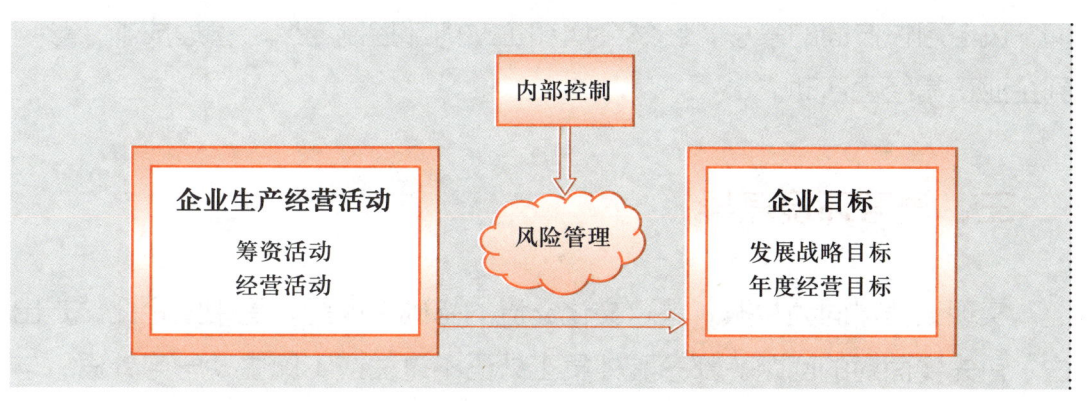

图 1-4　内部控制与风险管理

实践中，应淡化对两者关系的区分和研究。企业在实际工作中应从工作内容、目标、要求，以及具体工作执行的方法、程序等方面，将内部控制建设和风险管理工作有机地结合起来，避免职能交叉、资源浪费、重复劳动，降低企业管理成本，提高工作效率和效果。

内部控制与风险管理的有机结合，能够将企业的发展战略、管理理念、控制要求融入公司治理、企业文化、岗位授权、制度规范和业务流程之中，通过风险评估、风险预警、信息沟通、流程监控、有效性评价、缺陷改进等活动，推动企业管理从单一制度管理向体系化管理转变、从传统管理向风险管理转变、从事后监督向过程监督转变、从职能条块化管理向全流程化管理转变，实现企业管理水平的全面提升。

任务实施

为什么"一带一路"背景下中国企业"走出去"必须要提升内部控制与风险管理软实力？

一、政治法律差异

中外政治制度、政治环境差异较大。另外，不同国家受其政治体制的影响，其法律环境也与国内不尽相同，不能完全按国内的法律环境考虑问题，因此，面对不同国家的政治法律差异要努力降低企业的内部控制与风险管理成本。

二、文化习俗差异

各国宗教信仰、文化习俗不同，有时同一个国家不同的地区也会有不同的宗教信仰。中国企业必须了解这些文化习俗差异，如果触犯当地宗教信仰、风俗习惯方面的禁忌，必然会增加企业内部控制与风险管理成本，影响到企业正常经营活动。

三、语言环境差异

实现语言"同频共振"是跨文化交流的基础性问题，是中国企业"走出去"首先要面对的问题。部分驻外员工外语不过关或不愿主动学习外语，与当地员工沟通效率低，造成企业内部控制与风险管理成本的增加，甚至造成彼此的误解。

四、企业管理差异

文化差异使中国企业管理的风格、工作习惯等与驻外当地企业管理的风格、工作习惯存在一定的差异。例如，中国企业重视伦理道德，强调个人利益要服从集体利益，西方则偏重个人表现，将工作时间和个人生活时间分得很清。中国企业在项目实施过程中，一般以完成任务为首要目标，而一些西方的项目监理则强调"过程中的每一步都要正确"，这在海外项目赶工期时往往导致一些管理理念上的冲突。

五、舆论传播差异

一方面，西方媒体习惯于"戴着有色眼镜"对中国企业进行报道。另一方面，中国企业往往不能很好地适应当地的舆论环境和传播规律，在话题的渠道选择、舆论的表达方式、与当地媒体协作等方面存在理念上的差异，实际传播效果大打折扣，面对海外舆情更是缺少有效的内部控制与风险管理措施。

总之，中国企业"走出去"要坚持把握好方向，围绕当地社会关注的焦点，向世界讲好中国故事，阐述好"构建人类命运共同体"和共建"一带一路"惠及全球的理念，让世界更加了解中国及中国企业的内部控制与风险管理的风格和特色。要民心相通，坚持以平等、亲和的视角做好海外传播，使更多的中国企业"走出去"，共建"一带一路"，为构建人类命运共同体做出中国的贡献。

任务二

内部控制与风险管理的产生与发展

案例导入

风险管理案例：外国某石油公司漏油事故

2010 年 4 月 20 日，某石油公司重蹈覆辙，再次发生原油泄漏事故。冰冻三尺，非一日之寒，该公司两次都跌倒在同一个地方——企业内部控制与风险管理漏洞。

任务描述

通过本任务的学习，熟悉内部控制与风险管理产生和发展的过程，同时思考内部控制与风险管理对于企业的重要性。

任务准备

一、内部控制与风险管理的产生

内部控制是一个古老而又新颖的话题。说它古老，是因为它的历史悠久，就我国而言内部控制的思想可以追溯到西周时期；说它新颖，是因为从现代内部控制的兴起算起至今不过短短数十年时间，内部控制观念日新月异。

虽然现代内部控制的概念到 20 世纪才正式提出，但在此之前的漫长人类历史中，内部控制发展经历了一个不断变迁的动态过程，内部控制的思想早已应用到人们的日常经济生活中。例如，中国原始社会的结绳记事（计数），就是我国先民每当收获季节结束将谷物运进谷仓之前，都要由监督官当场监视谷物装运情况，并做好记录；进仓时，由记录官登记每批谷物的数量和种类。这种谷物入库须经记录官、出纳官和监督官几道环节的做法，实际上就是内部牵制（internal check）。内部牵制的一个含义在于职责分离，通过职责分离，任何偷盗或类似行为将受到约束，这有助于减少舞弊。处理现金的人不应该进行会计记录，负有财产保管责任的人不能进行会计记录等，这些都是内部牵制。另外，在手工操作的会计记录系统中，不可避免会产生错误。因此，定期结账和对账不仅是编制财务报表的需要，也是防止错误的有效方法，这是一种簿记牵制。此外，内部牵制还表现为实物牵制、组织牵制等多种形式。

现代内部控制始于工业革命时期。由于筹资的需要，企业需要定期报告财务状况和经营成果以及进行内部控制。这样，投资者和债权人才能评估企业的安全性和健全性并做出相应的投资决策，这个时期提出了内部会计控制（internal accounting control）的概念。

20 世纪在世界范围内先后出现了巴林银行、安然、施乐、世通等震惊世界的财务造假引发的公司破产案件，促进了对内部控制在世界范围内的广泛认识与大量研究。2007 年下半年，全球金融危机爆发后，人们对内部控制和风险管理的认识又得到进一步的提升，使得世界范围内的内部控制和风险管理的融合趋势也日渐显著。

知识链接

内部会计控制

内部会计控制是企业为鉴别、分析、分类、记录和报告业务经营及其相关活动并对有关资产和负债负责而建立起来的会计方法和措施，是内部控制的核心内容。内部会计控制的基本要求是：完整的会计记录（完整性），及时的会计反映（及时性），业务及修改活动的合理描述（合理分类），对业务及相关活动适当计量（恰当估价），对业务及相关活动的披露（充分披露）等。

主要方法：不相容职务分离控制。

作用：加强会计监督。

内部会计控制如图 1-5 所示。

图 1-5 内部会计控制

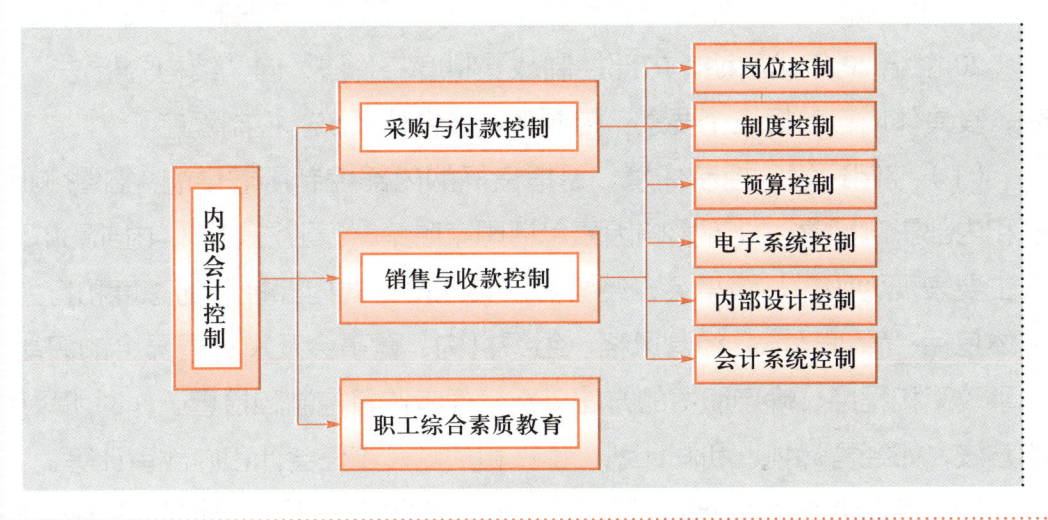

二、内部控制与风险管理的发展

（一）国际内部控制与风险管理的实践与发展

1. 第一阶段：20世纪20年代—40年代末的内部控制：内部牵制阶段

内部控制，作为一个专用名词和完整概念，直到20世纪30年代才被人们提出、认识和接受。但在此前的人类社会发展史中，早已存在着内部控制的基本思想和初级形式，这就是内部牵制。可以说直到20世纪40年代以前，内部控制都被定义为内部牵制。

2. 第二阶段：20世纪40年代末—80年代后期的内部控制：两要素阶段

1949年，审计程序委员会（Committee on Auditing Procedure，CAP）首次发表了对内部控制的研究报告《内部控制———一种协调制度要素及其对管理层和注册会计师的重要性》，报告首次对内部控制给出了定义，它将内部控制扩展到财务和会计部门的功能以外。从这点上看，它具有进步意义。但是它无法帮助审计人员确定在财务报表审计中哪些内部控制需要审查，因此人们并不满意这个近乎无目的的内部控制的定义。

1958年，CAP发表了《独立审计人员评价内部控制的范围》，将内部控制分为内部会计控制和内部管理控制。

1972年，美国审计准则委员会（Auditing Standards Board，ASB）在《审计准则公告第1号》中，重新并且更加明确地阐述了内部会计控制和内部管理控制的定义。

总的来看，20世纪70年代，在各个利益集团的共同努力下，公司的管理层发展了内部会计控制有效性评价的方法，而内部审计人员作为独立评价内部控制的一方，也变得越来越重要。

3. 第三阶段：20世纪80年代末—90年代的内部控制：三要素阶段

20世纪80年代后期，内部控制从"制度二分法"向"结构分析法"演变，其具体内容包括三个要素：控制环境、会计系统、控制程序。

（1）控制环境。控制环境，是指良好的内部控制所需要的外部影响因素和内部影响因素。外部影响因素包括国家政策、行业法规等。内部影响因素主要表现为股东、董事会、经营者及其他员工对内部控制的态度和行为，具体包括：管理理念、经营风格、组织机构、董事会及审计委员会的职能、人事政策和程序、确定职责的方法以及管理者监督控制和检查工作时所采用的方法，如经营计划、利润计划、预算和预测、责任会计和内部审计等。

（2）会计系统。会计系统规定各项经济业务的确认、计量、记录、归集、分类、分析和报告的方法，即建立企业内部会计制度。一个有效的会计制度应当包括：鉴定和登记一切合法的经济业务；对各项经济业务做适当的分类，作为编制财务报表的依据；计量经济业务的价值以使其货币价值能在财务报表中得以体现；确定经济业务发生的时间以确保其记录在适当的会计期间内；在财务报表中恰当地表述和揭示经济业务与有关价值变化的内容。

（3）控制程序。控制程序，是指管理层为达到控制的目标而制定的政策和程序。其中包括：经济业务和经济活动的适当授权；明确所有员工的职责分工、账簿和凭证的设置、记录与使用；以保证经济业务活动得到正确的记载；资产及记录的限制接触；对已经登记业务的记录进行复核。

这个阶段有两个特点：一是将内部控制环境纳入内部控制的范畴；二是不再区分会计控制和管理控制。

第二次世界大战以后，资本主义世界的资本开始集中，出现了许多跨国公司。经营地点的分散、控制权的扩大、内部职能部门的增加给传统的企业管理带来了新的挑战。为了防止舞弊、提高经营效率、节约资源，客观上要求建立与之相匹配并行之有效的内部控制系统，以实现对现代企业集团跨国、跨地域、跨行业的控制。

4. 第四阶段：20 世纪 90 年代—21 世纪初的内部控制：五要素阶段

在这个阶段，人们认为内部控制整体架构主要由控制环境（control environment）、风险评估（risk assessment）、控制活动（control activities）、信息与沟通（information and communication）、监督（monitoring）五个要素构成，如图 1-6 所示。

（1）控制环境。控制环境主要指企业内部的文化、价值观、组织结构、管理理念和风格等。这些因素是企业内部控制的基础，将对企业内部控制的运行及效果产生广泛而深远的影响。

（2）风险评估。风险评估是指识别和分析与实现目标相关的风险，并采取相应的行动措施加以控制，包括风险识别和风险分析两个部分。

（3）控制活动。控制活动是指企业对所确认的风险采取必要的措施，以保证企业目标得以实现的政策和程序。一般来说，与内部控制相关的控制活动包括：不相容职务分离、实物控制、信息处理控制、业绩评价等。

（4）信息与沟通。信息与沟通是指为了使管理者和员工能履行其职责，企业各个部门及员工之间必须沟通与交流相关的信息。这些信息既有外部的信息，也有内部的信息。信息与沟通包括：确认记录有效的经济业务，采用恰当的货币价值计量，在财务报告中恰当揭示。

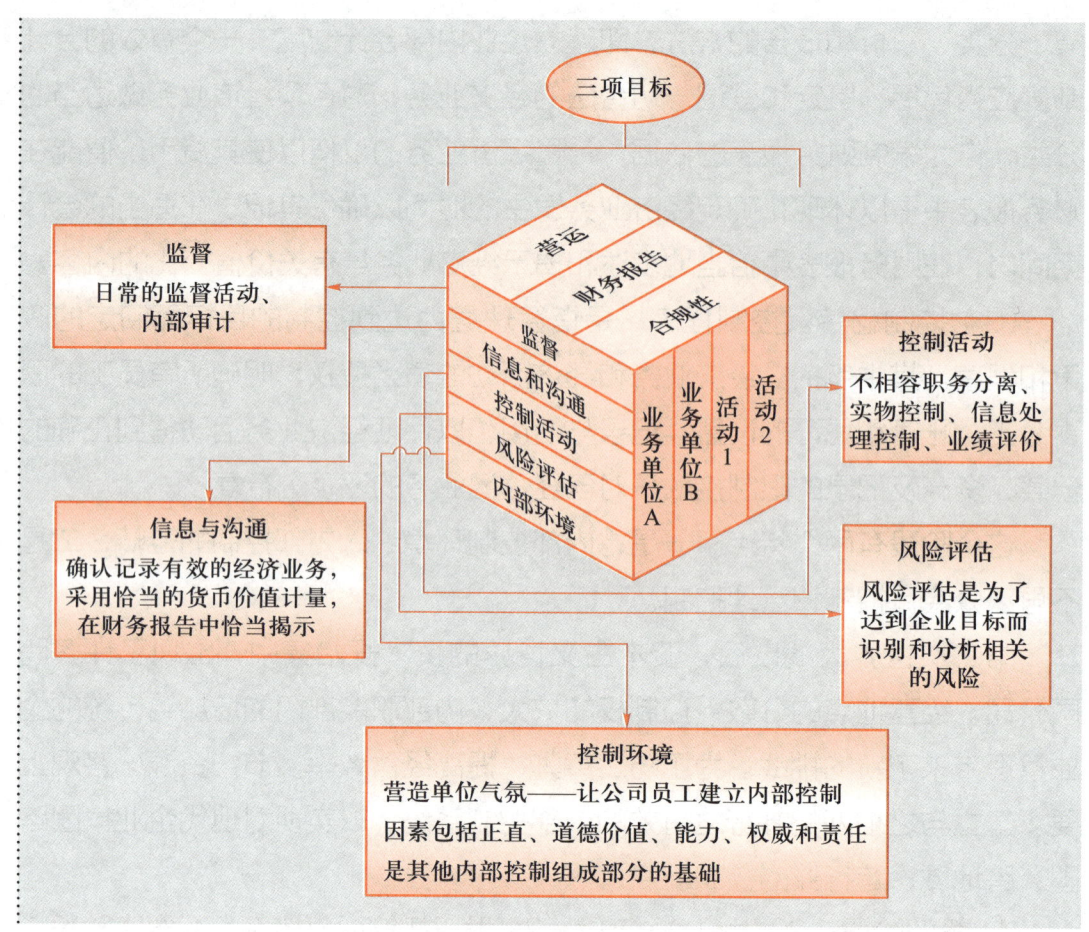

图 1-6 内部控制整合框架

（5）监督。监督是指评价内部控制的质量，也就是评价内部控制制度的设计与执行情况，包括：日常的监督活动、内部审计等。

5. 第五阶段：进入 21 世纪以后的内部控制：企业风险管理阶段

21 世纪初的经济全球化推动内部控制步入新的发展阶段——企业风险管理阶段。近年来社会、经济和技术环境发生了巨大的变化，生态和资源环境压力越来越大，组织结构和商业模式日益复杂化，企业生产经营和日常管理更加依赖创新与复杂技术，金融和商业创新的步伐越来越快等。这些内外环境的变化给组织的内部控制与风险管理带来了巨大的影响，提出了诸多的挑战，舞弊和内部控制失效事件频发。管理层凌驾于内部控制之上、利益冲突、职责分离缺乏、透明度不足、风险管理未加统一协调、内部监督无效等，都对内部控制的有效性产生了影响，这些变化和内部控制失效事件也促进了内部控制与风险管理理论及实践进一步向前发展。

企业风险管理框架在这样的背景下被提出，与内部控制整体架构相比，企业风险管理框架提出了一个观念（风险组合观），增加了一类目标（战略目标）、两个概念（风险偏好和风险容忍度）和三个要素（目标设定、事项识别和风险应对）。企业风险管理框架如图 1-7 所示。

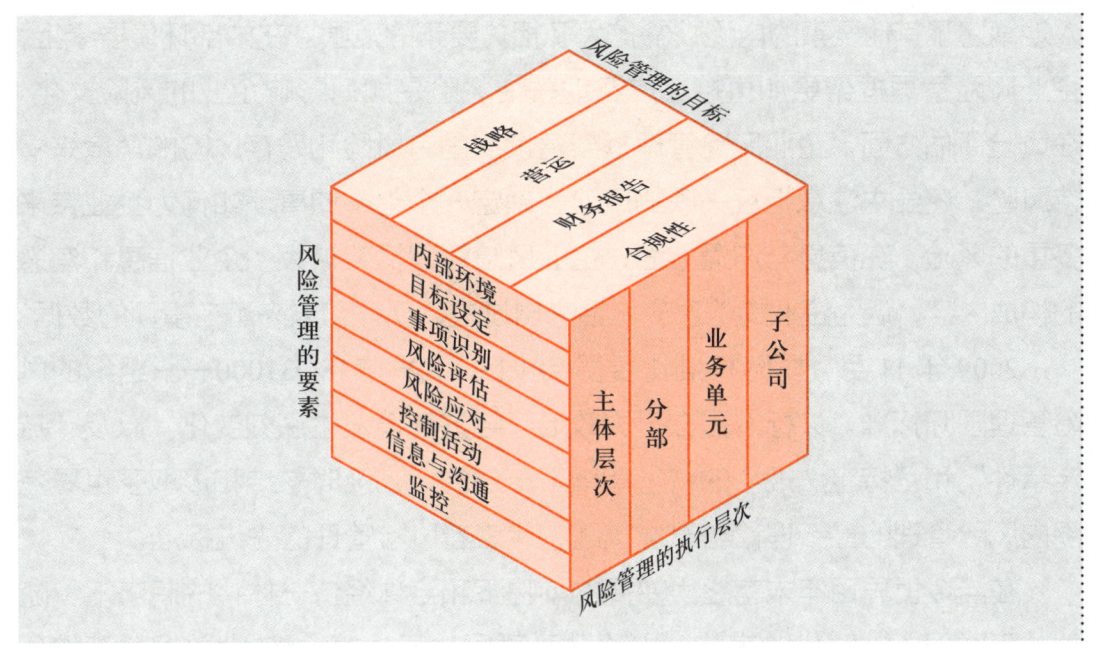

图 1-7　企业风险管理框架

图中标注：风险管理的目标；战略；营运；财务报告；合规性；风险管理的要素；内部环境；目标设定；事项识别；风险评估；风险应对；控制活动；信息与沟通；监控；主体层次；分部；业务单元；子公司；风险管理的执行层次

（1）提出了一个观念。企业风险管理框架提出了一个观念，即风险组合观。它要求企业管理者以风险组合的观点看待风险，对相关的风险进行识别并采取措施使企业所承担的风险在风险偏好的范围内。

（2）增加了一类目标，并扩大了报告目标的范畴。内部控制框架将企业的目标分为营运、财务报告和合规性三类。企业风险管理框架也包含三个类似的目标，但是其中只有两个目标与内部控制框架中的定义相同，财务报告目标的界定则有所区别。内部控制框架中的财务报告目标只与公开披露的财务报表的可靠性相关，而企业风险管理框架中报告目标的范围有很大的扩展，该目标覆盖了企业编制的所有报告。此外，企业风险管理框架比内部控制框架增加了一类新的目标——战略，该目标的层次比其他三个目标更高。企业的风险管理应用于实现企业其他三类目标的过程中，也应用于企业的战略制定阶段。

（3）增加了两个概念。企业风险管理框架增加了两个概念，即风险偏好和风险容忍度。从广义上看，风险偏好是指企业在实现其目标的过程中愿意接受的风险的数量。企业的风险偏好与企业的战略目标直接相关，企业在制定战略时，应考虑将该战略的既定收益与企业的风险偏好结合起来。风险容忍度是企业在风险偏好的基础上设定的对相关目标实现过程中所出现的差异的可容忍限度。在确定各目标的风险容忍度时，企业应考虑相关目标的重要性，并将其与企业风险偏好联系起来。

（4）增加了三个风险管理要素。企业风险管理框架新增了三个风险管理要素，即目标设定、事项识别、风险应对。此外，企业风险管理框架更加深入地阐述了其他要素的内涵，并扩大了相关要素的范围。在内部环境要素上，企业风险管理框架更加直接、广泛地关注风险是如何影响企业的风险文化。在风险评估方面，企业风险管理框架建议从固有风险和残存风险的角度来看待风险，还要求注意相互关联的风险，确定一个单一的事项如何为企业带来多重的风险。在信息与沟通方面，企业风险管理框架扩大了企业信息和沟通的构成内容，认为企业的信息应包括来自过去、现在和未来潜在事项的数据。

2009 年 11 月，国际标准化委员会（ISO）发布 ISO31000——组织的风险管理国际标准。该标准是在世界政治、经济环境发生深刻变化，以及"特定事件"和"特定法规"的特定背景下产生的，它及时总结和汲取了世界范围内风险管理的最新理论与最佳实践，代表着风险管理的先进标准。

在当今世界百年未有之大变局的前提下和全球经济一体化的趋势下，随着"互联网＋"时代的来临，以移动互联网、云计算、5G 大数据、万物互联为代表的新一代信息技术与现代农业、制造业、服务业、金融业等传统行业正在进行深度融合。企业生产经营活动的复杂化使得企业风险层出不穷，风险管理变得更加复杂。在互联网触觉快速延伸到各行各业并加速创新业态的同时，层出不穷的网络安全事件要求企业比以往任何时候都要更加积极地关注和应对网络安全风险。企业应整合挖掘"互联网＋"时代应关注的重要风险，并有针对性地采取防控措施。

内部控制和风险管理两者融合的趋势也日渐显著，企业风险管理框架是对内部控制框架的扩展和延伸，它涵盖了内部控制，并且比内部控制更为完整有效。

（二）中国内部控制与风险管理的实践与发展

1. 中国古代的内部控制

古人云："有控则强，失控则弱，无控则乱，不控则败。"这可以看作内部控制思想在中国发展的文化根源。

在我国，古代内部控制制度始于西周，完善于唐朝，衰落于宋代。

在西周时，就闪烁着内部牵制制度、分权控制、九府出纳制度和交互考核等古代内部控制制度的火花，例如"听出入以要会"，也就是以会计文书为依据，批准财物收支事项。当时的统治者，为防止掌管和使用财赋的官吏弄虚作假甚至贪污盗窃所采用的分工牵制和交互考核等办法，达到了"一毫财赋之出，数人之耳目通焉"的程度。这段时期内部控制制度已有萌芽。

秦朝时期，就已形成严密的上计制度和御史监察制度。

在宋朝，已经形成知府与通判联署的做法。

中央集权的封建制度在我国的长期影响，使社会经济发展及其监控主要由官府来负责，主要方式是体制牵制、职务牵制、实物牵制、簿记牵制；民间企业发展及其内部控制相对薄弱。这一阶段的内部控制的着眼点在于职责的分工和业务流程及其记录上的交叉控制，内部控制主要通过人员配备和职责划分、业务流程、簿记系统等来完成。其目的主要是防止组织内部的错误和舞弊，通过保护组织财产来保障组织的有效运转。

2. 中国现代的内部控制

我国现代的内部控制规范体系是在长期生产实践中不断摸索和积累的智慧结晶，可以从我国历年来形成的有关内部控制的法规中窥见一斑。

中华人民共和国成立之后，实行计划经济体制，对社会经济发展采取高度集中的方式，企业经营与规划完全由国家来掌控，监管也由国家直接进行，以企业为主体的内部控制相对较少。

改革开放以前，我国的企业内部控制基本停留在会计控制的范畴，而且主要是以账户核对和职务分工为主要内容的牵制制度。但总的来看，与国际上内部控制观念的迅速变迁相比，我国现代意义的内部控制发展却相对缓慢，内部控制制度比较零散、不系统。

直到党的十一届三中全会确立改革开放的总方针后，我国才开始积极推进内部控制制度的规范化建设，主要由政府、监管层（包括证券监督管理机构和行业监管机构）等制定的一系列法律、法规和指引所推动，这标志着我国会计工作全国统一的内部牵制制度的形成，进而建立起了企业内部控制规范体系。

社会主义市场经济体制的逐步确立给企业的自主发展带来了广阔的空间。这一阶段内部控制开始有了内部会计控制和内部管理控制的区分。内部控制的目标除了保护组织财产的安全，还包括增强会计信息的可靠性、提高经营效率和遵循既定的管理方针等。

1996年，财政部颁发《会计基础工作规范》，其中对企业（单位）内部控制做了明确的规定，这一阶段开始把控制环境作为一项重要内容与会计制度、控制程序一起纳入内部控制结构，并且不再区分内部会计控制和内部管理控制。控制环境反映组织的各个利益关系主体对内部控制的态度和行为；会计制度规定各项经济业务的确认、分析、归类、记录和报告方法，旨在明确各项资产、负债的经营管理责任；控制程序是管理当局所确定的方针和程序，以保证达到一定的目标。

1996 年，中国注册会计师协会发布了《独立审计具体准则第 9 号——内部控制和审计风险》，对内部控制做出了权威性解释，即"被审计单位为了保证业务活动的有效进行，保证资产的安全和完整，防止、发现、纠正错误与弊端，保证会计资料的真实、合法、完整而制定和实施的政策与程序"，并提出了内部控制"三要素"，帮助注册会计师判断是否信赖内部控制，确定审计的性质、时间与范围，以便会计师事务所评估审计风险、提高审计效率、保证执业质量。

这是我国发布的具有现代意义的第一个关于内部控制的行政规定，它的发布标志着我国现代内部控制建设拉开了序幕。

1999 年，《中华人民共和国会计法》（以下简称《会计法》）修订，将企业（单位）内部控制制度当作保障会计信息"真实和完整"的基本手段之一。1999 年修订的《会计法》第一次以法律的形式对建立健全内部控制提出原则性要求，财政部随即连续制定发布了《内部会计控制规范——基本规范》等 7 项内部会计控制规范。财政部根据《会计法》的有关精神，于 2000 年初组成了内部会计控制研究小组，就内部会计控制的总体思路等问题进行研究。2001 年 6 月，财政部发布《内部会计控制规范——基本规范（试行）》和《内部会计控制规范——货币资金（试行）》，明确了单位建立和完善内部会计控制体系的基本框架和要求，以及货币资金内部控制的要求。

上述两个《内部会计控制规范》的发布，为我国加强单位内部会计监督与控制的理论与制度建设，树立了一个具有时代意义的里程碑，同时，也标志着我国会计法规建设进入一个更新、更高的境界。

2006 年，鉴于国内外形势对企业内部控制的强烈要求，国资委发布《中央企业全面风险管理指引》，中国注册会计师协会也发起成立了"会计师事务所内部治理指导委员会"，共同负责内部控制体系的重构工作。对内部控制、全面风险管理工作的总体原则、基本流程、组织体系、风险评估、风险管理策略、风险管理解决方案、监督与改进、风险管理文化、风险管理信息系统等进行了详细阐述。这是我国第一个关于全面风险管理的指导性文件。

2008 年，财政部、证监会、审计署、银监会、保监会五部委联合发布了《企业内部控制基本规范》，体现了风险管理八要素框架的实质。该规范的发布，标志着我国企业内部控制规范体系建设取得重大突破。

2010 年，财政部、证监会、审计署、银监会、保监会五部委又联合发布了《企业内部控制配套指引》。该配套指引包括 18 项《企业内部控制应用指引》《企业内部控制评价指引》和《企业内部控制审计指引》，连同此前发布的《企业内部控制基本规范》，标志着适应我国企业实际情况、融合国际先进经验，以防范风险和控制舞弊为中心，以控制标准和评价标准为主体，结构合理、层次分明、衔接有序、方法科学、体系完备的中国企业内部控制规范体系建设目标基本完成。此外还规定自 2011 年 1 月 1 日起在境内外同时上市的公司执行。这有效地构筑了企业经营风险的"防火墙"，为增强企业的竞争力提供了重要指引。

我国企业现行的内部控制体系，是由财政部、审计署、银监会、证监会和保监会五部委于 2008 年 5 月联合下发的《企业内部控制基本规范》和 2010 年 4 月联合下发的 18 项《企业内部控制应用指引》《企业内部控制评价指引》和《企业内部控制审计指引》，以及相关操作指南三部分构成。

其中，内部控制标准体系主要包括：基本规范、具体规范和相关应用指南。内部控制基本规范规定了内部控制的基本目标、基本要素、基本原则和总体要求，是制定具体规范和应用指南的基本依据，在内部控制标准体系中起统驭作用。内部控制具体规范是根据基本规范，对企业办理具体业务与事项从内部控制角度做出的具体规定；相关操作指南是根据基本规范和相关具体规范制定的详细解释和说明，主要是为某些特殊行业、特殊企业、特定内部控制程序提供操作性强的指引，如图 1-8 所示。

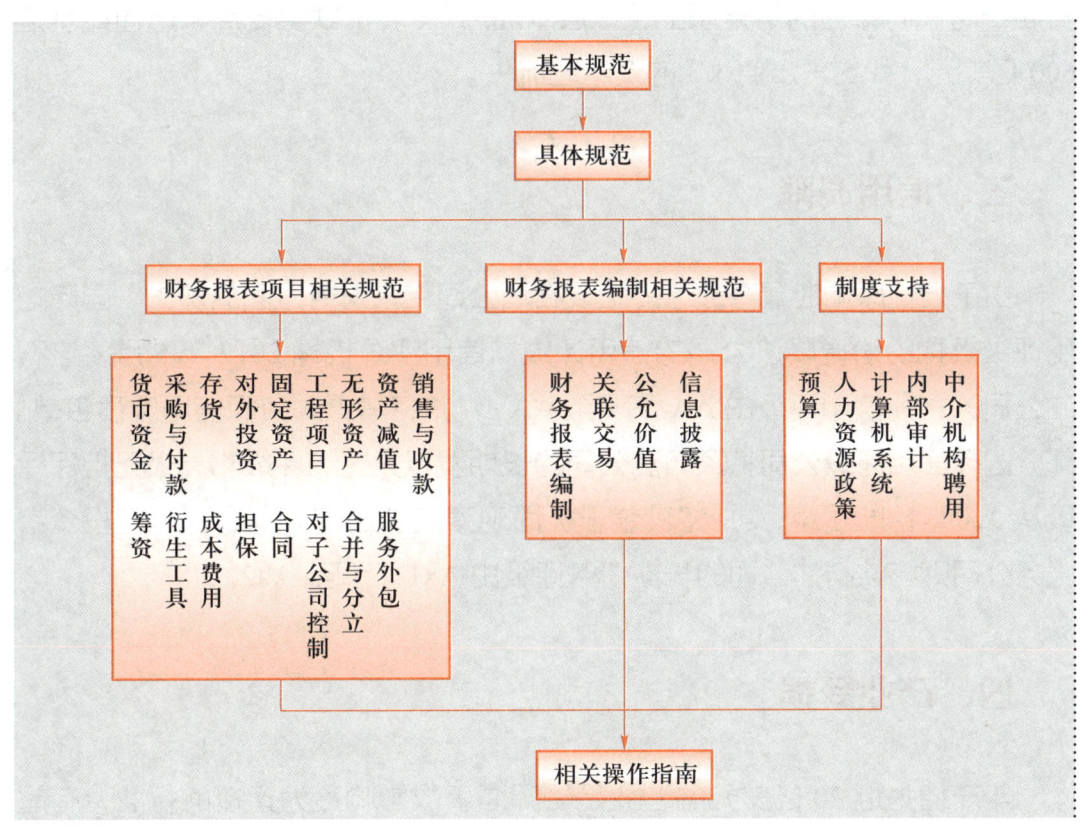

图 1-8　我国现行的内部控制体系

现代企业实施内部控制与风险管理究竟有多重要？某石油公司的漏油事故对此给出了明确的答案。

现实给了该石油公司最残酷的一击。伴随着奔涌而出的原油，转眼间，该石油公司已走到了破产的边缘。从已掌握的信息和数据来看，漏油事故造成的损失将创有史以来类似灾难的最高纪录。

一、公司"失血"

此次漏油事故从发生到最终遏制漏油，共持续 100 余天，赔付额高达 200 余亿美元。受污染地区沿岸人口集中，目前已对该石油公司提起诉讼的原告就有 3 万多人，且随着时间的推移，这个数字将像滚雪球一样持续增大。

二、股价跳水

在漏油事故前，该石油公司在《金融时报》2008 年公布的全球 500 强企业排行榜上，以近 2 000 亿美元的市值排名前 20 位。在漏油事故后，该石油公司一向稳健的财务蒙上了一层"油污"，股价跌至低点，市值缩水近 600 亿美元，即约占市值 1/3 的资本已流失。

三、信用调降

由于担忧原油泄漏事故可能给该石油公司带来财务方面的冲击，国际信用评级机构纷纷调降该公司的信用评级。信用评级机构 2012 年 5 月将该石油公司的长期信用评级由 AA 下调至 AA−，并将其置入负面信用观察名单。部分国际信用评级公司将某石油公司的长期发行人违约评级和高级无担保评级从 AA＋下调至 AA，并将其置于负面观察名单之列。同时，一些投资者服务公司则将该石油公司的长期债务评级由 Aa1 下调至 Aa2。

四、产业受损

年产值为近 20 亿美元的渔业是受漏油事故影响最为直接的行业，有超过 30% 的水域已被禁渔，而"禁渔令"将令渔业损失惨重。旅游业的损失同样巨大，被取消的旅游订单占旅游订单总量的一半。

五、殃及环境

该石油公司面临的清污挑战更为严峻。而此次漏油事件时值初夏，原油扩散迅速，并沿着河流和水道侵入受污染地区北岸内陆数百千米处的沼泽和湿地，海滩被毁，清污难度之大、清污费用之高可想而知。

六、声誉受挫

在花费超过 10 亿美元后，该石油公司终于盖住了泄漏的油井。这次事故对该石油公司在全球的声誉造成了难以估量的破坏。该石油公司多年来一直投入巨额资金打造公司形象，甚至不惜通过改变公司标识、广告和网站来宣扬其"绿色"理念。但受漏油事故影响，多年来苦心经营的良好形象毁于一旦。

为了重塑公司形象，获取企业经营利润，企业总要在成本上下功夫，而内部控制建设与风险管理则不可能不花费成本。从表面看来，内部控制与风险管理的成本投入似乎无法带来看得见的效益。因此，很多企业并非真心重视内部控制与风险管理。当最坏结果发生时，才能反映出内部控制与风险管理的最大效益——尽管不能直接创造利润，却能保持企业的持续经营能力。对于企业而言，后者难道不是更为重要的吗？

从以上惨痛的经验教训中可知，无论是国有企业还是民营企业在发展的过程中，都应充分地认识到内部控制与风险管理的最大效益从来不是给企业带来表面利益的增多，而是能够保证企业做大做强，永葆活力，具有长期发展、持续经营的能力。

任务三

内部控制与风险管理的目标、要素与原则

案例导入 |

近些年，某国对 DJ 公司的限制和制裁不断加码。但事实却是，DJ 公司在此期间一直都保持了消费级无人机市场 70% 以上的市场占有率，在北美的市场占比甚至一度达到 85%。某国给 DJ 公司增加关税，DJ 公司就给某国本土销售的产品等比例涨价以保持利润率，市场占有率甚至不降反升。某国政府为了制裁 DJ 公司几乎是绞尽脑汁、不择手段，为什么 DJ 公司依然能够经营良好？

任务描述 |

通过本任务的学习，了解内部控制与风险管理的目标，掌握内部控制与风险管理的要素，熟悉内部控制与风险管理的原则，同时思考：牢牢掌握企业技术的内部控制与风险管理是如何成就了 DJ 公司坚实的技术根基？

任务准备 |

一、内部控制与风险管理的目标

我国《企业内部控制基本规范》将内部控制与风险管理的目标确定为五类：合法性目标、资产安全性目标、真实性目标、经营性目标和战略性目标。

（一）合法性目标

遵纪守法、诚实守信是企业发展的前提，企业必须遵循相关法律法规来开展生产经营活动，这是企业能够持续经营的基本保障；不遵纪守法的企业是无法长期生存的，其内部控制也就无从谈起。当然，这里的合法性目标不仅包括企业要遵循相关法律法规和监管要求，还包括遵守企业内部制定的各

种政策、方针和规章制度。

（二）资产安全性目标

资产安全完整是企业开展生产经营的前提条件和物质基础，是促进企业实现发展战略的基本保障，也是投资者、债权人和其他利益相关者普遍关注的问题。有效率地使用资产并避免因差错、浪费、使用效率低下或决策失误而可能带来的资产损失（如低价出售资产、发生坏账损失、造成资产毁损等），涉及更广泛的运营目标。管理层或员工串通舞弊、违法、违规等行为可能造成企业资产流失，同时危及合法性目标。资产的安全完整是企业报告的重要内容，财务报表编制的前提是必须确认资产的存在和完整，资产的安全完整和利用的效率效果是企业内部报告与财务分析的重要内容，应在内部控制报告中披露未经授权取得、使用和处置资产的行为。

（三）真实性目标

真实性目标也是内部控制的基本目标，能够有效地支撑其他目标的实现。企业应通过外部报告向投资者等利益相关者清晰地阐述其战略目标和经营目标，真实可靠的财务报告及相关信息既是管理层对其运营效率效果的总结和汇报，也是支持管理层决策、监控经营活动及衡量业绩的需要，还是满足合法性要求的重要内容。进行财务报告舞弊的企业一般都是因为无法实现其运营目标，最后铤而走险，走上不法之路。

（四）经营性目标

经营性目标是内部控制的核心目标。企业需要设立自己的使命和愿景，制定战略目标和战略规划，确立经营目标并将目标层层细分，制订和执行实现目标的具体计划。经营目标是战略目标的细化、分解与落实，是战略目标的具体化。企业的主要功能是开展生产经营活动，实现其目标。一般来说，企业的主要功能是创造价值，实现企业价值最大化。内部控制作为企业管理系统的重要内容，应服务于企业的价值创造，应与企业经营目标保持一致，识别、分析和应对企业价值创造过程中的风险因素，以减少损失、提高收益，促使生产经营活动达到预期目标，生产经营与管理活动的效率和效果是企业经营目标得以实现的根本。因此，内部控制的核心目标是提高企业经营的效率和效果。

（五）战略性目标

战略性目标是内部控制最高层次的目标，是对企业全局的一种总体构想，是企业整体发展的总任务和总要求，是企业宗旨的展开和具体化，是对企业经营活动预期主要成果的期望值。战略目标具有宏观性、全局性、长期性、可分解性、可接受性、可检验性和相对稳定性等特点。内部控制的最高目标，是促进企业实现发展战略，促进企业可持续发展。将战略目标设定为内部控制的最高目标，有利于企业将近期利益与长远利益、局部利益与全局利益结合起来，在生产经营和管理活动中做出符合战略要求，有利于提升可持续发展能力和创造长久价值的选择与判断，从而克服片面追求当前利益和局部利益的短期行为，也有利于社会资源的合理配置。

总之，内部控制的五个目标不是彼此孤立的，而是相互联系的，共同构成了一个完整的内部控制目标体系。合法性目标、资产安全性目标及真实性目标是内部控制的基础性目标，各目标的关系如图1-9所示。内部控制的根本目标是控制风险以创造价值，促进人、财、物、时间、技术等资源的优化配置，以更优的效率和效果实现其经营目标，从而促进其战略目标的实现。这些目标的实现必须以合法性目标、资产安全性目标和真实性目标为基础。战略性目标是内部控制的最高目标，是与企业的使命和愿景相联系的终极目标。企业在设定内部控制目标时，应将内部控制目标与战略目标结合起来，通过内部控制的实施，促进企业战略目标的实现；经营性目标是战略目标的细化、分解与落实，是战略目标的短期化与具体化，是内部控制的核心目标；资产安全性目标是实现经营性目标的物质前提，真实性目标是经营性目标的成果体现与反映；合法性目标是实现经营性目标的有效保证。

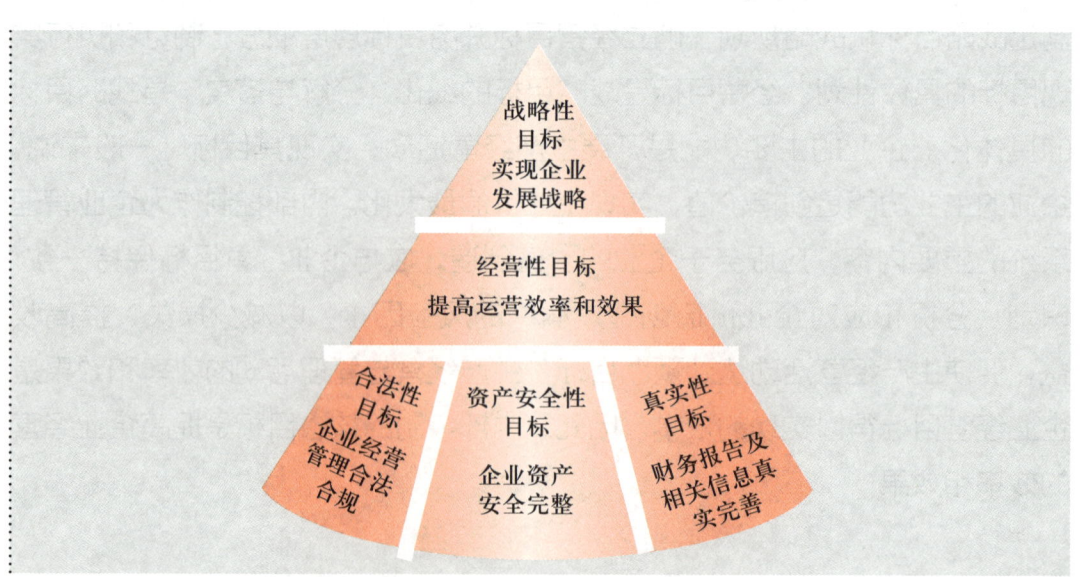

图1-9　内部控制各目标的关系

二、内部控制与风险管理的要素

下面以我国的《企业内部控制基本规范》为主，介绍内部控制与风险管理的要素。

（一）内部环境

内部环境是一套标准、流程和结构，能够为企业组织实施内部控制与风险管理提供基础，其构成企业的基本氛围，是内部控制与风险管理赖以生存的土壤，是其他内部控制与风险管理要素的基础，主导或左右着员工的理念和行为。内部环境的好坏直接决定其他要素能否发挥作用，直接或间接地影响内部控制与风险管理的效率和效果，对整个内部控制与风险管理体系产生深远的影响。内部环境一般由治理结构、内部机构及权责分配、诚信和道德价值观、员工素质和人力资源政策、经营风格和管理哲学等分要素构成。我国企业内部控制规范体系通过组织架构、发展战略、人力资源、社会责任和企业文化五项配套指引来规范企业的内部环境。

（二）风险评估

风险是对实现目标可能产生影响的不确定性因素，风险评估是动态和反复的过程，是经济活动在实际结果出现之前可能出现的各种结果及其概率分布的组合。企业的生产经营和管理活动经常面临各种风险，风险评估是及时识别、科学分析和评价风险事件发生的可能性及其潜在影响，并采取应对策略的过程。风险评估是实施内部控制与风险管理的重要环节，主要包括：目标设定、风险识别、风险分析和风险应对。风险评估的先决条件是已建立了各种目标，并联结到企业内部各层级。由此，风险评估为形成如何管理风险的决策奠定了基础。

（三）控制活动

控制活动是通过决策和程序所确立的行动，是企业根据风险评估结果，采取相应的控制措施，将风险控制在可接受的水平之内，控制活动是在控制目标的引导下针对风险所采取的决策、方法、程序和行动。从控制方式来看，控制活动可分为手工控制与自动控制、预防性控制与发现性控制等；从控制内容来看，控制活动存在于战略控制、管理控制、作业控制等各个层级；从控制对象来看，控制活动涉及财务控制、会计控制、资产控制、人员控制等；从控制手段来看，控制活动包括不相容职务分离、授权审批、会计系统、财产保护、预算管理、文件记录、运营分析、绩效考评、内部报告等。

（四）信息与沟通

信息与沟通是指企业及时准确、完整地收集与经营管理相关的各种信息，并使这些信息以适当的方式在企业内部以及企业与外部之间进行及时传递、有效沟通和正确应用的过程。信息对于企业内部各主体履行内部控制与风险管理责任以促进目标的实现是非常必要的，管理层应从内部和外部来源获取或生成并使用高质量的信息，以支持内部控制与风险管理的持续运行。沟通是提供、共享和获取所需信息，并做出恰当反应的过程。内部沟通是让信息在整个组织内向上、向下和横向传递的手段，它使员工能清晰获得高层要求其认真履行控制职责的信息。外部沟通包括引入外部相关信息，以及向外部提供信息以回应利益相关者的要求和期望。信息与沟通是企业应对情况变化、保证控制有效的"神经系统"，贯穿于内部控制与风险管理的全过程。企业应建立信息与沟通机制，明确相关信息的收集、处理和传递程序，确保信息真实准确、沟通及时。我国企业内部控制规范体系还要求企业建立反舞弊机制、举报投诉制度和举报人保护制度，这也是重要的信息与沟通机制。

（五）内部监督

内部监督是指企业对内部控制与风险管理的建立与实施情况进行监督检查，评价其有效性，发现其缺陷，并及时加以改进和完善的过程。内部监督的重点是及时发现和识别内部控制与风险管理设计或运行的缺陷，并及时沟通、报告和改进。内部监督是内部控制与风险管理得到有效实施的有力保障，具有非常重要的地位，企业应利用信息与沟通所获知的实时情况，提高内部监督工作的针对性和时效性。对各种发现进行有效评估，必要时应当向管理层报告各种缺陷。

总之，内部控制与风险管理的构成要素并不是简单相加的，而是相互联系、相互制约、相辅相成的，共同组成一个完整的框架，五个要素的关系如图 1-10 所示。

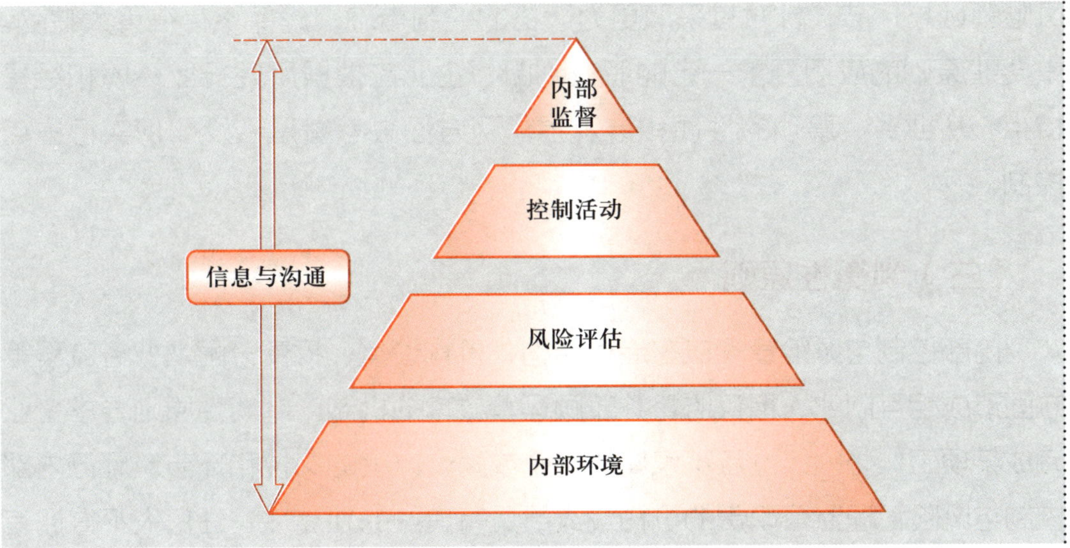

图 1-10 我国内部控制制与风险管理的构成要素

三、内部控制与风险管理的原则

尽管现代每个企业在组织形式、行业特点、业务类别、经营范围、规模大小、管理模式等方面多少存在着差异，其内部控制与风险管理模式也不尽相同；但在内部控制与风险管理体系建立和实施的过程中为实现企业内部控制与风险管理的目标，发挥内部控制与风险管理在企业发展和经营管理中的重要作用，在建立和实施内部控制与风险管理系统时存在着一些共性的原则理念。企业应坚持遵循这些具有规律性和指导性、切实可行的原则，只有这样才能实现内部控制与风险管理的功能，达成内部控制与风险管理的目标。

（一）全面性原则

企业内部控制与风险管理应贯穿于决策、执行和监督的全过程，涉及事前控制、事中控制和事后控制，覆盖企业及其所属单位的各种业务和事项，包括企业整体层面的控制、业务活动层面的控制、对子公司的控制和对分支机构的控制。内部控制与风险管理是全员参与，上至董事会、下至普通员工，以及中间各层级的管理者，都是内部控制与风险管理实施的主体。内部控制与风险管理在业务流程上应渗透到决策、执行、监督、反馈等各个环节，任何决策或操作均应有案可查，避免内部控制与风险管理出现空白和漏洞。

（二）重要性原则

内部控制与风险管理应在全面控制的基础上，关注重要业务与事项、高风险领域与环节，针对其采取更为严格的控制措施，确保不存在重大缺陷。重要性原则的应用要求一定的职业判断，企业应根据所处行业环境和经营特点，从业务、事项的性质和涉及金额两方面去考量是否及如何实行重点控制。

（三）制衡性原则

内部控制与风险管理应在治理结构、机构设置、权责分配及业务流程等方面形成相互制约、相互监督并兼顾运营效率的机制。制衡性原则要求企业完成某项工作必须经过互不隶属的两个或两个以上的岗位和环节，履行内部控制与风险管理监督职责的机构或人员具有良好的独立性。任何人不得拥有凌驾于内部控制与风险管理之上的特殊权力，高级管理人员应以身作则，做好表率。

（四）适应性原则

内部控制与风险管理应与企业经营规模、业务特点、业务范围、竞争状况和风险水平等相适应，并随着企业外部环境的变化、经营业务的调整、管理要求的提高等不断改进和完善。适应性原则要求企业建立与实施内部控制与风险管理应考虑各单位的具体特点，繁简适度，易于操作。内部控制与风险管理建设要具有针对性和前瞻性，适时对内部控制与风险管理系统进行评估，及时发现可能存在的问题，并采取措施予以补救。

（五）成本效益原则

一般而言，各项控制的设计与实施成本不应超过如不施行该控制所产生的错误或存在的潜在风险可能造成的损失和浪费。内部控制与风险管理成本通常包括：设计成本与运行成本。例如，增加控制流程需要增加设计成本和运行成本，广泛依赖信息技术控制所需要的设计成本和运行成本，聘请高技能员工需要支付更高的薪酬等。内部控制与风险管理效益是某项控制实施、运行后产生的效益和好处。例如，内部控制与风险管理可以增强董事会和管理层实现目标的信心，减少意外不利事件的发生，满足进入资本市场的特定要求，为经营管理中的判断提供依据，提高业务职能和工作流程的效率等。

做任何事情都需要成本，成本效益原则是企业从事一切经济活动的基本原则，设计和实施内部控制与风险管理也不例外。例如，我们不能要求一家中小企业像上市公司那样实施全套的内部控制与风险管理方案，那不符合成本效益原则。企业进行内部控制与风险管理建设必须统筹考虑投入成本和产出效益之比，在合理保证有效性的前提下，权衡实施成本与预期效益的关系，争取以合理的成本实现更为有效的控制。在大多数情况下，直接评价内部控制与风险管理设计和运行的成本效益之比并不容易，企业必须从整体利益出发，从更高、更长远的视角进行综合评估。尽管某些控制会影响工作效率，但可能会避免整个企业面临更大的损失，此时仍应实施相应的控制。

任务实施

牢牢掌握企业技术的内部控制与风险管理是如何成就了 DJ 公司坚实的技术根基？

一、企业技术的内部控制与风险管理就是 DJ 公司的竞争力

在 DJ 公司被制裁与反制裁的经历里，流传最广的是被加关税后反手涨价的做法，这其实是一个极为理性的商业内部控制与风险管理决策，背后是 DJ 公司强大的技术实力和有足够竞争力的产品。这是因为"DJ 公司无人机能拆开的每一个零件都是自己生产的，底层代码都是自己的，无论是专利还是研究方法，任何无人机公司都很难绕过 DJ 公司"。而这种专利与技术的内部控制积累并不是一蹴而就的，是 DJ 公司技术内部控制长期积累的结果，DJ 公司内部的技术研发体系效率很高，技术文档写得能当教科书，"有这种研发习惯的人很难不成功"。

很多人说 DJ 公司在无人机市场上的优势是先发优势，这句话只说对了一半，因为同时代国内的无人机创业公司不止 DJ 公司一个，但没人能有 DJ 公司这样强的内部控制技术与人才储备，自然也就没人能跟得上 DJ 公司那样快的产品迭代速度。DJ 公司的优势，本质上是由强大内部控制研发团队的技术实力兑换为产品迭代速率，再一点点滚大的雪球。

二、企业技术的内部控制与风险管理成就了 DJ 公司对产业趋势敏锐的洞察力

更重要的是，对技术发展路径的认知造就了 DJ 公司对产业趋势出奇敏锐的洞察力。DJ 公司从一开始就判断无人机的三个技术难点在飞控、云台

和图传，并为此制定了三个产品研发方向。其中，图传的需求还没有发展起来且难度较高，所以选择先进行外包，资源被优先倾斜到了飞控和云台的技术研发上。而飞控与云台的研发，又成就了 DJ 公司的下一轮爆发，并成为 DJ 公司挡住海外创业公司冲击的重要技术优势。当飞控、云台、图传中的最后一项图传不再使用外包的模拟图传方案，而是用上了 DJ 公司自己研发的数字图传时，DJ 公司完全实现了从硬件到软件的全方位的自主化，最终奠定了 DJ 公司企业内部控制与风险管理以技术和产品为核心的格局。

三、企业技术的内部控制与风险管理奠定了 DJ 公司坚实的技术根基

2013 年 1 月，DJ 公司发布了具有跨时代意义的无人机产品"精灵"，提出了"未来无所不能"的广告语，进一步打破了普通消费者对无人机的认知壁垒。DJ 公司用"精灵"这款产品，开创了非专业无人机的市场，直接带动了 2014 年全球无人机产业的融资潮。

回顾 DJ 公司起家的前半程，几乎所有的竞争优势，都是硬生生通过企业内部控制与风险管理的技术演进和研发迭代建立起来的，DJ 公司内部研发部门的权重一直很高，过万名员工里有近一半从事工程研发工作，公司每年研发投入占比 15% 左右。背后是每一位工程师对技术和产品近乎本能的追求。

2013 年年底，DJ 公司将所有北美客户订单重新定向至中国总部，把对 M 国竞争的主动权，牢牢地抓到自己手里。DJ 公司内部控制与风险管理的优化所积累下来的技术实力，最终被兑换成了公司厚厚的竞争屏障，成就了 DJ 坚实的技术根基。

项目二
内部环境

项目目标

1. 理解内部环境在内部控制中的作用和影响；

2. 理解并掌握内部环境的含义、构成要素以及主要内容；

3. 了解企业组织架构的内容、内部控制目标与运行的风险控制；

4. 了解人力资源管理的相关内容、主要风险与风险控制；

5. 了解企业文化的意义及其建设过程中的主要风险与风险控制；

6. 了解内部审计的含义、职能和机构。

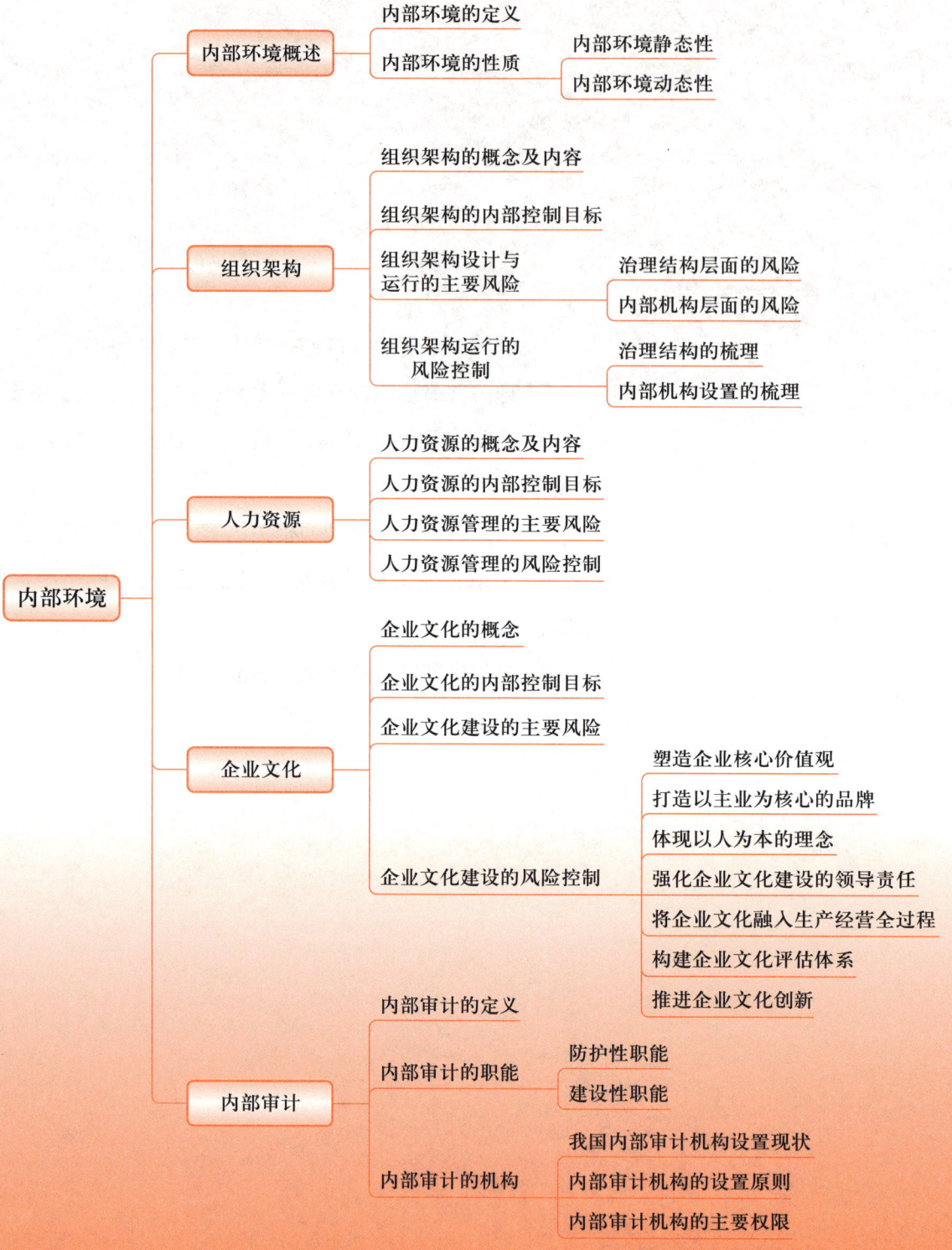

内部环境
├─ 内部环境概述
│   ├─ 内部环境的定义
│   └─ 内部环境的性质
│   ├─ 内部环境静态性
│   └─ 内部环境动态性
├─ 组织架构
│   ├─ 组织架构的概念及内容
│   ├─ 组织架构的内部控制目标
│   ├─ 组织架构设计与运行的主要风险
│   │   ├─ 治理结构层面的风险
│   │   └─ 内部机构层面的风险
│   └─ 组织架构运行的风险控制
│   ├─ 治理结构的梳理
│   └─ 内部机构设置的梳理
├─ 人力资源
│   ├─ 人力资源的概念及内容
│   ├─ 人力资源的内部控制目标
│   ├─ 人力资源管理的主要风险
│   └─ 人力资源管理的风险控制
├─ 企业文化
│   ├─ 企业文化的概念
│   ├─ 企业文化的内部控制目标
│   ├─ 企业文化建设的主要风险
│   └─ 企业文化建设的风险控制
│   ├─ 塑造企业核心价值观
│   ├─ 打造以主业为核心的品牌
│   ├─ 体现以人为本的理念
│   ├─ 强化企业文化建设的领导责任
│   ├─ 将企业文化融入生产经营全过程
│   ├─ 构建企业文化评估体系
│   └─ 推进企业文化创新
└─ 内部审计
    ├─ 内部审计的定义
    ├─ 内部审计的职能
    │   ├─ 防护性职能
    │   └─ 建设性职能
    └─ 内部审计的机构
        ├─ 我国内部审计机构设置现状
        ├─ 内部审计机构的设置原则
        └─ 内部审计机构的主要权限

内部环境概述

HE 集团创立于 1984 年，是全球大型家电产品制造企业。在互联网时代，HE 集团致力于转型为真正的互联网企业，打造以社群经济为中心、以用户价值交互为基础、以诚信为核心竞争力的后电商时代共创共赢生态圈，成为物联网时代的引领者。HE 集团 2016 年实现全球营业额 2 016 亿元，同比增长 6.8%；实现利润 203 亿元，同比增长 12.8%，利润增速是收入增速的 1.8 倍。近十年收入复合增长率达到 6.1%、利润复合增长率达到 30.6%。从互联网交互产生的交易额看，在 HE 集团产品线上平台，B2B、B2C 社会化线上平台，以及互联网金融平台共产生 2 727 亿元交易额，同比增长 73%。基于 HE 集团在"双创"领域的突出成就和示范作用，2016 年 5 月，国务院确定首批双创示范基地，HE 集团成为家电行业唯——一家入选企业。

任务描述

通过本任务的学习，掌握内部环境的定义，了解内部环境的作用，学会分析企业内部环境的影响，同时请结合 HE 集团的成功案例，分析其成功的原因在其内部环境中具体表现在哪些方面。

任务准备

一、内部环境的定义

企业的内部环境是企业所有风险管理要素的基础，是企业实施内部控制的基础，为其他要素提供规则和结构。内部环境的构成要素一般包括组织架构、发展战略、人力资源、社会责任和企业文化。

二、内部环境的性质

（一）内部环境静态性

1. 构成内容

内部环境静态性方面，是指特定时点上内部环境的构成要素及其所含内容具有稳定性。在内容静态性方面，内部环境涉及企业的发展战略、组织架构、权责分配、内部审计、人力资源、企业文化和社会责任等要素。而且，对于特定企业上述要素的现状相对稳定、改变缓慢，构成了企业内部控制建设的约束要素。

2. 影响

对于企业内部环境静态性，要求企业在建设内部控制时充分考虑上述要素的现状，根据企业的实际情况设计出符合其内部环境现状的内部控制体系，而非追求完美的理想设计。内部环境对内部控制的运行具有相对稳定的影响，在内部环境各个分要素相对稳定的情形下，内部控制制度的执行程度和效率效果相对稳定，这样内部控制就具有了可评估性。

（二）内部环境动态性

1. 构成内容

在观察内部控制的长期运行过程中发现，形成内部环境的各构成要素的内容具有动态性。动态性既表现为内部环境的不断改进和完善，也表现为内部环境对内部控制的动态影响。

2. 影响

一方面，随着企业业务的运作和发展，企业的组织架构、战略、权责体系、人力资源和企业文化等都在不断地变化与发展，表现为内部环境的自我发展；另一方面，在内部控制执行的过程中，企业员工加深了对内部控制的认识，对内部控制所依赖的环境也会提出要求，从而影响内部环境各分要素内容的改进和完善。因此，内部环境各构成分要素内容的变化和发展，也是分析内部环境时必须加以考虑的重要方面。

企业在培育和完善内部环境的过程中，既要看到组织架构、发展战略、人力资源、社会责任和企业文化等分要素所形成的内部环境现状，还要从发展变化的角度观察内部环境与内部控制交互影响的动态性。在企业内部控制运行过程中，不断地改进和优化企业内部环境，提高企业内部控制的有效性。

HE 集团的成功与其良好的内部环境有着密不可分的关系，主要表现为以下方面。

一、集团战略

从 1984 年创业到现在，HE 集团经历了五个发展战略阶段，即名牌战略、多元化战略、国际化战略、全球化品牌战略以及网络化战略阶段。创业几十年来，HE 集团致力于成为"时代的企业"，每个阶段的战略主题随着时代的变化而不断发展变化，进行管理创新，注重为用户创造价值，形成"人单合一"双赢模式。

二、企业文化

"永远以用户为是，以自己为非"的是非观，是 HE 集团创造用户的动力，顺应时代发展而发展；创业创新的"双创"精神是企业创造价值的来源，以开放的视野整合资源，创造新的用户。"人单合一"的双赢模式下，员工与用户建立契约，实现"自主、自治、自推动"，提供公平的机制平台，以变制变，变中求胜。

组织架构

BG 集团有限公司（以下简称 BG 集团）是国资委监管的国有重要骨干企业，总部位于上海，是在规模和现代化程度上都首屈一指的钢铁联合企业，其子公司 BS 钢铁股份有限公司也在上海证券交易所上市。BG 集团以其诚信、人才、创新、管理、技术诸方面的综合优势，奠定了其在国际钢铁市场上世界级钢铁联合企业的地位。

通过本任务的学习，掌握组织架构的概念及内容，了解组织架构的内部控制目标，学会分析组织架构设计与运行的主要风险并能进行相应的风险控制，同时请结合案例思考并绘制 BG 集团的组织架构图。

一、组织架构的概念及内容

（一）组织架构的概念

组织架构是企业内部环境的重要组成部分，是内部环境建设的核心，也是企业开展风险评估、实施控制活动、促进信息沟通、强化内部监督的平台和载体。组织架构指企业按照国家有关法律法规、股东会决议和企业章程，结合企业的实际情况，明确股东会、董事会、监事会、经理层和企业内部各层级机构设置、职责权限、人员编制、工作程序和相关要求的制度安排。高效有序的组织架构对内部环境培育和内部控制的有效性具有重要影响，是内部控制能够良好运行的组织基础。组织架构的主要层级如图 2-1 所示。

图 2-1 组织架构的
主要层级

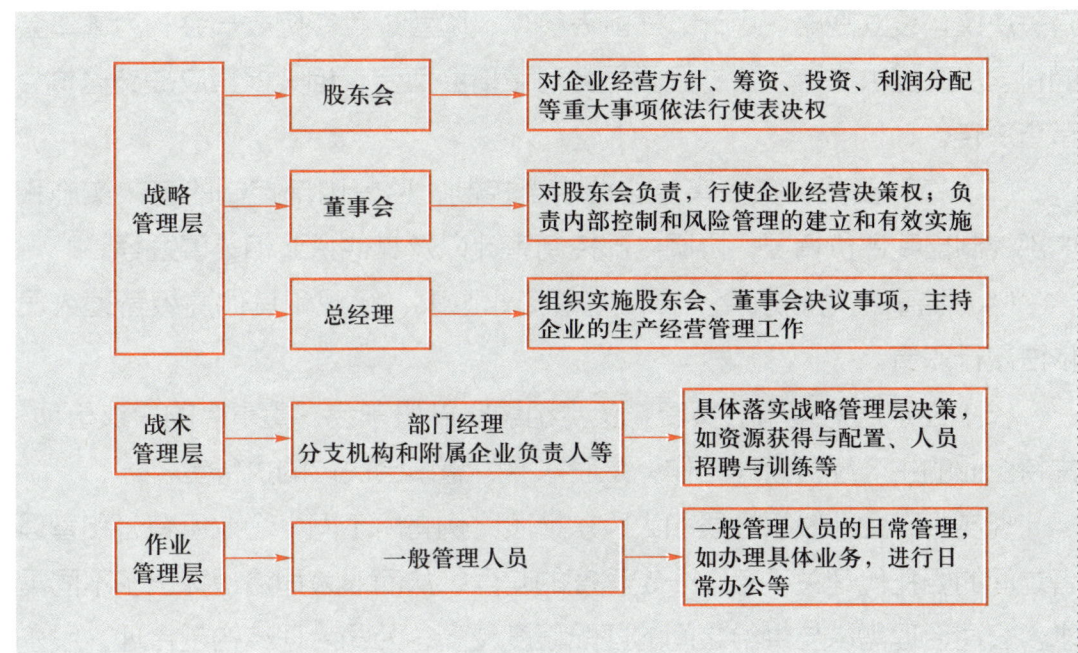

（二）组织架构的内容

组织架构包括治理结构和内部机构两个层面。有效的治理结构会保证企业的科学决策，增强企业的执行力，让企业在良性运行机制下实现企业的发展战略。科学的内部机构设置，会使企业的权责分配更合理，提高企业各职能部门的运行效率。

1. 公司治理结构

在现代企业制度下，由于所有权和经营权相分离，所有者和管理者之间形成了一种委托代理关系，管理者为了实现自身目标的最大化，可能会背离所有者的目标，治理结构由此产生。公司治理结构是指为了实现企业最佳经营业绩，企业所有权与经营权基于信托责任而形成相互制衡关系的结构性制度安排，具体表现为股东会、董事会、监事会和经理层的职责分配与制衡关系的安排。

（1）股东会由全体股东组成，是企业的最高权力机构和最高决策机构，具有选举董事和监事、进行重大决策及依法行使企业经营方针、筹资、投资、利润分配等重大事项的表决权。

（2）董事会是股东会闭会期间的办事机构，制定企业发展战略、进行重大决策、聘任经理并对经营管理活动进行监督，依法行使企业的经营决策权。在建立健全内部控制并保证其有效实施的过程中，董事会应加强对本企业内部控制建立与实施情况的指导和监督。另外，董事会可以按照股东会的有关决议，设立战略、审计、薪酬考核、风险管理等专门委员会，为董事会的科学决策提供支持。各专门委员会对董事会负责，相关提案应提交董事会审查决定。

（3）审计委员会负责审查企业内部控制，监督内部控制的有效实施和内部控制自我评价情况，协调内部控制审计以及其他企业相关事宜等。

（4）监事会对股东会负责，监督企业董事、经理和其他高级管理人员依法履行职责。

（5）经理层对董事会负责，负责组织实施股东会、董事会的决议事项，主持企业的生产经营管理工作，是股东会、董事会决议的执行者。

现实中，企业股权性质和大股东持股比例有所不同，企业所有者和管理者之间的委托代理关系存在一定程度的差异，从而对公司治理提出了不同需求。公司治理需求与供给之间的匹配程度越高，公司治理结构越合理，股东会、董事会、监事会和管理层各层级之间的职责分配越合理、相互协调越一致，公司治理结构的运作效率就越高，企业所有者和管理者之间目标的一致性越高。

2. 内部机构设置

内部机构设置，是指企业根据业务发展的需要，分别设置不同层次的管理人员以及由各专业人员组成的管理团队，针对各项业务功能行使决策、计划、执行、监督、评价的权利并承担相应的义务，从而保证企业相关业务顺利开展，实现企业发展战略提供组织结构的支撑平台。

现代企业的内部机构一般包括四种基本形式，即直线职能制、事业部制、控股公司制和矩阵型组织架构。

（1）直线职能制。直线职能制是一种中央集权式的组织架构。它同时设置纵向的领导指挥机构和横向的参谋咨询机构。其优点是领导集中、职责清楚、秩序井然、工作效率较高，组织具有较高的稳定性。其缺点则是上下级部门的主动性和积极性的发挥受到限制，部门之间沟通较少，不能集思广益地做出决策，决策时协调工作量较大，整个组织系统的适应性较差。

这种组织架构通常适用于只生产一种或少数几种产品的中小型企业，对于规模较大、决策时需要考虑较多因素的组织不适用。

直线职能制组织架构如图 2-2 所示。

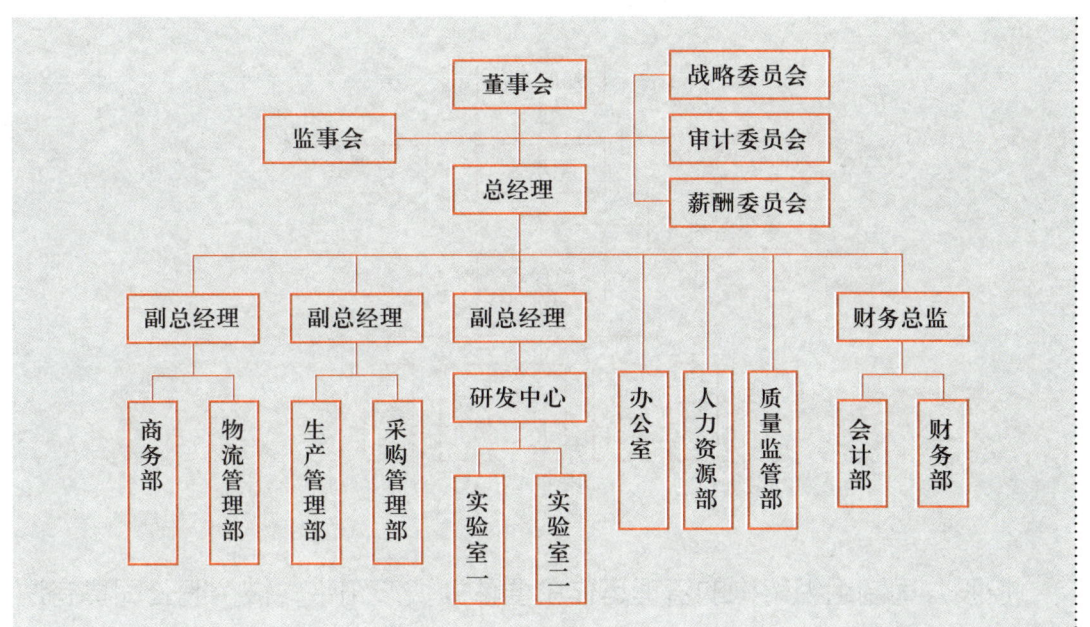

图 2-2 直线职能制组织架构示意图

（2）事业部制。事业部制是一种分权与集权相结合的组织架构。企业按照产品、客户、地区等设立事业部，每个事业部都是一个相对自主的利润中心，独立进行经营决策，各事业部相当于一个直线职能制组织。

事业部制组织架构如图 2-3 所示。

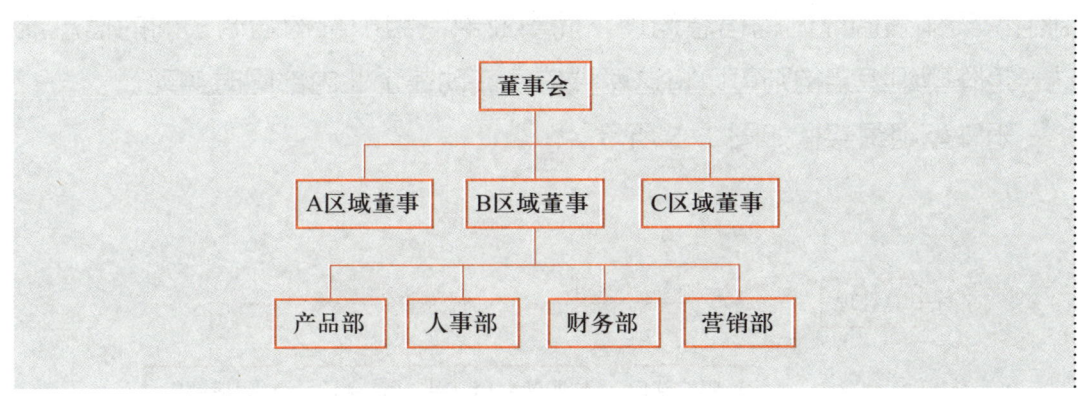

图 2-3 事业部制组织架构示意图

实行事业部制，企业可以集中力量制定企业发展的各种经营战略和经营方针，最大限度地把管理权下放到各事业部，充分发挥各部门的积极性和主动性。

（3）控股公司制。控股公司制组织架构，是指在公司总部下设若干子公司，公司总部作为母公司对子公司进行控股，承担有限责任。母公司对子公司既可以通过控股型股权进行直接管理，又可以通过子公司董事会来进行控制。

控股公司制组织架构如图 2-4 所示。

图 2-4　控股公司制组织架构示意图

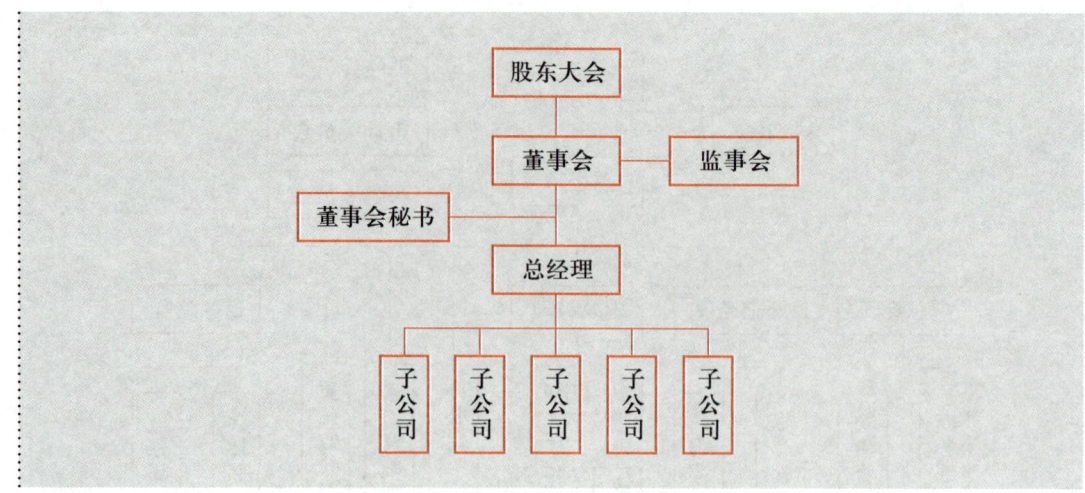

控股公司制组织架构的管理运作主要依靠资产纽带，被控股公司具有法人资格。如果结构过分松散，控股公司总部往往难以有效控制各子公司，控股公司的战略计划难以实现与贯彻。过度分权会导致管理效率的下降，加大控股公司的管理成本，子公司难以充分利用控股公司总部的参谋人员。

（4）矩阵型组织架构。矩阵型组织架构是按职能划分部门和按任务特点划分小组相结合所形成的组织架构形式。当环境既要求专业技术知识，又要求每个产品线能快速做出变化时，就可以采用矩阵型组织架构。直线职能制组织架构强调纵向的信息沟通，而事业部制组织架构强调横向的信息流动，矩阵型组织架构则可以将这两种信息流动在企业内部同时实现。

矩阵型组织架构如图 2-5 所示。

图 2-5　矩阵型组织架构示意图

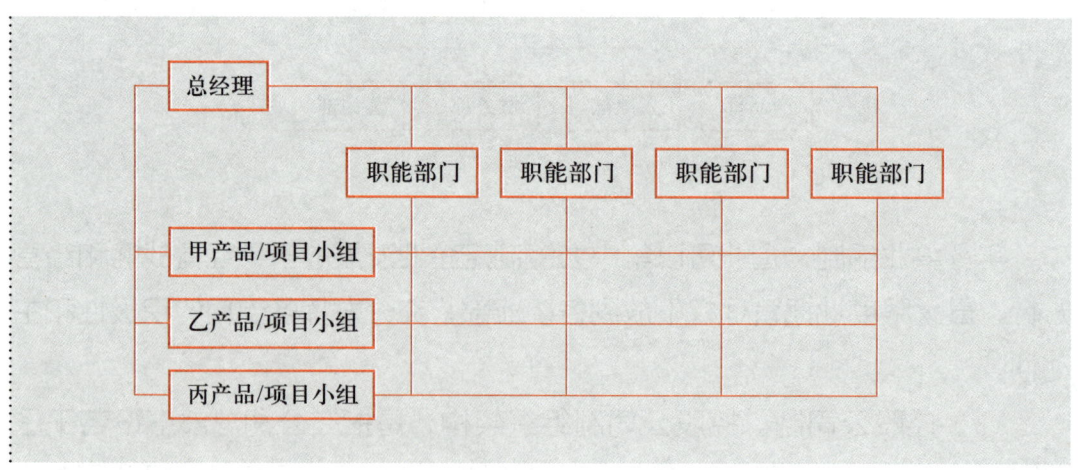

二、组织架构的内部控制目标

企业根据内部控制目标，确定内部环境各要素应达到的目标，进一步确定组织架构设计与运行应达到的具体目标，以识别和分析影响预期目标实现的主要风险，及时采取有效措施将风险降到可接受的水平，保证企业目标的实现。组织架构的内部控制目标主要包括以下四个方面：

（1）根据法律法规，结合企业章程和发展战略目标，建立规范的法人治理结构，促进企业内部控制的有效运行。企业应科学地界定决策、执行、监督各层级机构的地位、任务，形成有效的分权和制衡机制，切实发挥相关机构的作用，为内部控制的建立和实施提供有力的组织和机制保障。

（2）适应企业生产经营和管理活动的实际需要，建立科学合理的组织架构，及时根据企业内外部环境变化进行调整，提高企业管理效能。

（3）根据企业战略目标和各职能部门管理要求，明确高级管理人员、各职能部门和分支机构以及基层作业单位的职责权限，将权利与责任分解到具体岗位，为内部控制的设计和实施创造良好的条件。

（4）通过内部管理制度汇编、岗位描述、权限指引等适当方式，使企业员工掌握内部机构设置及权责分配状况，明确各层级职责分工，加强对权责履行的监督。

三、组织架构设计与运行的主要风险

风险会影响企业内部控制目标的实现，为了实现企业的战略和发展目标，企业应关注组织架构设计与运行中的以下风险。

（一）治理结构层面的风险

治理结构层面的风险主要指企业的治理结构形同虚设，缺乏科学决策、良性运行机制和执行力，可能导致企业经营失败，难以实现发展战略。治理结构层面的风险，具体表现为以下方面：

（1）股东会是否规范而有效地召开，股东是否可以通过股东会行使自己的权利。

（2）企业与控股股东是否在资产、财务、人员方面实现相互独立，企业与控股股东的关联交易是否贯彻平等、公开、自愿的原则。

（3）企业对与控股股东相关的信息是否根据规定及时、完整地披露。

（4）企业是否对中小股东权益采取了必要的保护措施，使中小股东能够和大股东以同等条件参加股东会，获得与大股东一致的信息，并行使相应的权利。

（5）董事会是否独立于经理层和大股东，董事会以及审计委员会中是否有适当数量的独立董事且能够发挥有效作用。

（6）董事对于自身的权力和责任是否有明确的认知，并且有足够的知识、经验和时间来勤勉、诚信、尽责地履行职责。

（7）董事会是否能够保证企业建立并实施有效的内部控制，审批企业发展战略和重大决策并定期检查、评价其执行情况，明确设立企业可接受的风险承受度，并督促经理层对内部控制的有效性进行监督和评价。

（8）监事会的构成是否能够保证其独立性，监事能力是否与相关领域相匹配。

（9）监事会是否能够规范而有效地运行，监督董事会、经理层正确履行职责并纠正损害企业利益的行为。

（10）对经理层的权力是否存在必要的监督和约束机制。

（二）内部机构层面的风险

内部机构层面的风险主要指内部机构设计不科学，权责分配不合理，可能导致机构重叠、职能交叉或缺失，运行效率低下。内部机构层面的风险具体表现为以下方面：

（1）企业内部组织架构是否考虑经营业务的性质，按照适当集中或分散的管理方式设置。

（2）企业是否对内部组织架构设置、各职能部门的职责权限、组织的运行流程等有明确的书面说明和规定，是否存在关键职能缺位或职能交叉的现象。

（3）企业内部组织架构是否支持发展战略的实施，并能根据环境变化及时做出调整。

（4）企业内部组织架构的设计与运行是否适应信息沟通的要求，有利于信息的上传下达和在各层级、各业务活动间的传递，有利于为员工提供履行职权所需的信息。

（5）关键岗位员工是否对自身权责有明确的认识，有足够的胜任能力去履行职责，是否建立了关键岗位员工轮换制度和强制休假制度。

（6）企业是否对董事、监事、高级管理人员及全体员工的权限有明确的制度规定，对授权情况是否有正式的记录。

（7）企业是否对岗位职责进行了恰当的描述和说明，是否存在不相容职务未分离的情况。

（8）企业是否对权限的设置和履行情况进行了审核和监督，对于越权或权限缺位的行为是否及时予以纠正和处理。

四、组织架构运行的风险控制

企业要实现其发展战略，就必须把组织架构的设计放在首位。组织架构运行是指企业的治理结构和内部机构设置按照既定的设计方案，行使各自权力并履行相应责任的动态过程。企业应对现有的治理结构和内部机构设置进行梳理，确保治理结构和内部机构设置符合企业发展要求。

（一）治理结构的梳理

企业应重点关注董事、监事、经理及其他高级管理人员的任职资格和履职情况，关注运行效果，如果治理结构存在问题应及时采取有效措施加以改进。梳理治理结构的关注点如表 2-1 所示。

表 2-1　梳理治理结构的关注点

梳理的内容	主要关注点
董事、监事、经理及其他高级管理人员的任职资格和履职情况	行为能力、道德诚信、经营管理素质、任职程序等任职资格；合规、业绩以及履行忠实、勤勉义务等履职情况
董事会、监事会和经理层的运行效果	董事会：是否定期或不定期召集股东会并向股东会报告；是否严格认真地执行了股东会的所有决议；是否合理地聘任或解聘经理及其他高级人员等。 监事会：是否按照规定对董事、高级管理人员行为进行监督；在发现违反相关法律法规或损害公司利益时，是否能够对其提出罢免建议或制止纠正其行为等。 经理层：是否认真有效地组织实施董事会决议；是否认真有效地组织实施董事会制定的年度生产经营计划和投资方案；是否能够完成董事会确定的生产经营计划和绩效目标等

（二）内部机构设置的梳理

企业应重点关注内部机构设置的合理性和运行的高效性。如果企业在日常运行决策中出现职能交叉、效率低下等情况，应及时采取措施加以改进。梳理内部机构设置的关注点如表 2-2 所示。

表 2-2　梳理内部机构设置的关注点

梳理的内容	主要关注点
内部机构设置的合理性	内部机构设置能否适应内外部环境的变化； 是否以发展目标为导向； 是否满足专业化的分工和协作，有助于企业提高劳动生产率； 是否明确界定各机构和岗位的权利和责任，不存在权责交叉重叠，不存在只有权利没有相对应责任和义务的情况等
内部机构运行的高效性	内部机构的职责分工能否针对市场环境的变化及时做出调整； 内部机构的权力是否过大并存在监督漏洞，是否被架空，是否存在权力失衡等； 信息在内部机构间的流通是否顺畅，是否存在信息阻塞；信息流通是否及时，是否存在信息滞后；信息流通是否有助于提高效率，是否存在沟通上"舍近求远"的问题

企业应定期对组织架构设计和运行的效率与效果进行综合评价，发现组织架构设计与运行中存在缺陷的，应及时进行优化调整，使企业的组织架构始终处于高效运行的状态。企业组织架构调整应充分听取董事、监事、高级管理人员和其他员工的意见，按规定的权限和程序进行决策审批，通过后适当调整并及时将调整结果通知企业的全体员工。

任务实施

BG 集团的组织架构如图 2-6 所示。

图2-6 BG集团的组
织架构图

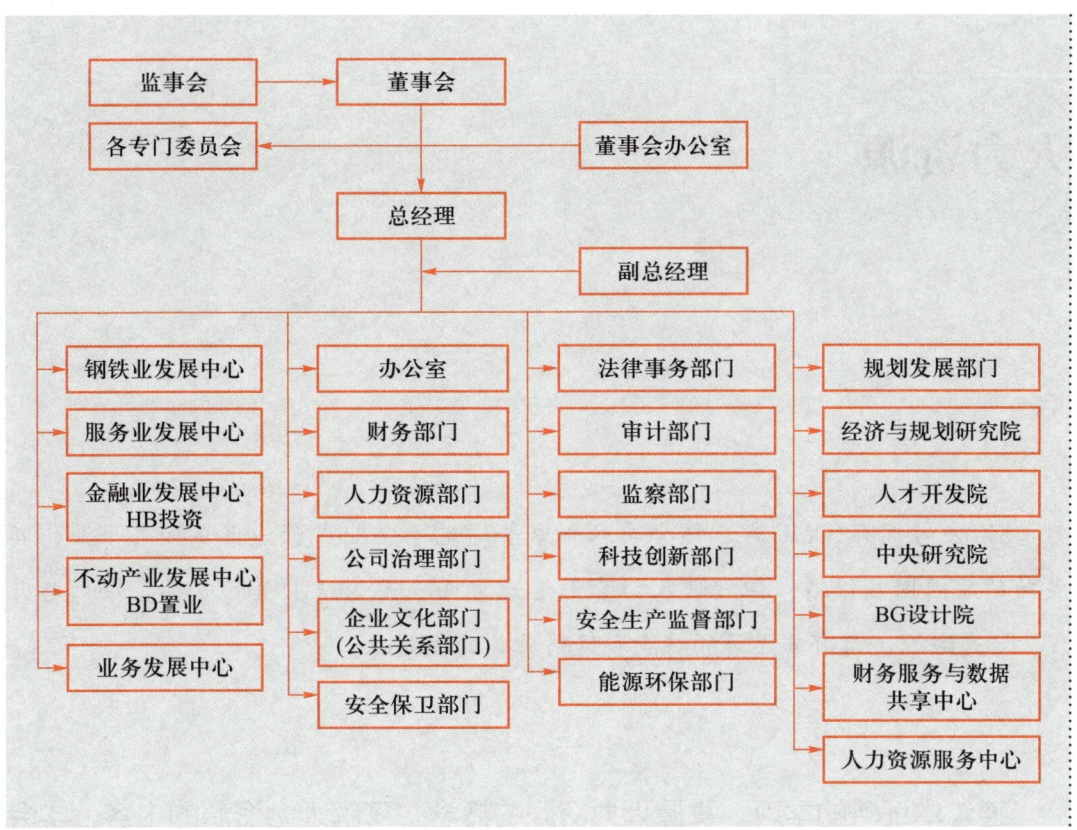

任务三

人力资源

案例导入

　　SX公司拥有SX品牌，该公司从一家普通电子企业成长为世界知名企业，其成功的原因固然很多，但就其人力资源管理方面，无论是人员的吸纳、培训与开发，还是激励，都有其显著的特点和风格独具的优越性。

任务描述

　　通过本任务的学习，掌握人力资源的概念，了解人力资源的内容，学会制定人力资源的内部控制目标，识别人力资源管理的主要风险并进行风险控制。同时思考并分析SX公司成功的原因在其人力资源管理中具体体现在哪些方面。

任务准备

一、人力资源的概念及内容

（一）人力资源的概念

　　人力资源是指企业组织生产经营活动而任用的各种人员，包括董事、监事、高级管理人员在内的全体员工。人力资源管理的核心是建立一套科学的人力资源制度和机制，不断优化人力资源结构，实现人力资源的合理配置和布局，充分发挥人力资源的作用，强化人力资源风险管理，全面提升企业管理团队、专业技术人才和全体员工的创造力，真正使每位员工都投身于企业的可持续发展之中。

（二）人力资源的内容

　　企业应重视人力资源建设，根据发展战略，结合人力资源现状和未来需求预测，建立人力资源发展目标，制定人力资源总体规划和能力框架体系，优化人力资源整体布局，明确人力资源的引进、开发、使用、培养、考核、激励、退出等管理要求，实现人力资源的合理配置，全面提升企业核心竞争力。企业的人力资源政策应包括下列内容：

（1）员工的聘用、培训、辞退与辞职；

（2）员工的薪酬、考核、晋升与奖惩；

（3）关键岗位员工的强制休假制度和定期岗位轮换制度；

（4）掌握国家秘密或重要商业秘密的员工离岗的限制性规定；

（5）有关人力资源管理的其他政策。

二、人力资源的内部控制目标

（1）建立科学、规范、公平、公开、公正的人力资源政策，调动员工的积极性、主动性和创造性。

（2）确保企业选拔和聘用的员工具备良好的道德素养与专业胜任能力，能够满足企业生产经营和管理活动的需要，促进员工的价值取向和行为特征符合内部控制与风险管理的有关要求。

（3）重视并加强员工培训，制订科学合理的培训计划，提高员工培训的针对性和实效性，不断提升员工的道德素养和业务素质。

（4）建立和完善针对不同层级员工的激励约束机制，通过制定合理的目标、建立明确的标准、执行严格的考核和落实配套的奖惩，促进员工责、权、利的有机统一和企业内部控制的有效执行。

（5）确保企业的人力资源政策与实践合法合规，能有效支撑企业发展战略、社会责任和企业文化等内部环境的培育。

三、人力资源管理的主要风险

人力资源管理的风险通常是企业人力资源政策在实践过程中，由于各种不确定因素以及工作失误对企业目标实现可能产生的影响。企业在人力资源管理的过程中应重点关注以下风险：

（1）人力资源缺乏或过剩、结构不合理、开发机制不健全，可能导致企业发展战略难以实现。这一风险侧重于企业决策层和执行层的高级管理人员。在现代企业中，决策层和执行层对实现企业发展战略具有重要作用。适当的人员流动，有助于企业的人力资源与物质资源在动态中形成优化组合，实现人力资本的增值。要合理地使用人力资源，最大限度地提高人力资源的使用效益。

（2）人力资源激励约束制度不合理、关键岗位人员管理不完善，可能导致人才流失、经营效率低下，或者关键技术、商业秘密和国家机密泄露。建立科学合理的激励机制是调动员工积极性、提高员工工作效率的必要条件。

（3）人力资源退出机制不当，可能导致法律诉讼或企业声誉受损。这一风险侧重于企业辞退员工，解除员工劳动合同等引发的劳动纠纷。为了避免和减少此类风险，企业应根据发展战略，在遵循国家有关法律法规的基础上，建立健全良好的人力资源退出机制，采取渐进措施执行退出计划。

四、人力资源管理的风险控制

（一）建立和完善人力资源引进的相关制度

1. 完善人力资源引进制度

企业结合生产经营的实际需要，制订年度人力资源需求计划。

2. 优化选聘人才制度

企业应根据人力资源能力框架的要求，明确各岗位的职责权限、任职条件和工作要求，按照公平、公开、公正的原则，重点关注选聘对象的价值取向和责任意识，做到因事设岗、以岗选人。

3. 建立选聘人员试用期和岗前培训制度

企业对试用人员进行严格考察，促进选聘员工全面了解岗位职责、掌握岗位基本技能、适应工作要求。

（二）加强人力资源开发过程的管控

企业应重视人力资源开发工作，建立员工培训长效机制，营造尊重知识、尊重人才和关心员工职业发展的文化氛围。促进全体员工的知识和技能持续更新，不断提升员工的服务效能。

（三）分门别类地管理各类人员的引进与开发

1. 高级管理人员的引进与开发

高级管理人员的引进与开发应处于首要位置。企业应制订高级管理人员引进计划并提交董事会审议通过后实施。在引进高级管理人员的过程中，有明确的岗位设定和能力要求，要注重激励与约束相结合，与企业所处行业和发展定位相匹配。

2. 专业技术人员的引进与开发

专业技术人员是企业发展的动力，企业发展离不开专业技术人员的创新和研发。引进专业技术人员既要满足企业当前生产经营的需要，又要有一定的前瞻性，注重专业人才的技术素质、科研能力，也应注重其道德素质、对企业价值观和文化的认同感。专业技术人员的开发，应注重知识的持续更新，紧密结合企业定位及新技术、新工艺和新产品开发进行培训教育，帮助专业技术人员不断深化和更新知识；同时，要建立良好的专业人才激励约束机制，通过各种方式引进专业技术人才。

3. 一般员工的引进与开发

一般员工占企业人力资源的大部分，是企业人力资源引进的重点。在引进的过程中，企业应严格遵循有关法律、法规招收具有一定技能、能独立承担工作任务的员工。企业要根据生产经营的需要，加强岗位培训，不断拓展员工的知识，不断提升员工的技能水平。

（四）建立激励约束机制，完善薪酬制度

企业应建立和完善人力资源的激励约束机制，科学地设置业绩考核指标体系，对各级管理人员和普通员工进行严格的考核与评价，确保人员队伍处于持续优化的状态。完善与业绩考核挂钩的薪酬制度，切实做到薪酬安排与员工贡献相协调，体现效率优先，兼顾公平，使相关岗位员工有序、持续地流动，全面提升员工素质。

（五）建立健全员工退出机制，并确保其有效实施

企业应按有关法律法规的规定，结合企业实际，建立健全员工退出机制，明确退出条件和程序，确保员工退出机制得到有效实施。实施人力资源退出，可以保证企业人力资源团队的精干、高效和富有活力。真正做到能上能下、能进能出，实现人力资源的优化配置，促进企业整体团队充满生机和活力，为企业实现长远战略和价值提升提供充足的人力资源保障。

一、SX 公司人力资源管理思想

SX 公司要求员工必须具备"知、行、用、训、评"5 项素质。知，要相当了解自己工作的基础技术；行，付诸行动；用，把任务分派给下属；训，正确指导培养下属；评，正确地评价工作成果。

二、人力资源的吸纳

SX 公司具有"人才第一"的企业文化，不拘一格招揽人才，注重"个性化"人才，发挥员工的创造力和想象力。

三、人力资源的培训与开发

SX 公司每年投资 1 亿多元用于员工脱产学习，使员工素质达到行业高水平。根植"技术经营"，促进人才开发。SX 公司的人力资源开发中心，既是军营、商业学校，又是思想教育的课堂。

四、人力资源的激励

SX 公司实行"能力主义"的考核系统，按照员工能力和工作业绩来分配员工的报酬、升迁发展和工作机会；实行"双向流动"管理，以本职工作、责任心、廉政建设和基本技能四个方面作为考核标准，对员工进行量值化、依据化的综合评价，据此进行人员的优胜劣汰，使机构始终保持精简和高效；实行"资源向人才倾斜"，吸引高素质人才持续"流进来"，重视拓宽人才流入的渠道。

案例导入

在 2017 年 12 月 6 日举办的"2017 中国社会责任公益盛典"上，ZX 银行获得"2017 中国社会责任扶贫奖"。

ZX 银行是 ZX 集团旗下最大子公司，成立于 1987 年。2007 年 4 月，ZX 银行实现在上海证券交易所和香港联交所"A＋H"同步上市。

ZX 银行积极落实国家精准扶贫政策。2016 年，ZX 银行按照中国人民银行、银监会等监管机构的工作部署，把金融精准扶贫作为重要的政治使命与社会责任，周密安排，积极谋划。ZX 银行总行制定了金融扶贫"十三五"规划与年度工作计划，建立了金融扶贫工作机制，通过强化信贷支持、完善产品体系、加强信息统计等系列举措，ZX 银行金融精准扶贫工作初见成效。截至 2016 年年底，ZX 银行发放金融精准扶贫贷款 2 598 笔，贷款余额 28.05 亿元；ZX 银行通过开展"ZX 银行新长城高中自强班"项目支持教育脱贫，资助贫困学生，投入金额 179 万元，资助贫困学生人数 660 人；开展定点扶贫项目 3 个，投入金额 700 万元，为贫困群众脱贫致富提供助力，为地方经济建设增添活力。

任务描述

通过本任务的学习，掌握企业文化的概念，了解企业文化的内部控制目标，学会识别企业文化建设的主要风险并进行相应的风险控制。同时思考并分析 ZX 银行的品牌内涵是什么？具体体现在哪些方面？

任务准备

一、企业文化的概念

企业文化是企业在生产经营实践中逐步形成的，为全体员工所认同并遵守的带有本组织特点的使命、愿景、宗旨、精神、价值观和经营理念，以及这些理念在生产经营实践、管理制度、员工行为方式与企业对外形象等诸多方面体现的总和。企业文化是企业的灵魂，是推动企业发展的不竭动力。企业文化主要体现在价值观、经营理念、企业精神和行为规范四个层面。

二、企业文化的内部控制目标

企业应根据内部控制与风险管理的五大目标，确定内部环境要素应达到的目标，并将目标分解落实，确定企业文化应达到的具体目标。企业文化的内部控制目标可设定为以下四个方面：

（1）培育健康向上的核心价值观和企业精神，培养社会责任感和遵纪守法意识，倡导团结友爱、相互尊重、学习创新和热爱生活的企业精神。

（2）管理团队和各级管理人员要树立有利于实现企业目标的管理理念与经营风格，避免因个人风险偏好而可能给企业带来的不利影响和损失。

（3）全体员工要培养以正直诚信、敬业爱岗、廉洁自律为核心的职业操守，坚持客观公正、依法办事的准则，不损害投资者、债权人、供应商、客户、员工和社会公众的利益。

（4）坚持以人为本、文化育人，培育高素质的员工队伍，不断提升企业的核心竞争力。企业应建立一种团结和凝聚员工的文化力量，培育与现代企业制度相适应的思想观念，增强员工的团队意识、责任意识、风险意识、效率意识、开拓创新意识等。

三、企业文化建设的主要风险

越来越多的企业广泛开展跨国、跨地区的经济合作及并购活动，使组织内部的价值观、经营理念、企业精神面临冲击、更新与交替，时常引发企业文化风险。在加强企业文化建设时，至少应关注以下风险：

（1）缺乏积极向上的企业文化，可能导致员工丧失对企业的信心和认同感，使企业缺乏凝聚力和竞争力。

（2）缺乏开拓创新、团队协作精神和风险意识，可能导致企业发展目标难以实现，影响企业的可持续发展。

（3）缺乏诚实守信的经营理念，可能导致舞弊事件的发生，造成企业损失，影响企业信誉。

（4）忽视企业间的文化差异和理念冲突，可能导致并购重组失败。

四、企业文化建设的风险控制

企业文化是建立和完善内部控制的重要基础。优秀的企业文化，可以激发企业团队和全体员工的思想与意志，能够激发其潜力和热情，培育全体员工对企业的认同感，形成卓越的执行力。企业文化不是抽象的理论，而是存在于生产经营和管理活动各环节的无形约束力，不仅影响着员工的行为规范、心理状态、思维习惯，而且影响着企业的经营方针、经营风格、企业形象和可持续发展。

（一）塑造企业核心价值观

核心价值观是企业的文化核心，反映出企业的行为和价值取向。企业要从其外部环境和自身条件，总结本企业的优良传统和经营理念，挖掘鲜明的文化资源特色，形成具有时代特征又独具魅力的企业文化。

（二）打造以主业为核心的品牌

品牌通常是指能够给企业带来溢价产生增值的一种无形资产，其载体是用以和其他竞争者的产品或服务相区分的名称、术语、象征标志或设计及其组合。打造以主业为核心的品牌，是企业文化建设的重要内容。品牌能够给企业带来增值，企业应将核心价值观贯穿于自主创新产品质量、市场营销、售后服务等方面的文化建设中，着力打造源于主业且能够让消费者长久认可并在国内外市场上彰显其竞争优势的品牌。

（三）体现以人为本的理念

"以人为本"是企业文化建设中应信守的重要原则。企业应在企业文化建设的过程中牢固树立以人为本的思想，坚持全心全意依靠全体员工办企业的方针，尊重劳动、尊重知识、尊重人才、尊重创造。企业应努力为全体员工搭建发展平台，提供发展机会，挖掘创造潜能，增强员工主人翁意识和社会责任感，激发其积极性、创造性和团队精神；努力使全体员工在主动参与中了解企业文化建设的内容，认同企业的核心理念，形成上下同心、共谋发展的良好氛围。

（四）强化企业文化建设的领导责任

在建设优秀企业文化的过程中，领导是关键。要建设好企业文化，领导必须高度重视、认真规划、狠抓落实，这样才能取得实效。企业主要负责人应站在促进企业长远发展的战略高度重视企业文化建设，切实履行第一责任人的职责，对企业文化建设进行系统思考，确定本企业文化建设的目标和内容，提出正确的经营管理理念。董事、监事、经理和其他高级管理人员应在企业文化建设中发挥主导与垂范作用，不断提高自身的道德操守和文化素养，以自身的优秀品格和脚踏实地的工作作风，带动并影响整个团队，共同营造积极向上的企业文化环境。

（五）将企业文化融入生产经营全过程

企业文化建设应融入生产经营的全过程，切实做到文化建设与发展战略的有机结合，增强员工的责任感和使命感，真正实现"人企合一"。企业应着力将核心价值观转化为企业文化规范，完善相关的管理制度，对员工日常行为和工作行为进行细化，逐步形成企业文化规范，以理念引导员工的思维，以制度规范员工的行为，使员工自身价值在企业的发展中得到充分体现。

（六）构建企业文化评估体系

企业文化评估是企业文化建设与创新的重要环节，企业应定期对企业文化建设工作以及取得的进展和实际效果进行检查与评估。企业应注重评估指标的导向性，突出关键指标，确保评估指标的可操作性；注重评估方法的科学性，根据评估内容和指标功能，量身定制不同的评估标准；注重评估结果的有效性，改进并完善评估标准，同时可以借助专业机构的力量，提升企业文化评估的专业水平和公信力。

（七）推进企业文化创新

创新是事物发展的持续动力。企业既要巩固和发展企业文化建设取得的成果，又要针对评估过程中发现的企业文化缺失，研究分析深层次的原因，及时采取措施加以改进，以此推进企业文化的建设。在此基础上，还要结合企业发展战略的调整，着力在价值观、经营理念、管理制度、品牌建设、企业形象等方面持续地推动企业文化的创新。

ZX 银行围绕"金融为民"理念，持续扩展自身的"能力圈"，同时秉持"以客户为中心"的理念，让金融服务不仅有宽度，更有温度，通过启动精细服务满足用户需求，并发布了"让财富有温度"品牌口号。以"有温度"的服务为客户提供全方位体验，以"有温度"的管理凝聚内部发展合力，以"有温度"的品牌塑造值得托付未来的"价值银行"，将企业价值和服务伙伴紧紧地凝聚在一起。

ZX 银行从三个维度构建了自身的核心竞争力：资产管理方面，以跨市场的金融产品供给能力，一站式解决客户综合融资需求；财富管理方面，坚持客户导向、价值导向，以"全客户—全产品—全渠道"三全适配为经营方略，打造客户首选的财富管理主办银行，进一步清晰自己的品牌战略。"让财富有温度"为金融服务赋予了更加丰富的内涵。"温度"与"财富"的结合，突出了"利他共赢"原则，也成为该行打造差异化竞争优势的利器。

任务五

内部审计

案例导入

　　HW 公司作为世界 500 强企业，对内部审计尤为重视。HW 公司内部审计部门超然的独立性和专业性一直被外界所称赞。HW 公司内部管理大纲对内部审计职能的定义为，内部审计是对公司各部门、事业部和子公司经营活动的真实性、合法性、效益性及各种内部控制制度的科学性和有效性进行审查、核实和评价的监控活动。

任务描述

　　通过本任务的学习，掌握内部审计的定义，了解内部审计的职能，学会内部审计机构的设置原则。同时思考内部审计到底在 HW 公司中充当什么样的角色？这些角色又是怎么实现的？

任务准备

一、内部审计的定义

　　内部审计和国家审计（政府审计）、社会审计（事务所审计、独立审计）并称三大类审计。

　　2003 年 6 月，中国内部审计协会发布《中国内部审计准则》，对内部审计给出定义，内部审计是指组织内部的一种独立客观的监督和评价活动，它通过审查和评价经营活动及内部控制的适当性、合法性和有效性来促进组织目标的实现。

　　2018 年 1 月 12 日，审计署公布了新修订的《审计署关于内部审计工作的规定》，自 2018 年 3 月 1 日起施行。新修订的《审计署关于内部审计工作的规定》的出台实施，是贯彻落实党中央、国务院关于加强内部审计工作、充分发挥内部审计作用指示精神的重大举措，对促进被审计单位规范内部管理、完善内部控制、防范风险和提质增效具有十分重要的意义。《审计署关于内部审计工作的规定》明确了内部审计的定义，指出内部审计是对本单位及所属单位财政财务收支、经济活动、内部控制、风险管理实施独立、客观的监督、评价和建议，以促进单位完善治理、实现目标的活动。

二、内部审计的职能

内部审计的职能可以概括为两大类，即防护性职能和建设性职能。

（一）防护性职能

1. 监督职能

监督职能是内部审计最基本的职能。无论是早期的查错防弊，还是现代的各种检查和评价活动，都蕴含着监督的性质。对于每项管理及环节要有效地监督，发挥其制约和促进的作用，这样内部审计工作也会变得有活力和生命力。

2. 评价职能

内部审计的评价是指内部审计人员依据一定的审计标准对所检查的活动及其效果进行合理的分析和判断。

（二）建设性职能

1. 控制职能

控制职能是指内部审计作为一种管理控制，通过独立的评价活动来衡量和评价其他内部控制的适当性和有效性。内部审计是组织内部控制系统的一个重要组成部分，与其他控制形式相比，它具有全面性、独立性和权威性的特点，是对其他控制的再控制。

2. 服务职能

服务职能是指通过对经济活动的分析和评价，向组织内成员提出改进工作的建议和提供咨询服务，从而帮助组织内成员有效地履行其职责，提高其工作质量和效率。

三、内部审计的机构

（一）我国内部审计机构设置现状

内部审计机构设置有以下几种形式。

1. 隶属于财务部门

这种模式下，内部审计部门与财务部门受同一人领导，缺乏独立性。

2. 与纪检、监察合署的内部审计机构

这种模式只是简单地把内部审计看作经济监督部门，没有真正认识到现代内部审计的本质。

3. 隶属于总经理的内部审计机构

该模式有利于实现内部审计提高管理水平和经济效益的目的，保持了较高的审计独立性，但是对本级财务和总经理往往难以实现有效监督。

4. 设在监事会的内部审计机构

监事会是组织内部的监督机构，是制约董事会、管理层的有效机制，它没有经营管理权，不能直接服务于经营决策。把内部审计机构设在监事会，其定位是一个监督机构而非服务机构，审计的咨询服务职能难以发挥，不能达到通过内部审计改善经营管理、提高经济效益的目的。

5. 在董事会下设审计委员会，在经营管理系统下设内部审计机构

内部审计机构在审计委员会领导下开展审计工作，在此基础上，职能性审计向审计委员会报告，行政性审计向管理层报告。这种双重报告关系能够最大限度地发挥内部审计的各项职能，是比较理想的审计模式，也是中国内部审计协会倡导的内部审计机构设置模式。

在实际工作中，可以根据企业规模大小，分别设立单层审计机构或双层审计机构。规模小的企业只设置单一的内部审计机构，服务于企业高层管理的需要；规模大的企业，可以在董事会下设审计委员会，在高层管理机构下设内部审计部门，分别行使各自对受托责任的审计职权。

（二）内部审计机构的设置原则

1. 独立性原则

尽管内部审计只是相对独立的，但独立性仍然是内部审计的基本特征，设立内部审计机构必须符合审计独立性的要求。无论是企业层级的还是部门层次的内部审计机构，都必须保持其组织上和业务上的独立性，独立性是内部审计机构设置的起码要求。

2. 专职高效原则

专职，是指内部审计部门及人员应该是专门从事审计工作的机构和人员，它完全置身于其他具体的业务活动之外。高效，是指内部审计机构的设置应该精干，因事纳人。专职高效是内部审计机构设置的基本要求。

3. 权威性原则

内部审计组织机构的组织地位和设置层次越高，权威性越大，内部审计的作用就发挥得越充分。内部审计的组织地位和作用的发挥是相辅相成的。一方面，作用的扩大为内部审计赢得较高的组织地位创造了机会；另一方面，组织地位的提高、独立性的增强又为内部审计人员卓有成效地履行其职责，发挥内部审计的职能提供了条件。

（三）内部审计机构的主要权限

（1）要求被审计单位按时报送发展规划、战略决策、重大措施、内部控制、风险管理、财政财务收支等有关资料（含相关电子数据），以及必要的计算机技术文档。

（2）参加单位有关会议，召开与审计事项有关的会议。

（3）参与研究制定有关的规章制度，提出制定内部审计规章制度的建议。

（4）检查有关财政财务收支、经济活动、内部控制、风险管理的资料、文件和现场勘察实物。

（5）检查有关计算机系统及其电子数据和资料。

（6）就审计事项中的有关问题，向有关单位和个人开展调查和询问，取得相关证明材料。

（7）对正在进行的严重违法违规、严重损失浪费行为及时向单位主要负责人报告，经同意做出临时制止决定。

（8）对可能被转移、隐匿、篡改、毁弃的会计凭证、会计账簿、会计报表以及与经济活动有关的资料，经批准，有权予以暂时封存。

（9）提出纠正、处理违法违规行为的意见和改进管理、提高绩效的建议。

（10）对违法违规和造成损失浪费的被审计单位和人员，给予通报批评或者提出追究责任的建议。

（11）对严格遵守财经法规、经济效益显著、贡献突出的被审计单位和个人，可以向单位党组织、董事会（或者主要负责人）提出表彰建议。

一、内部审计部门是监督者

HW 公司的审计部由若干个不同业务的审计处组成，审计部门负责审计几乎所有可能出现差错和舞弊的业务，各司其职，审计部内部的架构也充分体现了行业特性，HW 公司是以技术为主导的公司，因此审计部门着重审计与技术和系统相关的内容。同时考虑到财务的特殊性，并且由于业务的国际化，也催生了国际审计处。HW 公司审计部的整体架构设计合理，也是发挥审计监督职能的有力保证。

二、内部审计部门是咨询者

如果内部审计部门仅仅局限于起监督作用，而没有充分利用其优势，对业务的流程进行检查的同时对业务的改进提出合理建议，可以说内部审计部门的增值作用没有得到很好地发挥。所以，现代内部审计不仅需要对内部流程遵守合规性的鉴定，还需要对流程设计本身合理性的认定，后者主要侧重于内部审计部门咨询者的身份，内部审计部门需要在了解业务流程的同时，站在专业的角度提出对流程设计本身改进的建议，更好地为企业蓬勃发展出谋划策。增值型内部审计将会是行业发展的常态。而 HW 公司的内部审计部门早就意识到这点，已经走在了行业前列，内部审计部门也早已向增值型转型。

三、内部审计部门是发展者

内部审计部门业务涵盖的范围随着时代、行业、企业的发展而不断扩大。开始内部审计只是针对财务部门，重点监督和调查财务部门财务信息的真实性和可信度。后来逐渐扩大审计的范围，关注企业其他重要部门的审计。随着技术的发展和进步，信息技术应用于企业的各项业务活动中，加快了企业信息处理和传递的速度，信息技术给企业带来便利的同时，信息技术的安全隐患也伴随而生，因此信息系统的审计也被提上日程。可以看出内部审计多样化的审计范围处于一个动态发展的状态，相应的内部审计部门也会充当一名发展者，紧跟企业发展的步伐。HW公司综合系统审计也是处于动态变化之中，开始只是对应HW公司的研发系统、营销系统及行政管理系统等常规业务的审计，但随着信息技术在企业内部的推进，企业在享受新技术带来的便捷的同时，内部审计部门也相应地增加了信息安全的审计，因此企业可以在一个更加安全的环境中运行。

项目目标

1. 理解风险的概念，熟悉风险因素和风险分类；

2. 理解目标设定，掌握企业经营中各层面目标设定；

3. 熟悉运用风险识别的方法和技术；

4. 了解企业总体层面的风险识别，熟悉业务和流程层面的风险识别，掌握并熟练运用风险识别方法；

5. 掌握并熟练运用风险分析技术；

6. 掌握并熟练运用风险应对策略及措施。

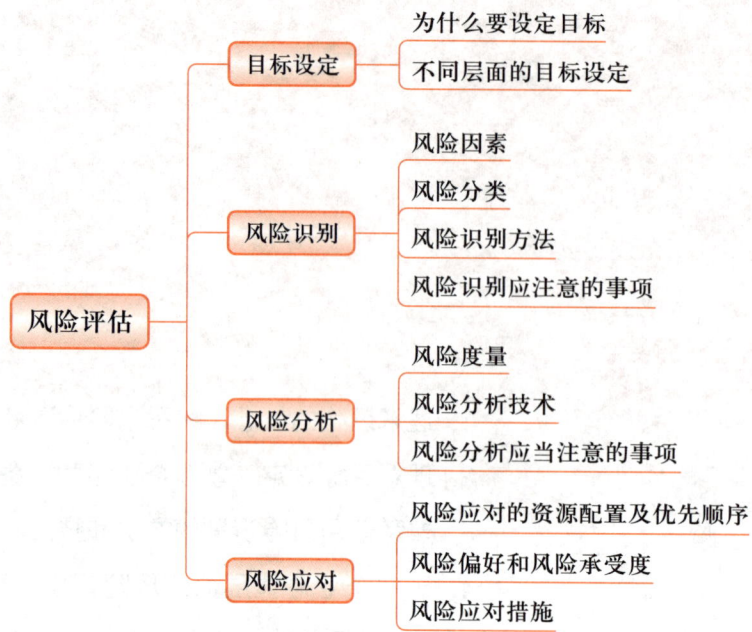

- 风险评估
  - 目标设定
    - 为什么要设定目标
    - 不同层面的目标设定
  - 风险识别
    - 风险因素
    - 风险分类
    - 风险识别方法
    - 风险识别应注意的事项
  - 风险分析
    - 风险度量
    - 风险分析技术
    - 风险分析应当注意的事项
  - 风险应对
    - 风险应对的资源配置及优先顺序
    - 风险偏好和风险承受度
    - 风险应对措施

C汽车公司是中国汽车生产企业，全球有14个生产基地，33个整车、发动机及变速器工厂。2014年，C汽车公司累计销量突破1 000万辆。2021年，C汽车公司累计销量突破2 000万辆。C汽车公司确定了新的"12369"战略，即一个定位，智能低碳出行科技公司；两个核心，要将软件能力和效率打造成为核心竞争力；将自主、合资和新兴业务列为三大业务板块；着力提升客户经营、产品定义、营销服务、品牌提升、技术引领、数字经营六大关键能力；夯实组织优化、人力保障、产业安全、资本运作、增收降本、卓越质量、精益管理、整合资源、党建文化九大基本保障。根据公司整体战略，公司财务部门提出了"12345"财务规划，即一个目标（创新创业计划）；两个转型（核算型向价值创造型转型＋管理向服务转型）；三大举措（业财一体化、全价值链降本增效、财务共享服务）；四大能力（盈利发展、资源配置、偿债能力、服务协作）；五大要求（数据精准、运营高效、分析到位、产融协同、风险控制）。

通过本任务的学习，了解目标设定的定义，熟悉目标设定的作用，掌握目标设定的分类，并思考：根据企业整体战略，C汽车公司财务部门将会如何制定实施细则和管理体系？

一、为什么要设定目标

企业必须设定目标。企业所有的人员、资源、制度都是在为实现企业目标服务。企业作为最常见的营利组织，基本目标是赚取利润，使得企业价值最大化。当然仅将企业价值最大化作为目标是远远不够的，企业经营管理人员还需要将目标细化，形成企业目标体系，统一企业所有人员、资源，为企业目标的实现而努力。

风险是影响企业目标实现的事件，因此我们需要通过内部控制等手段对那些可能影响企业目标实现的风险因素或事件进行控制。我们可以发现，恰当的企业目标是企业建立和实施风险管理和内部控制的基础，是风险评估的前提。企业管理当局应当为企业设定恰当的目标，确保各个层级所设定的目标能够为企业总体目标服务，保障企业目标的达成。企业目标还涉及风险偏好和风险承受度的选择。

企业内部控制和风险管理目标一般与企业的战略或总体目标相适应，为企业总体目标服务。因此，在考虑企业内部控制和风险管理目标时，需要将企业面临的风险控制在与企业总体目标相适应并可承受的范围内，确保企业内部管理有效、外部沟通顺畅。内部控制和风险管理目标还应当保证企业能够遵守相关法律法规，确保企业内部制度文件和为实现企业目标的重大决策措施得到正确高效执行，提高企业经营活动的效率，扩大经营活动的成果，降低不确定性。

二、不同层面的目标设定

（一）战略层面的目标设定

战略是企业的总体目标以及为实现总体目标而做出的一系列决策或方针。因此战略目标具有全局性、长期性、计划性。战略目标是企业各层面目标的统领，为运营、资产、报告等层面的目标定下总基调。企业应当首先确定自身的战略目标，做好战略规划。

企业战略目标一般是长期且稳定的，但由于企业所处环境无时无刻不在变化，当量变成为质变时，企业战略目标可能会与企业所处环境不相适应，使得最终战略效果偏离企业预期，此时，企业需要按照企业内部程序或安排，对企业战略做出调整，对企业战略目标做出改变。因此，企业战略目标还有应变性、竞争性和风险性。

在设定战略目标时，企业治理层应当清楚地认识到管理层和经营层可能在风险偏好和风险承受度上与其存在差别，因此企业治理层在制定企业战略和确立战略目标时应充分考虑这一点。由于风险的存在，企业战略目标往往很难不受影响地按照企业治理层的设定完成，特别是外部突发事件（如政治动荡、自然灾害、经济危机等）完全不受企业控制，为了防范这一情况，企业应当在设定战略目标时提出方案加以应对。当然这种方案仅能缓解外部突发事项的影响，并不能保证企业战略目标的实现。

企业应将战略目标细分。横向细分即时间轴上的细分，企业要将长期战略目标按时间段细分，出台 5~10 年的中期战略规划和每年的短期战术目标。纵向细分即层级细分，企业将战略目标分解至各业务单位和职能部门，使得它们有各自的长期、中期、短期目标。战略目标分解后，企业管理层以此形成企业年度经营目标、业务单位具体目标、职能部门具体要求，明确绩效考核标准，使企业做到目标一致、步调一致。

（二）运营层面的目标设定

运营目标是企业短期经营目标，一般期间为月、季、半年、年。相比战略目标，企业运营目标更具体也更具操作性，该目标主要反映管理层期望企业达到的经营成果，如企业是否达到某个市场占有率、生产成本是否得到有效控制、企业是否安全生产。运营目标与许多具体目标关联，如采购、生产、销售、财务、质量监控、安全管理、工程建设等。

企业运营目标应在治理层的指导下，由企业管理层设定。结合企业总体风险偏好和风险承受度，管理层设定运营结果偏离目标的范围，并以此为经营分析和绩效考核的基础，根据分析结果，及时采取措施修正偏差。运营目标也是企业短期资源配置的基础，企业根据运营目标合理配置资源。

运营目标在设定之初须考虑分解、计量、理解问题。好的运营目标可以逐层分解直至基层员工，员工可以理解分解至自己职责内的工作目标并指导自己的工作。

（三）资产层面的目标设定

资产完整且良好运行是企业正常生产经营的物质基础，是企业实现战略目标和运营目标的坚实保障。企业管理层、投资者、债权人、政府部门及其他利益相关者普遍关注这一问题，特别是工业企业，更需要关注资产管理。因此，企业需要将资产目标单列，这对于保证企业资产安全、提高资产使用效率、保障资产使用价值具有重要意义。

在设定资产目标时，资产安全目标是最基础的细分目标，该目标可以保障企业资产安全完整，保护资产权属不受侵害。除此之外，企业还应当寻求更高的资产目标，如资产利用效率提高目标、资产价值增值目标等，资产目标的设定应结合管理层的风险偏好和风险承受度，采用定性与定量相结合的目标编制原则。

（四）合规层面的目标设定

合规目标是指企业的行为决策应当符合相关法律法规的规定，包括国内外的相关法律、法规、条例、规范、监管规则、国际组织制定的相关产品或服务标准、行业组织制定的自律规程等。

合规目标还应当包含企业内部制定的规章制度。法律法规是一个国家为民事主体设定的最低行为准则，因此企业制定的内部规章制度标准应当高于法律法规。对于法律法规没有涉及的部分，企业在制定规章制度时应当考虑其合理性。

企业是否合规可能会对企业的声誉和市场地位产生较大的影响，因此，企业应当在设定合规目标时考虑风险偏好和风险承受度，确定合规目标偏离预期的可承受范围，积极主动检查、复核自己的决策、行为是否违法违规，定期开展合规检查及评价。如有必要，企业可以邀请第三方对自己的合规性进行认证，例如，上市公司每年都需要进行年度审计，以取信投资者、债权人及其他利益相关者。

（五）报告层面的目标设定

报告目标是指企业财务报告及其他相关信息披露是否满足各方利益相关者的使用需求。报告目标在设定时应当了解不同利益相关者的需求并将之作为报告导向，考虑报告使用者对报告精确度的要求，以合理适当的方式对外公布，做到清晰明了。

1. 报告目标按空间范围分类

报告目标按空间范围分类分为外部报告目标和内部报告目标。外部报告目标需要满足外部报告使用者的需求，主要包括投资人、债权人、客户、供应商、政府、社会组织及其他利益相关者。在对外报告时，需要综合考虑报告公开要求和保护商业机密两个方面。内部报告目标需要满足企业内部管理的需要，因此需要比外部报告更加详细的内部管理信息和数据，以便企业管理当局决策部署。

2. 报告目标按内容范围分类

报告目标按内容范围分类分为财务报告目标和非财务报告目标。财务报告目标是按照相关法律法规、会计准则和监管要求制作的财务报告。在不同的市场上，有时可能需要适用不同的会计准则编制财务报告。非财务报告目标是指企业应当按照相关外部管理规定和内部规章制度，对外或对内提供相应的非财务信息，如公司发生的重大事件、决策、人事变动、市场变动。

（六）评估层面的目标设定

设定风险评估目标的前提是企业各层面的目标已经设定。在设定评估目标时，企业要首先确认评估目标的适当性。在确认企业评估目标是否适当时，企业应当综合考虑下列因素：

（1）确定各层面目标是否适当，是否与企业战略目标保持一致。

（2）是否明确了与目标相关的风险偏好和风险承受度。

（3）目标是否与企业外部法律法规和内部规章制度保持一致。

（4）描述的目标是否便于理解、便于观察、便于实现、便于衡量，是否符合当前企业需求。

（5）在设定目标时，是否通过某些程序与企业各层级沟通，是否得到企业各层级的支持。

（6）其他可能会影响企业目标实现的因素。

任务实施

为了着力提质增效，构建新型的管理体系，C 汽车公司财务首先对运营全流程进行了梳理，如图 3-1 所示。

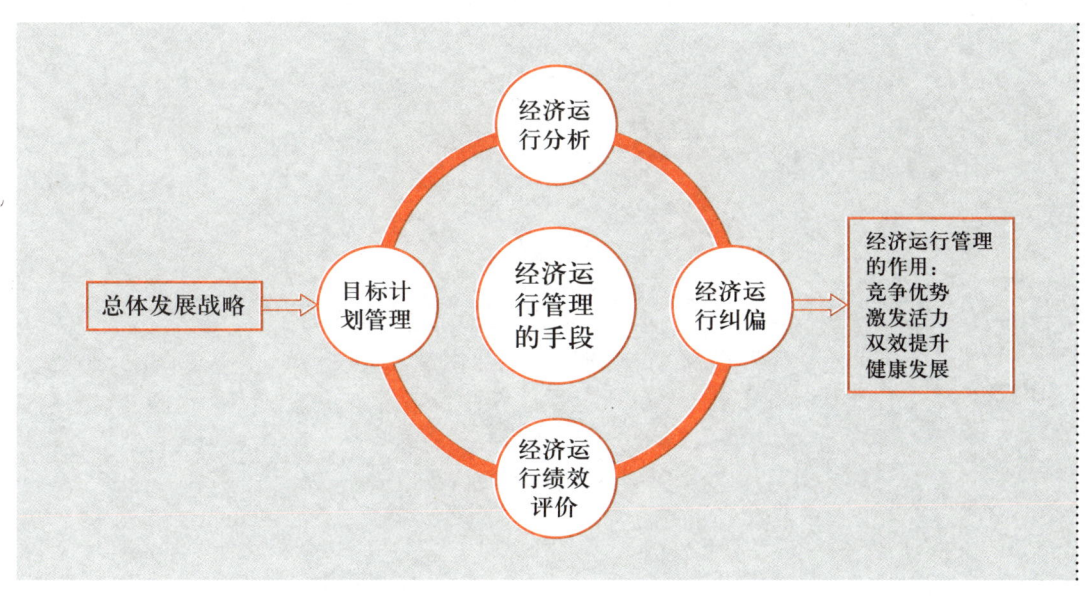

图 3-1　经济运行管理中的主要活动

在图 3-1 的主要管控要点分析的基础上，公司构建了"以预算执行分析为牵引、以经营监控为重点、以风险预警为抓手、以纠偏整改为目的"的经济运行管理体系。

C 汽车公司经济运行管理体系贯穿公司各职能价值链，将上下游各环节打通形成联动，通过"目标计划管理、经济运行分析、经济运行纠偏、经济运行绩效评价"等管理环节进行过程监控，推动各经营板块实现经营质量提升，支撑公司整体经营目标达成。

这个全流程和闭环施策的管理体系主要有以下两个特点：

一是建立了一套由主体、对象、机构、制度共同组成的企业经营管理监控系统，该系统定期评估，频率为每周监控，每月、每季、每年分析。同时这套系统采用数据高度信息化的方式融入企业业务流程中，以目标计划管理为目的，以运营分析和纠正为手段，查找运营过程中存在的问题，制定相应的应对举措并执行，提升企业运行管理能力，最终实现企业目标。

二是以业财融合为基础，紧紧围绕业务和功能，构建矩阵型组织架构，将财务系统融入业务流程，使财务能够做到分解目标、管理偏差、提高效率、反馈绩效，能够与其他部门深入融合，一同进行目标制定、业务改善、效益分析等经营活动，实现企业目标，提升企业价值。

2015 年 1 月，北京 WDZC 公司成立，推出 DK 公寓项目，用"互联网＋房企＋金融"的商业模式进入长租公寓市场。在北京市场初见成效后，DK 公寓进行了多轮融资，规模逐渐扩张。2019 年，DK 公寓管理房间数量近 40 万间。2020 年 1 月，DK 公寓在美国纽约证券交易所上市，市值近 30 亿美元。

DK 公寓从房东处收购房源并统一装修，帮助房东解决房屋空置和烦琐的房屋管理问题。租客可以通过 DK 公寓找到标准化、时尚化的房源并享受 DK 提供的管家服务。凭借"租金贷"，租客向金融机构贷款，一次性付清全年租金，享受年租优惠，并以每月支付租金的形式偿还月供；DK 公寓则可以一次性收取全年租金，房东依旧可以按月收取房租。为了扩大市场，DK 公寓高价收购优质房源的同时采取低价吸引租客，这导致 DK 公寓短时间无法盈利，对资金需求量极大。由于"租金贷"不需要信托、增信等金融机构参与且监管不严，DK 公寓凭借"租金贷"预收了大量的租客租金，并以此维持企业运转和市场扩张。然而随着市场扩张，这一模式的弊端逐渐显现。DK 公寓频频曝出"N＋1"模式违规、房间甲醛超标、租客对售后服务不满、员工离职率高等问题。随着公司首席执行官被调查，公司经营状况已经不容乐观，更是传出破产倒闭的信息，随后各地发生房东和租客讨要租金、员工讨薪、合作方讨要工程款事件，最终产生了挤兑。

通过本任务的学习，了解风险的概念，熟悉风险因素和风险分类，熟悉运用风险识别的方法和技术，了解企业总体层面的风险识别，熟悉业务和流程层面的风险识别，掌握并熟练运用风险识别方法。请阅读案例并查阅相关资料，思考 DK 公寓经营模式存在哪些风险。

　　风险识别是发现、确认并描述风险的过程，包括对风险因素、风险事件、风险原因和风险潜在后果的识别。企业应当及时识别可能对其目标实现产生影响的潜在事项，并确定它们是否代表机会或者是否会对实现目标产生负面影响，在风险识别的过程中，企业应当全面考虑一系列可能对目标实现造成影响的内部风险和外部风险，包括潜在的风险因素、风险事件、风险原因、潜在后果等。

一、风险因素

　　企业识别风险，需要关注企业内外部存在的风险因素及其对企业目标实现的影响。

（一）内部风险因素

1. 人力资源因素

　　人力资源因素主要包括董事、监事、经理、其他高级管理人员以及重要员工是否具备职业操守、是否拥有胜任能力、是否尽到勤勉忠实义务。

2. 管理因素

　　管理因素是指企业在组织机构、经营方式、资产管理、业务流程等方面存在的不确定性因素。

3. 自主创新因素

　　自主创新因素是指企业在技术研究、技术开发、技术投入、信息技术运用等方面存在的不确定性因素。

4. 财务因素

　　财务因素是指企业财务状况、经营成果、现金流量、负债情况等方面存在的不确定性因素。

5. 安全环保因素

　　安全环保因素是指企业在营运安全、员工健康、环境保护等方面存在的不确定性因素。

6. 其他有关内部风险因素

　　其他有关内部风险因素是指企业除上述五种内部因素之外的内部风险因素。

（二）外部风险因素

1. 经济因素

经济因素是指企业在经济形势、产业政策、融资环境、市场竞争、资源供给等方面存在的不确定性因素。

2. 法律因素

法律因素是指企业在法律、法规、监管要求、行业规范等方面存在的不确定性因素。

3. 社会因素

社会因素是指企业在安全稳定、文化传统、社会信用、教育水平、消费者行为等方面存在的不确定性因素。

4. 科学技术因素

科学技术因素是指企业在技术革新、技术进步、工艺改进等方面存在的不确定性因素。

5. 自然环境因素

自然环境因素是指企业在自然灾害、环境状况等方面存在的不确定性因素。

6. 其他有关外部风险因素

其他有关外部风险因素是指企业除上述五种外部因素之外的外部风险因素。

二、风险分类

（一）外部风险

1. 政治风险

政治风险是指政府官员行使权力和政府行为而产生的不确定性。政治风险多发生在海外市场，但是适用范围是境内外所有国家或地区。

政治风险具体表现包括：

（1）限制投资领域。为了保护本国产业安全，多数国家会限制外国企业在本国的某些领域投资。

（2）设置贸易壁垒。一般是发达国家对新兴国家或实体设置贸易壁垒，包括反倾销、反补贴、反垄断调查和诉讼等。

（3）外汇管制规定。为防止资金外流，一些国家会设定外汇交易的配额，限制个人和企业的外汇交易额度。这种措施旨在加强对外汇市场的监管。

（4）进口配额关税。规定进口配额关税可以限制他国对本国出口，使得他国企业来本国建厂、生产、销售、纳税。

（5）组织结构限制。该制度要求所有外资企业必须采取与东道国的公司联营的方式经营，有时还会限制外资持股比例。

（6）贷款限制。限制或禁止外资企业向本国的银行和发展基金按最低利率借款。有些国家还会针对外资企业提高贷款利率。

（7）没收资产。出于国家利益或经济制裁的考虑，东道国可能会直接没收外国企业的资产。

中美贸易战对中国
纺织业的影响

2. 法律风险与合规风险

法律风险是指企业在经营过程中因自身经营行为违反法律而产生的风险。合规风险是指企业在经营过程中因自身经营行为违反相关行政规定、监管规则、企业责任而产生的风险。

发生法律风险事件后，企业的损失一般是直接的，如赔付相应的赔款或者支付相应的罚金。合规风险事件发生后，企业的损失有可能是间接的也有可能是直接的，直接的如政府行政处罚，间接的如行业排斥、消费者排斥。法律风险通常表现为：一是整体法律环境较差，包括立法不透明、法律不完备、执法不公正；二是法律主体法治意识淡薄，在经营过程中忽略法律责任；三是供应商或客户失信、违约或欺诈。

3. 社会文化风险

社会文化风险是指企业在经营过程中，不适应一个国家、地区、组织内的社会文化带来的不确定性。社会文化风险可以细分为以下几种：

（1）跨国或跨地区经营引发的文化风险。跨国或跨地区经营时，企业会因国家（地区）间文化差异，影响企业经营管理效果。在本国（地区）适用的管理方法极有可能在另一个国家（地区）失效甚至产生相反结果。

（2）企业并购引发的文化风险。企业并购时不同企业之间的企业文化不同，会导致企业目标不一致，也会导致员工之间思想观念产生差异。

（3）内部组织引发的文化风险。企业文化的更新、企业员工队伍来源多样性、人员多元文化背景会导致企业内部组织层面的文化风险。

4. 技术风险

广义的技术风险是指某一种或一批新兴技术的发展给某个行业带来机会，给另一个行业带来威胁。例如，互联网技术、移动支付和智能手机产业快速发展，给外卖行业带来机会，导致方便食品市场萎缩。

狭义的技术风险是指企业因技术本身的复杂性和不确定性产生的风险，可以细分为技术设计风险、技术研发风险、技术应用风险。

（1）技术设计风险是指技术在设计之初，由于思想认识不足或不够深入，导致技术存在先天性缺陷的风险。

（2）技术研发风险是指企业在研究和开发阶段，由于自身水平不足、研发目标太高、外界变化太快、研发人员调动等原因产生的技术研发失败的风险。

（3）技术应用风险是指技术成果在具体应用时产生的一系列不确定性，具体包括：新技术产品未取得市场认可；新技术产品成本较高导致价格居高不下；新技术未进行技术保护导致被他人窃取或模仿等。

5. 市场风险

市场风险是指企业外部市场的复杂性和变动性给企业经营带来的不确定性。市场风险主要包括以下五个方面：

（1）产品或服务的价格及供需变化带来的风险；

（2）能源、原材料、配件等物资供应的充足性、稳定性和价格的变化带来的风险；

（3）主要客户、主要供应商的信用风险；

（4）税收政策和利率、汇率、股票价格指数的变化带来的风险；

（5）潜在进入者、竞争者、与替代品的竞争带来的风险。

（二）内部风险

1. 战略风险

战略风险是指企业在战略实施过程中，由于环境变化或企业管理层战略实施不当导致的企业整体性损失或未达成战略目标。战略风险具体体现在以下三个方面：

（1）缺乏明确的发展战略或发展战略实施不到位，可能导致企业盲目发展，难以形成竞争优势，丧失发展机遇和动力。

（2）发展战略过于激进，脱离企业实际能力或偏离主业，可能导致企业过度扩张，甚至经营失败。

（3）发展战略因主观原因频繁变动，可能导致资源浪费，甚至危及企业的生存和持续发展。

2. 运营风险

运营风险是指企业在运营过程中，由于内外部环境的复杂性和变动性以及主体对环境的认知能力和适应能力的有限性，而导致的运营失败或使运营活动达不到预期目标的可能性及损失。

从内部控制角度展开，主要有 13 类运营风险：组织架构、人力资源、社会责任、企业文化、采购业务、资产管理、销售业务、研究与开发、工程项目、担保业务、业务外包、合同管理和内部信息传递。

3. 财务风险

财务风险是指企业在生产经营过程中，由于内外部环境的各种难以预料或无法控制的不确定因素的作用，使企业在一定时期内所获取的财务收益与预期收益发生偏差的可能性。财务风险是客观存在的，企业管理者对财务风险只有采取有效措施来降低风险，而不可能完全消除风险。从企业内部控制角度考察，财务风险可能存在于全面预算、资金活动、财务报告三个方面。

三、风险识别方法

（一）头脑风暴法（Brain-Storming）

头脑风暴法又称智力激励法、BS 法、自由思考法，是指组织一群知识渊博、知悉风险管理情况的人员畅所欲言，以集体讨论的方式进行风险识别的方法。头脑风暴法可细分为直接头脑风暴法和质疑头脑风暴法（也称"反头脑风暴法"）。前者是通过专家群体讨论，发挥各自创造性，尽可能多地提出设想。后者则是提出设想后，专家们逐一质疑分析的方法。

头脑风暴法主要步骤是主持人提出风险有关问题，组内成员依次提出想法。之后全体成员集体讨论各种风险，复核并认定核心风险。该方法能够充分发挥专家意见的作用，在风险识别阶段做出定性分析。

1. 头脑风暴法的优点

（1）激发想象力，有助于发现更多风险。

（2）参与者来源广泛，有助于全面沟通。

（3）速度较快且易于开展。

2. 头脑风暴法的局限性

（1）参与者可能缺乏必要的技术及知识，无法提出有效的建议。

（2）由于头脑风暴法相对松散，因此较难保证过程的全面性。

（3）持有相同观点的人可能会无形中产生特殊的小组，导致某些有重要观点的人保持沉默。

（4）实施成本较高，要求参与者有较好的素质。

（二）德尔菲法

德尔菲法又名专家意见法，是在一组专家中取得可靠共识的方法，其基本特征是专家单独、匿名表达各自的观点，同时随着过程的进展，他们有机会了解其他专家的观点。德尔菲法采用独立通信的方式征询专家的意见，专家之间不得互相讨论，只能与调查人员通信。通过反复填写问卷，搜集各方意见，形成专家之间的共识。

1. 德尔菲法的实施步骤

（1）根据研究内容确定专家范围，专家人数不宜过多，一般不超过20人。

（2）向所有专家提出问题及要求并附上基本资料，专家也可以要求补充资料。

（3）专家根据已有的信息，提出自己的意见，并进行说明。

（4）调查人员汇总专家们的意见，再将汇总后的意见分发给所有专家。专家们可以根据其他专家的意见修改自己的意见和判断，直至专家们的意见趋于一致。这一步骤有时仅需要一轮，有时需要多轮，逐轮收集意见是德尔菲法的主要环节。向专家反馈意见时不得透露其他专家的具体信息，只反馈意见、看法。

（5）对专家们达成一致的意见进行综合处理。

2. 德尔菲法的主要优点

（1）发表意见是匿名的，因此更有可能表达出那些不受欢迎的看法。

（2）所有观点有相同的权重，避免重要人物占主导地位。

（3）专家不必集中开会，方便组织。

（4）得到的意见具有广泛代表性。

3. 德尔菲法的局限性

（1）专家可能有从众心理。

（2）有些专家可能会固执己见。

（3）该方法过程比较复杂，花费时间较长。

（三）流程图分析法

流程图分析法是绘制业务流程图，识别各业务节点风险因素，分析风险因素存在的原因，风险发生的可能性及可能造成的不利影响。流程图是一种使用标准符号代表某一行为或操作的图形，它可以直观地描述一项工作的具体过程。通过流程图，风险识别人员可以更加清晰地了解业务流程并查找风险因素。结合历史信息或其他相关资料，风险识别人员可以将某些重点业务节点标示出来，并且能够较为简便地描述风险。

流程图分析法是识别风险最常用的方法之一，其主要优点是清晰明了，易于操作。组织规模越大，流程越复杂，流程图分析法就越能体现出优越性。通过业务流程分析，可以更好地发现风险点，从而为防范风险提供支持。流程图分析法的局限主要是该方法的使用效果取决于专业人员的水平。

（四）检查表法

检查表法也称风险清单法，是由专业人员根据经验将项目可能发生的潜在风险列示在一张表上，形成常见风险清单，供识别人员进行检查核对，用以判别某个项目是否存在表中所列或类似的风险。例如，一家软件公司编制了一份目录，详细列示了软件开发项目有关的常见风险，以此作为风险识别的出发点，这种方法能够确保常见问题不被忽视，但容易抑制风险识别过程中的想象力，以前没有发生过的风险可能会被忽视。

（五）现场调查法

现场调查法是通过直接观察工作现场、设备设施和实际操作等，了解单位的经济活动和行为方式，发现和识别潜在的风险隐患。现场调查法有助于获得第一手的资料，并能提供防范风险的建议措施。

（六）报表分析法

报表分析法是借助比较分析、比率分析、趋势分析、结构分析和因素分析等工具对报表项目进行深入的分析研究，以识别潜在风险的方法。通过财务报表分析，研究人员可以获得多种综合性的风险指标，如流动性、盈利能力、偿债能力、资本结构等。通过监控与特定事项有关的数据，研究人员可以识别可能导致一个事项发生的情形是否存在。例如，持续监测应收账款周转率可及时识别应收账款管理方面的风险，持续监测存货周转率可以及时识别存货积压风险。

（七）SWOT 分析法

SWOT 分析法是常见的一种战略规划和风险识别工具，SWOT 是英文 strength（优势）、weakness（劣势）、opportunity（机遇）和 threat（挑战）的首字母缩写。SWOT 分析法主要用来比较、分析与同行企业所处的地位和实力、面临的内外部风险对企业的利弊影响等。

风险识别的方法有很多，不论采用什么方法，只要能把风险识别出来就行，不必过分强调定量分析模型。对于已识别的风险应形成风险清单或风险数据库，风险清单可能没有统一的格式和内容，但是能够把识别出来的风险按风险类别、风险描述、风险因素、管理部门、业务流程等列示出来。

四、风险识别应注意的事项

风险无处不在，存在于各领域和各层级。企业应对影响其目标实现的风险因素进行全范围的识别，应当涵盖企业整体层面、业务层面、下属单位或地区分部、职能部门等，贯穿决策、执行和监督的全过程。

风险因素有的很明显，有的很隐晦，所产生的影响有的微不足道，有的十分重大。如果对重要目标的实现有重大影响，即使事件发生的可能性比较小，也不应该被忽略。为了避免忽略相关的风险，最好把风险识别与风险分析区分开来，对事件发生的可能性及其影响的评估属于风险分析的范畴，但在实践中仍然存在一些局限，通常很难知道到底应该把界线画在何处。

在风险识别的过程中，管理层应认识到不确定性的存在，此时并不知道风险事件是否会发生，或者什么时候发生，或者它产生的确切影响。管理层最初只需考虑源于外部和内部的一系列潜在事件，而没有必要对它们的影响是正面的还是负面的做过多关注。

不同企业面临的风险是不一致的，即使同一企业在不同时期面临的风险也是不一致的。尽管不同企业进行风险识别的深度、广度、时机和范围各异，但管理层应高度重视风险识别，选择符合其管理理念的技术和支持性工具，这是风险分析和风险应对的基础。

企业应建立有效的风险识别和评估机制，让适当层级的管理人员及专业人士参与其中。风险普遍存在于各个领域和不同的管理层级，有些风险因素的专业性很强，而不同领域与层级管理人员及专业人士在本专业和本层级内熟悉相关情况，因此在相关领域和层级的风险识别过程中，确保适当层级的管理人员及专业人士参与其中是十分重要的。

风险识别过程既要关注过去的经验和教训，又要着眼将来，考虑未来可能的变动和趋势。如人口结构、新兴市场、政策趋势、创新技术、竞争状况等方面的变化。风险识别是一个动态和持续不断的过程，应针对内外部环境的变化持续进行。

通常一个事项并不是孤立发生的，一个事项可能引发另一个事项，也可能多个事项同时发生。因此，在识别风险的过程中应注意到各个事项彼此之间的联系。例如，某车间的通风条件较差，而工人在工作时距离工作台很近且没有任何防护，当设备突然失控，工人必须进入车间进行维护时，很可能导致工人窒息或中毒，进而产生一系列后果。再如，中央银行利率变动会影响外汇汇率，外汇汇率会影响货币交易的利得和损失；进入新经营领域的决策与业绩报告挂钩的重大激励措施，可能增加误用会计准则和发布虚假报告的风险。

任务实施

DK 公寓商业模式风险识别如下：

一、"N＋1"模式合规风险

"N＋1"模式是指将客厅、起居室改造成客房单独出租使用。但随着各地频发群租租客安全问题，政府开始严查群租房、隔断房，加强了相关监管。2018 年至 2020 年期间，DK 公寓受到行政处罚 100 余次，其中大部分是因为"N＋1"模式违规。

二、业务人员成本高、管理难

DK 公寓销售团队人员混杂，新旧员工难以融合。DK 公寓在几年时间里快速增长，员工休假少，工作氛围激进紧张，离职率居高不下。为了争抢市场，DK 公寓高薪聘用一批收房经理，通过高提成鼓励收房，使得公司收房价格高于市场价格，甚至高于租客租金。

三、扩大规模也可能不会降低成本

DK 公寓早期没有专注于盈利，而是希望扩大规模后通过降低成本、提高价格来提升盈利能力。DK 公寓采用分散式收房，难以集中管理，虽然内部系统可以提供帮助，但是对客户的服务仍需要线下人力完成，因此没有形成规模经济。

四、租金波动和空置风险

DK 公寓通常与房东签订 4~6 年的租约，与租客签订 1 年的租约，这使企业面临市场租金波动和房屋空置的风险。此外，房屋空置后，寻找新租客还需要额外的成本。不仅如此，收到房东的房子后还需要对房间进行翻新和装修，2017—2019 年的平均装修时间分别为 22.4 天、21.1 天和 18.7 天，这期间的装修成本和空置成本对企业也是一笔不小的支出。

案例导入

MY 集团暂缓上市

　　MY 集团最初简称 MY 金服，脱胎于网购平台的支付业务。MY 集团凭借网购平台的深入融合，定位为中国新型数字服务支付公司、数字金融服务平台，在发展初期，受到各方积极扶持，依托电商带来的巨大流量，MY 集团飞速发展。在中后期，MY 集团实现了金融业务和数字服务的深度融合。在数字服务方面，MY 集团研发的非结构化数据分析工具使得企业信息利用水平大幅提升。在金融业务方面，MY 集团通过合作、控股、收购等方式具备合法金融牌照，涉足支付、融资、担保、保理、保险、基金、银行、小额贷款等行业，实现金融行业全覆盖。通过平台、产品、生态三个维度共同发展，MY 集团很快便形成了独有的金融生态体系，但这也导致其金融业务和数字服务业务界限日益模糊，并在一定程度上产生了监管空白，出现了利用监管空白套利的现象。

　　通过对 MY 集团成立以来基础业务产品的梳理，可大致分为支付、互联网贷款、理财和保险四大类，具体可在产品、上线时间、用户规模、产品定位和业务模式方面归纳总结，如表 3-1 所示。

表 3-1　MY 集团业务产品类型

类别	产品	上线时间	用户规模	产品定位	业务模式
支付	ZF 宝	2003 年 10 月	10 亿	第三方支付平台	担保交易，解决信任问题，流量入口
互联网贷款	MYJDX	2011 年 5 月	5 亿用户及 0.2 亿小微企业	为商户提供贷款	聚焦长尾市场；大数据征信控制不良率，助贷与联合贷款解决资金来源
	MYJLT	2014 年 12 月		消费贷款	
	MYJTN	2015 年 4 月		现金贷款	
	MYJHM	2015 年 1 月		第三方征信平台	

类别	产品	上线时间	用户规模	产品定位	业务模式
理财	LQ宝	2013年6月	6亿	货币基金	满足安全性、高流动性的理财需求，通过低门槛、高收益获客
	MYCF	2015年8月		一站式理财平台	
	BNT	2020年4月		智能投资顾问	
保险	HYB	2018年5月	0.3亿+	互联网医保平台	用ZF宝流量开展互助计划，为保险获客
	XH宝	2018年10月	1.05亿	大病互助共济	

任务描述

通过本任务的学习，了解风险度量的含义，掌握并熟练运用风险分析技术，明晰风险分析应当注意的事项，阅读材料并查阅相关资料，分析 MY 集团金融业务方面的具体风险。

任务准备

风险分析是风险评估的重要步骤，通常采用定性和定量相结合的方法，在风险识别的基础上，对风险事件发生的可能性和条件、对目标实现的影响程度等进行描述、分析和判断，并确定风险重要性水平的过程。风险分析应以个别或分类考察的方式分析潜在事项的正面影响和负面影响。

一、风险度量

风险分析是理解风险特性和确定风险大小的过程，是确定风险应对策略的基础。风险分析通常采用定性和定量相结合的方法，风险度量与会计量化"过去"不同，风险度量是量化"未来"，过去只能是依据，虽然风险度量是非常困难的，但却很实用。风险度量需要运用比较专业的方法和技能，需要较多的专业判断。

风险度量应从风险发生的可能性和潜在影响两个维度展开。可能性和潜在影响是风险分析中常用的两个术语，有的企业可能会用概率、危害程度、严重性和后果等词语表述。可能性代表特定事件发生的概率，潜在影响代表事件发生所产生的后果，可能性和潜在影响既可以采用定性也可以采用定量的方式描述。可能性定性表述可以描述为"高""中""低"等，采用概率来描述，则可以用定量的方式表达，如百分比、发生频率或其他数字度量值。在分析风险发生后对目标的影响程度时，可以从企业关注的项目，如资金、产值、成本、直接经济损失、安全生产、员工健康、社会形象等方面，采用定性和定量相结合的方式描述风险影响程度。作为风险分析的重要内容，企业应综合考虑风险发生的可能性及其影响程度，评估风险的重要性，确定风险等级。评估风险的重要性，还应考虑风险一旦发生其产生影响的速度、影响的持续性和持续时间。

二、风险分析技术

由于很多风险难以被量化，因此通常采用定性和定量相结合的方法进行风险分析。

（一）定性方法

在风险分析的过程中，如果仅使用定类尺度和定序尺度描述风险，就被认为是定性方法，即主要使用文字说明或定序数字来描述风险发生的可能性和潜在影响的方法。例如，用"极低、低、中等、高、极高"或"1、2、3、4、5"等描述风险发生可能性的大小。定性的风险分析方法通常应用于对决策而言不要求有定量分析的精确度、对风险的定量分析不具有较高的成本效益、数据无法可靠取得或数据的质量不高的情形，也可以应用在更深入的分析之前对风险的初步评价。用定性方法分析风险带有较强的主观性，往往要凭借分析者的经验和直觉，或者利用业界的标准和惯例来进行。应用定性方法时也可以加上定量的有关信息，以使定性分析尽量准确。

常用的风险定性分析方法包括头脑风暴法、德尔菲法、风险评估系图法、访谈研讨、问卷调查法、标杆分析法等。为了采用定性评估技术获得有关可能性和影响的一致意见，企业可以采用其在风险识别时的相同方法，例如，头脑风暴法、德尔菲法等。这些方法前文已有讲述，此处不再赘述。

1. 风险评估系图法

用以评估风险影响的常见的定性方法是制作风险评估系图。风险评估系图识别某一风险是否会对企业产生重大影响，并将此结论与风险发生的可能性联系起来，为确定企业风险的优先次序提供框架。该方法适用于对风险初步的定性分析。

如图 3-2 所示，根据企业实际绘制风险评估系图。与影响较小且发生可能性较低的风险（图中的点 2）相比，具有重大影响且发生的可能性较高的风险（图中的点 1）更加需要关注，然后分析每种风险的重大程度及影响。

图 3-2　风险评估系图

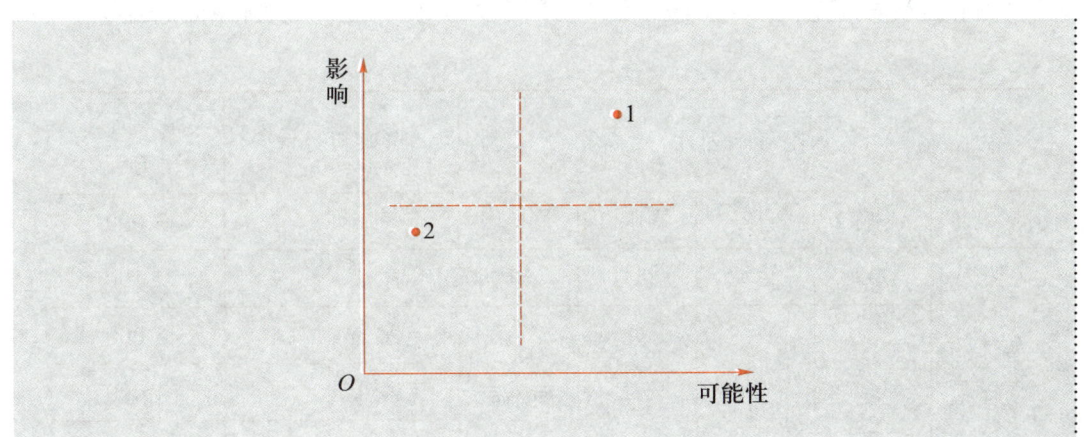

风险评估系图法作为一种简单的定性方法，直观明了。如需要进一步探求风险原因，则显得过于简单，缺乏有效的经验证明和数据支持。

2. 标杆分析法

标杆分析法是将企业各项活动、各方面状况和环节与竞争对手或行业最佳实践者进行比较，识别并确认差距，提出改进方案的方法。在运用标杆分析法时，可以用来作为对比的最佳实践者通常有三类：内部标杆、竞争对手标杆和通用标杆。

（二）半定量方法

在风险分析的过程中，如果既使用定类尺度或定序尺度，又部分地使用定距尺度或定比尺度来描述风险，则被认为是半定量方法。运用半定量方法一般是将用文字描述的结果数字化，以便得到更好的顺序等级。常见的半定量方法有影响计分卡和频率计分卡法、情景分析法、失效模式影响及危害度分析法、事件树分析法、统计推论法等。

1. 影响计分卡和频率计分卡法

计分卡是一种企业自我评估风险的方法。对每项识别出的风险，按照已设定的指标，由风险管理人员和专家进行打分，对这些风险进行排序比较。对于重大风险，可单独做深入分析，制定独立管理方法。计分卡分为影响计分卡和频率计分卡。影响计分卡是对风险的潜在影响进行自我评估打分，频率计分卡是对风险发生的可能性（频率）进行自我评估打分。

（1）影响计分卡。对每项识别出的风险，企业可以利用现场调查、头脑风暴等方法进行深入分析，找出该风险可能产生的各种影响；然后由风险管理人员在内的专家综合各种影响，各自对风险可能产生的总体影响进行打分，分析可能造成的损失。如表 3-2 所示，评分专家可以在"备注"栏填写打分标准及其他备忘录，在"影响评估及建议"栏写影响评估总结。

表 3-2　影响计分卡示例

风险影响因素					影响打分值		损失估计 / 万元
影响 1	影响 2	影响 3	影响 4	影响 5	专家 1	3	3 000
声誉	员工	组织	监管	法律	专家 2	2	2 500
媒体的负面报道及声誉损失	重要员工流失	良好的企业文化受损	正常业务活动受审查	面临司法诉讼	专家 3	4	5 000
					专家 4	4	4 000
					专家 5	4	3 500
					专家 6	4	3 500
历史记录：历史上平均损失 3 000 万元					均值	3.5	3 583
影响计分范围： 1. 很小（没有影响的） 2. 小（可忽略的） 3. 中（可容忍的） 4. 大（严重的） 5. 很大（灾难性的）			备注：		影响评估及建议： 1. 影响计分值 3.5（较严重） 2. 可能损失 3 583 万元 3. 建议：立即采取内部控制措施，加强审计，调离相关人员		

（2）频率计分卡。频率计分卡的制作过程与影响计分卡类似，对每项识别出的风险，利用各种方法深入分析，研究风险发生的可能性（频率），分析时要注意历史数据和同行业经验数据；然后由风险管理人员在内的专家各自打分；最后，进行汇总和小结，如表 3-3 所示。

表 3-3　频率计分卡示例

其他同行监视设备故障发生频率					频率打分值		描述
同行 1	同行 2	同行 3	同行 4	同行 5	专家 1	3	10 年 1 次
					专家 2	3.5	10 年 2 次
10 年 2 次	10 年 3 次	10 年 0 次	10 年 1 次	10 年 0 次	专家 3	2.5	10 年 0.5 次
					专家 4	3	10 年 1 次
					专家 5	3	10 年 1 次

其他同行监视设备故障发生频率	频率打分值		描述
同行均值：10 年 1.2 次	专家 6	2	10 年 0.3 次
历史记录：10 年 1.1 次	均值	2.83	10 年 0.97 次

频率计分范围： 1. 很低（罕见：100 年一次） 2. 低（不可能：50 年一次） 3. 中（一般：10 年一次） 4. 高（有可能：2~5 年一次） 5. 很高（几乎确定：一年多次）	备注：	影响评估及建议： 1. 频率计分值 2.83 分 2. 频率：10 年 0.97 次 3. 建议：正常管理即可

2. 情景分析法

情景分析法是指从现有情景中推测未来可能出现的情景的一种方法。该方法通过模拟不确定性情景，对企业面临的风险进行定性分析和定量分析，可用来预测可能出现的威胁和机遇，以及如何规避危险，善用机遇。情景分析中需要分析的情景可能包括：企业外部情况的变化（如技术变化）；企业未来可能做出的决定；客户的需求以及需求可能的变化情况；宏观环境的变化（如经济、监管、人口等）。有些变化是必然的，而有些是不确定的，甚至有些变化可能归因于另一个风险带来的结果。情景分析时应特别关注那些最重要、最不确定的因素。

在最好情景和最差情景的分布差异较大时，情景分析法会特别适用。但是情景分析法也有一定的局限性，如果基础数据不充分或预测周期较长，那么该方法需要一定合乎现实的想象力，在存在较大不确定性的情况下，有些情景可能不够现实。

一家企业在评估某个投资项目的风险时所进行的情景分析见表 3-4。

表 3-4　某投资项目未来情景分析

影响因素	因素	最佳情景	基准情景	最差情景
	市场需求	不断提升	不变	下降
	经济增长	增长 5%~10%	增长 <5%	负增长
发生概率		20%	45%	35%
结果		投资项目可在 5 年达到收支平衡	投资项目可在 10~15 年达到收支平衡	不确定

3. 失效模式影响及危害度分析法

失效模式影响及危害度分析法（failure mode effects and criticality analysis，FMECA），是一种自下而上的分析方法，可用来分析系统潜在故障模式。FMECA 按规则记录系统中所有可能存在的风险因素，分析每种因素对系统的工作及状态的影响，并按照严重程度及发生概率排序，从而发现系统中潜在的薄弱环节，提出相应的预防措施，降低风险发生的可能性，保证系统的可靠性。FMECA 可以对所有被识别的失效模式进行排序，协助挑选出高可靠性的替代方案，为测试及维修工作提供依据。当然，FMECA 可以为其他风险分析方法（如事件树分析法）提供数据支撑。FMECA 广泛适用于人力设备和系统失效模式以及硬件、软件和程序，识别组件失效模式及其原因和对系统的影响，同时用可读性较强的形式表现出来。通过在设计初期发现问题，FMECA 可以避免开支较大的设备改造。FMECA 也可用于识别单点失效模式以及满足冗余或安全系统的需要。但是 FMECA 只能识别单个失效模式，无法同时识别多个失效模式，除非得到充分控制并完全集中精力，否则研究工作既耗时又开支较大。

4. 事件树分析法

事件树分析法是一种表示初始事件发生之后互斥性后果的图解技术。该方法可以检查系统是否完备有效，它可以定性使用，也可以定量使用。事件树分析法具体实施步骤如下：

（1）挑选初始事件，初始事件可能是一场事故也可能是一个事项。

（2）列出应对初始事件的预设功能或系统，用一条线表示这一功能是否成功。

（3）标注每个功能成功或失败的概率，同时通过数据分析或专家判断来估算条件概率。

值得注意的是，事件树的概率是条件概率，是初始事件及后续事件发生后的概率，而非正常情况下的测试结果概率。事件树的每条路径代表着该路径各种事项发生的可能性。鉴于各种事项都是独立的，最终的概率可以使用单个条件概率与初始事项频率的乘积来表示。

事件树分析法以清晰的图形显示初始事件发生后的潜在情景，包括各项功能成功或失败后的情况。但也有其局限性：第一，使用该方法需要识别一切潜在的初始事项，这可能需要使用其他分析方法（如 FMECA），但总是有可能错过一些重要的初始事项；第二，该方法只考虑某一个功能的成功及故障状况，但是会忽略功能重启后生效的情况；第三，使用该方法分析时可能需要分析各路径点上的从属因素，但是分析人员可能会忽略这些因素，这可能会导致分析结果过于乐观。

例如，初始事件为爆炸，分析在发生火灾、洒水系统工作、火警激活等不确定性事件下发生各种后果的频率，如图 3-3 所示。爆炸发生（频率为 10^{-2}，即 100 年发生一次）之后，发生火灾的概率为 0.8，不发生火灾的概率为 0.2；发生火灾后，洒水系统工作的概率为 0.99，不工作的概率为 0.01；在洒水系统工作的情况下，火警激活的概率为 0.999，不激活的概率为 0.001。因此，爆炸发生以后发生火灾、洒水系统工作、火警激活将产生有报警的可控火灾这一结果，其频率为 $10^{-2} \times 0.8 \times 0.99 \times 0.999 \approx 7.9 \times 10^{-3}$。

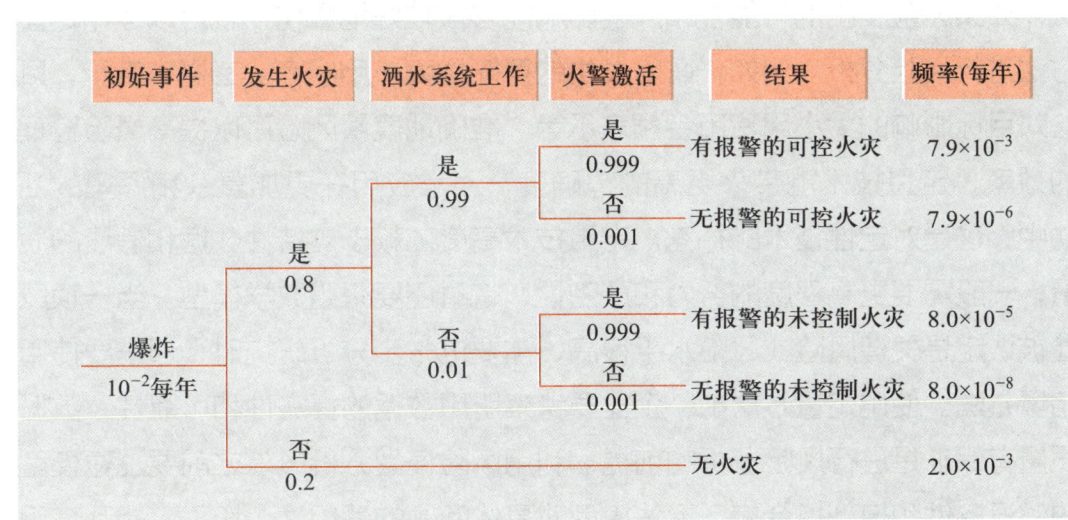

图 3-3 火灾事件树分析

5. 统计推论法

统计推论法是一种利用数学模型进行风险分析的方法，其可细分为前推、后推和旁推三种类型。前推是根据历史数据和经验推断未来事件发生的概率及后果的方法。如果历史数据具有周期性，则可直接对风险进行周期性的评估和分析。如果没有周期性，则可以通过分布函数或曲线来拟合数据再进行外推。在前推分析时需要考虑历史数据的不完整性和主观性。后推是指将未知事件的发生及后果关联至一件已知事件上，通过分析该已知事件的信息来分析风险的方法。后推是在没有历史数据可供使用的情况下采用的一种方法，由于很多项目风险具有不可重复性，所以在分析这些项目风险时常使用后推法。旁推是指利用类似项目数据进行分析，使用旁推法时需要充分考虑新环境、新项目与类似项目之间的差异变化。

统计推论法适用于各种风险分析，具体实施步骤如下：

（1）收集并整理与风险相关的历史数据。

（2）选择合适的评估指标并给出数学模型。

（3）根据数学模型和历史数据预测未来风险发生的可能性和损失大小。

统计推论法在数据充足可靠的情况下简单易行且结果准确率高。但是需要注意其局限性，一是由于历史事件的前提和环境已发生了变化，不一定适用于现在或未来；二是没有考虑事件的因果关系，可能使外推结果产生较大偏差。为了修正这些偏差，有时必须在历史数据的处理中加入专家或集体的经验修正。

（三）定量方法

在风险分析的过程中，如果仅用定距或定比尺度，这种方法就是定量方法。如果风险发生的可能性和风险影响能够被较好地量化，就可以运用定量方法进行风险分析。例如，风险发生的可能性大小用频率或者概率表示，风险对目标影响的大小用货币金额表示等，准确地度量风险可以提高风险管理的效率，定量技术能带来更高的精确度，通常应用在更加复杂和深奥的活动中，这是对定性技术的补充。定量技术高度依赖于支持性数据和假设的质量，一般需要更高程度的努力和严密性，有时还要采用数学模型。当一项风险被认定是关键风险或风险水平很高、需要进一步分析研究时，通常要使用定量方法。使用定量方法前，企业要考察所用数据的真实性和可靠性，数据质量有保证是进行风险分析的前提。利用风险模型分析风险之前要注意模型的假设条件和模型拟合度，评估模型对具体问题的适用性，切不可胡乱套用模型。

常用的风险定量分析方法有概率技术和非概率技术两大类。

概率技术是根据特定的假设将一系列事项及其造成的影响与这些事项的可能性联系起来，参照历史数据或对未来行为的假设，建立模型来模拟结果对可能性和影响进行评估的方法。概率模型是用来描述不同随机变量之间关系的数学模型，刻画一个或多个随机变量之间的相互非确定性的概率关系。例如，风险价值等的计算过程涉及概率模型的运用。概率模型还可以用来计算均值、期望值、极值、全距、方差、标准差、变异系数、贝塔系数、相关系数等风险分析中常用的变量。

非概率技术是在无法估计未来事件的可能性及影响时，根据历史资料或模拟数据以及对未来的主观假设等，对事件影响进行评估的方法。非概率模型的例子包括敏感性指标、压力测试及情景分析等。大多数统计检验都可以被理解为一种概率模型。

风险与概率密切相关，风险事件发生的概率和概率分布是风险评估的基础。概率是度量某一事件发生的可能性大小的量，它是随机事件的函数。必然事件的概率为1，不可能事件的概率为0，一般随机事件的概率为0~1。概率分布是显示各种结果发生概率的函数，风险分析中常用的有离散分布、等概率分布、泊松分布、二项分布和正态分布等。在风险评估中，概率分布常用来描述风险事件所致各种潜在后果发生的可能性大小的分布状况。研究概率分布时，应注意充分利用已获得的各种信息进行估测和计算；在所获信息不够充分的情况下，则应根据主观判断或近似方法来确定概率分布。确定风险事件的概率分布一般有三种方法，一是根据历史资料确定风险事件的概率分布，二是利用理论分析概率分布，三是利用主观概率法。一般来讲，应当根据历史资料来确定风险事件的概率分布，但相关人员没有足够的资料时，也可以利用理论概率和主观概率进行风险分析。

下面介绍几种常见的风险定量分析技术。

1. 在险值

在险值，也称为涉险值、风险值或风险价值，是指在一定的置信水平下，某一金融资产或证券组合价值在未来特定时期内的最大可能损失。例如，某投资组合在置信水平99%、持有期为1天时的在险值为100万元，表示持有1天该投资组合的损失超过100万元的可能性只有1%，也可以说持有该投资组合损失超过100万元的可能性是百天一遇。计算在险值需要时间跨度、置信水平、投资组合的市场价格及未来价值变动的分布特征等信息。

2. 最大可能损失

最大可能损失指风险事件发生后可能造成的最大损失。用最大可能损失来定义风险承受度是最差情形的思考逻辑。企业一般在无法判断发生概率或无须判断概率的时候，使用最大可能损失作为风险的衡量。

3. 概率值

概率值是指风险事件发生的概率或造成损失的概率。在可能的结果只有好坏、对错、是否、输赢、生死等简单情况下，常常使用概率值。在实践中，统计以上频率和主观概率的判断都是可以用的，但是要分清不同的场合。有时，人们的主观判断会由于心理上的原因造成失误；同时，在许多场合使用频率作为概率值是没有意义的，特别是在缺少数据或者一次性的决策场合。

4. 期望值

期望值通常指的是数学期望，即概率加权平均值；所有事件中，每一事件发生的概率乘以该事件的影响的乘积，然后将这些乘积相加得到和。常用的期望值有统计期望值和效用期望值，期望值的方法综合了概率和最大损失两种方法。

5. 决策树法

决策树是考虑到在不确定性的情况下，以序列方式表示决策选择和结果。类似于事件树，决策树开始于初因事项或最初决策，同时针对可能发生的事项及可能做出的决策，需要对不同路径和结果进行建模。决策树用于项目风险管理和其他环境，以便在不确定的情况下选择最佳的行动步骤。决策树法适用于对不确定性投资方案期望收益的定量分析。

决策树中的方块代表决策节点，从它引出的分枝叫方案分枝。每条分枝代表一个方案，分枝数就是可能的方案数。圆圈代表方案的节点，从它引出的概率分枝，每条概率分枝上标明了状态及其发生的概率。概率分枝数反映了该方案面对的可能状态数。根据右端的损益值和概率枝的概率，计算出期望值的大小，确定方案的期望结果，然后根据不同方案的期望结果做出选择。计算完毕后，开始对决策树进行剪枝，在每个决策节点删除了最高期望值以外的其他所有分枝，最后步步推进到第一个决策节点，这时就找到了问题的最佳方案。方案的舍弃叫作修枝，被舍弃的方案用"≠"的记号来表示，最后的决策点留下一条分枝，即最优方案。

决策树法的主要优点包括：第一，为决策问题的细节提供了一种清楚的图解说明；第二，能够计算得到一种情形的最优路径。

决策树法的局限性包括：第一，大的决策树可能过于复杂，不容易与其他人交流；第二，为了能够用树形图表示，可能有过于简化环境的倾向。

例如，A1、A2 两方案投资分别为 450 万元和 240 万元，经营年限为 5 年，销路好的概率为 0.8，销路差的概率为 0.2。A1 方案销路好、销路差的损益值分别为 300 万元和 –60 万元；A2 方案分别为 120 万元和 30 万元。据此绘制决策树，如图 3–4 所示。

图 3–4 某投资项目决策树

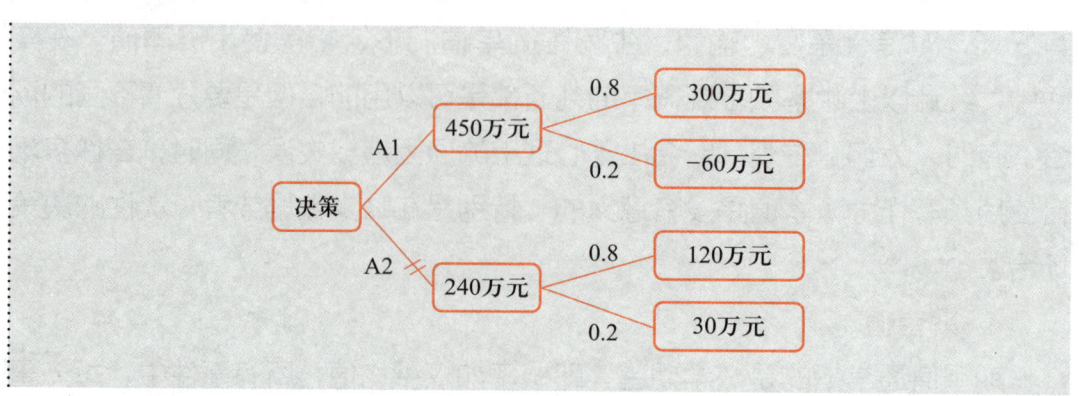

A1 方案的净收益值 $= [300 \times 0.8 + (-60) \times 0.2] \times 5 - 450 = 690$（万元）

A2 方案的净收益值 $= (120 \times 0.8 + 30 \times 0.2) \times 5 - 240 = 270$（万元）

因为 A1 方案的净收益值大于 A2 方案，所以选择 A1 方案。

6. 敏感性分析法

敏感性分析法是针对潜在的风险性，研究项目的各种不确定因素变化至一定幅度时，计算其主要经济指标变化率及敏感程度的一种方法。敏感性分析是在确定性分析的基础上，进一步分析不确定性因素对项目最终效果指标的影响及影响程度。敏感性因素一般可选择主要参数（如销售收入、经营成本、生产能力、初始投资、寿命期、建设期、达产期等）进行分析。若某参数的小幅度变化能导致效果指标的较大变化，则称该参数为敏感性因素；反之则称其为非敏感性因素。

敏感性分析可以寻找出影响最大、最敏感的主要变量因素，进一步分析、预测或估算其影响程度，找出产生不确定性的根源，采取相应有效措施；通过计算主要变量因素的变化引出项目评价指标变动的范围，使决策者全面了解项目方案可能出现的效益变动情况，以减少和避免不利因素的影响；通过可能出现的最有利与最不利的效益变动范围的分析，为决策者预测可能出现的风险程度，并为原方案采取某些控制措施或寻找可替代方案，为最后确定可行方案提供可靠的决策依据。敏感性分析最常用的显示方式是龙卷风图。龙卷风图有助于比较具有较高不确定性的变量与相对稳定的变量之间的相对重要程度，它因显示形式像龙卷风而得名。

敏感性分析的实施步骤包括：

（1）选定不确定因素，并设定这些因素的变动范围；

（2）确定分析指标；

（3）进行敏感性分析；

（4）绘制敏感性分析图；

（5）确定变化的临界点。

敏感性分析的主要优点包括：为决策提供有价值的参考信息；可以清晰地为风险分析指明方向；可以帮助企业制定紧急预案。

敏感性分析的局限性包括：经常缺乏分析所需要的数据，无法提供可靠的参数变化；分析时借助公式计算，没有考虑各种不确定因素在未来发生变动的概率，无法给出各参数的变化情况，因此其分析结果可能和实际相反。

7. 压力测试

压力测试是系统性能测试的一种，通常是持续不断地给被测系统增加压力，直到将被测系统压垮为止，以此来测试系统所能承受的最大压力。压力测试在风险评估中通常被用于衡量潜在最大损失，测算在遇到假定的小概率事件等极端不利情形下可能发生的最大损失，分析这些极端不利情形（如经济增长率骤减、失业率快速上升、房地产价格暴跌）下的负面影响，进而对脆弱性做出评估和判断，并采取相应的控制措施。压力测试是与风险价值模型在险值（99%，X）对应的概念，是对于置信度 99% 以外突发事件的测试。

压力测试的质量取决于构造合理、清晰、全面的情景，可以采用敏感性分析和情景分析法进行模拟和估计。应用压力测试首先要确定风险因素，设计压力情景，选择假设条件，确定测试程序；然后定期进行测试，分析测试结果，通过压力测试来确定潜在风险点和脆弱环节，采取应急手段和其他相关改进措施。例如，某商业银行针对个人住房类贷款违约率进行压力测试：采用自上而下的压力传导方法，选取影响个人住房类贷款（含个人住房贷款和个人商用房贷款）违约率的两个关键指标——未偿还贷款与房屋价值比率和客户收入偿付比率，建立计量模型，分析房价、利率变动对个人住房类贷款违约率的影响。构造的压力测试情景是基于房价、利率、收入变动的分析和组合分析。房价变动情景是轻度下降（15%）、中度下降（20%）、重度下降（25%），利率变动情景是加息 3 次（轻度，上升 0.81%）、6 次（中度，上升 1.62%）、8 次（重度，上升 2.16%），城镇居民收入增长假设预计达到 13%。该压力测试结果如表 3-5 所示，从中可以看出，利率波动对个人住房类贷款违约率的影响比较大。

表 3-5　某商业银行的个人住房类贷款违约率压力测试结果

利率	房价							
	基准房价		轻度下降（15%）		中度下降（20%）		重度下降（25%）	
	违约率/%	上升/%	违约率/%	上升/%	违约率/%	上升/%	违约率/%	上升/%
基准利率	1.1		1.3	0.5	1.7	0.9	2.4	1.7
加息 3 次	1.1	0.3	1.4	0.6	1.8	1.0	2.5	1.7
加息 6 次	1.5	0.7	1.8	1.0	2.4	1.6	2.6	2.7
加息 8 次	2.0	1.2	2.5	1.7	3.3	2.5	2.8	4.1

8. 马尔科夫分析法

如果系统未来的状况仅取决于其现在的状况，那么就可以使用马尔科夫分析法。这种分析通常用于对那些存在多种状态（包括各种降级使用状态）的可维修复杂系统进行分析。马尔科夫分析法是一项定量技术，可以是不连续的（利用状态间变化的概率）或者连续的（利用各状态的变化率）。虽然马尔科夫分析法可以手动进行，但是该技术的性质使其更适合于计算机程序。马尔科夫分析法主要围绕"状态"这个概念展开。随机转移概率矩阵可用来描述状态间的转移，以便计算各种输出结果。

马尔科夫分析法的实施步骤包括：

（1）调查不确定性事件各状态及其变化情况；

（2）建立数学模型；

（3）求解模型，得到风险事件各个状态发生的可能性。

马尔科夫分析法的主要优点是：能够计算出具有维修能力和多重降级状态的系统概率。

马尔科夫分析法的局限性包括：第一，无论是故障还是维修，都假设状态变化的概率是固定的；第二，所有事项在统计上具有独立性，因此未来的状态独立于一切过去的状态，除非两个状态紧密相接；第三，需要了解状态变化的各种概率；第四，有关矩阵运算的知识比较复杂，非专业人士很难看懂。

为了说明马尔科夫分析法，不妨分析一种仅存在三种状态的复杂系统。将功能、降级和故障分别界定为状态 S_1、S_2 以及 S_3。每天，系统都会处于这三种状态中的某一种。利用马尔科夫矩阵可以说明系统每天处于状态 S_i 的概率（i 可以是 1、2 或 3）。

三、风险分析应当注意的事项

（一）关注事件之间的关联

如果潜在事件之间没有关联，企业对它们进行风险评估时就应该分别进行。例如，产品销售价格和安全生产风险通常是不相关的风险，应分别进行评估。但是当事件之间存在相互关联或者事件组合会产生显著不同的可能性和影响时，企业就应该把它们放在一起进行评估。尽管单起事件的影响可能很轻微，但是组合事件的影响可能很大。例如，进口原材料可能遭受采购价格和汇率变动的双重市场风险，如果是贷款或采用商业信用采购，就可能还会遭受利率风险，企业应将这些风险因素放在一起评估。再如，仓库中某个丙烷罐的阀门有缺陷，会导致丙烷气体泄漏，而库门保持关闭，可以增加安全性，当保管员开启遥控装置，打开库门时，泄漏的丙烷气体和库门马达产生的火花，可能会共同引发一起爆炸，这些不同的事项相互关联，并导致了重大事件的发生。

（二）关注事件潜在影响的范围和层级

企业进行风险评估时，应关注事件潜在影响的范围和层级，如果风险可能影响多个业务单元或管理层级，企业可以将它们归入共性的风险类别，首先分单元逐个分析，然后从整体范围上将它们放在一起加以考虑。例如，一家金融机构的多个业务单元面临中央银行利率变动的风险，其管理当局不仅要从每个业务单元的角度分别评估风险，还要将它们组合起来，从整体角度进行风险评估。

（三）既要关注预期事件也要关注非预期事件

企业在分析风险时，既要考虑预期事件发生的可能性及其影响，也要考虑非预期事件发生的可能性及其影响。许多事件是常规性和重复性的，并且已经在管理当局的计划和经营预算中提到，而其他事件则是非预期的。

（四）尽量采用与衡量目标完成程度相一致或类似的指标分析风险影响

管理当局在确定目标的完成程度时常常采用业绩指标，在分析风险对一项特定目标实现的潜在影响时，通常也应采用相同或类似的指标。例如，某公司的一项目标是将客户服务质量维持在特定水平，并为这个目标设计了客户满意度指数、客户投诉数量、客户投诉反应时间等测度指标，在评估一项可能影响客户服务的风险时，最好采用相同的指标来确定其影响，如客户满意度指标可能会下降多少，客户投诉数量可能会提高多少。

（五）使用客观数据进行风险分析

对于风险可能性和影响的估计值，企业可以参照历史数据、以往经验、行业均值、市场参数、设计参数等可观察的数据来确定，这样可以提供一个比完全主观的估计值更加客观的分析结果。例如，一家公司在评估因设备故障所导致的生产中断的风险时，可以参照该设备先前发生故障的频率和影响，再根据该设备的设计参数、行业基准等数据进行补充，就能对发生故障的可能性和影响进行更可靠的估计，从而制定更有效的防护性维护计划。

（六）关注风险评估决策人员的过度自信偏差

风险分析需要管理人员对不确定性做出主观判断，这时他们应认识到自身的固有局限。心理学研究发现，不同能力的决策者包括经营管理人员都对自身的估计和判断能力过度自信，存在显著的过度自信偏差。企业可以通过有效地利用内部和外部的经验数据或其他更可靠的数据，使过度自信偏差最小化。

任务实施

聚焦于 MY 集团金融科技产品层面，其所开发的 ZF 宝等产品在其业务体系中具备代表性意义。MY 集团的业务产品活跃于金融市场，除与传统金融机构面临相同的风险外，其金融科技属性所特有的风险隐患可从以下三个方面予以分析：

一是技术风险。MY 集团作为金融科技公司，其业务的有效开展离不开坚实的技术支撑。但在具体的业务场景应用中，仍面临着底层算法不完善等所引致的技术失灵问题。以 ZF 宝为例，ZF 宝通过叠加高频的支付场景积累流量，使得业务的开展为纯线上进行，一旦系统出现异常，将无法支持支付的正常进行及其他金融科技服务的开展，这使得其所开展的海量线上业务对网络基础设施的依赖程度较高。在进行庞杂的数据信息处理时，信息系统的缺陷与漏洞易引发不可预期的损失。

二是信用风险。信用风险是金融活动面临的主要风险，受多种因素影响。MY 集团创新大数据风控技术，基于用户的消费数据进行信用评级，主要体现在 ZF 宝下授信的业务开展中。这些业务在创新金融交易方式、提高金融服务效率的同时，所存在的风险隐患也不容忽视。其所开发的个人征信模式聚焦于长尾客户群，但其凭借资产证券化模式进行融资加杠杆，进一步放大了潜在的违约风险，易在金融市场上引致系统性风险隐患。

三是法律监管风险。在网络融资业务的开展过程中，由于监管法律的不完备使得风险对象难以识别，增加了潜在的风险隐患。根据相关信息披露，数字金融科技平台对 MY 集团整体的收入贡献高达 63.39%，从具体利益来源来看，主要来自风险最大的网络借贷业务。监管主体的不明确及监管方式的不合理，使得 MY 集团的业务开展面临法律监管的风险。

任务四

风险应对

案例导入

　　Z光电设备股份有限公司（以下简称Z光电）创立于2006年，公司主营业务以平板显示器（FPD）产业自动光学检测设备为主导，以集成电路工业制程检测设备为前沿，以太阳能电池工业检测设备为扩展。2006年成立伊始，公司就获得首个FPD大型高端检测装备订单。经过3年发展，被认定为国家高新技术企业，此后在技术研发上不断取得成果，成功研制FPD激光打码技术、亚微米级检测技术等。2016年，Z光电挂牌新三板，发行优先股进行融资，用于自动光学检测设备和高端平板显示检测系列设备的研发项目。2018年，经过两年的沉淀，公司新一代高精度检测技术取得突破性进展，提高了设备灵敏度，完成新检测功能的开发。新型显示技术对于检测设备技术指标不断提高和检测需求的不断变化为公司的技术储备转化为实际经营业绩创造了机会。2019年，Z光电正式启动集成电路高端检测设备研发项目。

　　Z光电发行的优先股每股票面金额为100元，票面股息率为1%，平价发行，共发行22万股，总金额2 200万元，优先股种类为固定股息率、可累计、非参与、设回售以及赎回条款、不可转换优先股。Z光电在会计上将优先股计入金融负债，优先股融资风险如表3-6所示。

表3-6　Z光电优先股融资风险

内部风险	不能足额派息风险
	企业经营管理风险
	摊薄即期回报风险
外部风险	技术研发失败风险
	融资后的市场风险
	政策制度变动风险

通过本任务的学习，了解风险应对的资源配置及优先顺序，熟悉风险偏好和风险承受度的概念，掌握并熟练运用风险应对措施，思考 Z 光电为防范优先股融资风险可能会采取哪些措施。

一、风险应对的资源配置及优先顺序

（一）风险应对的资源配置

风险应对需要企业投入一定的资源，包括资金、人才、组织、政策、设备、物资、经验、知识、技术、信息及信息系统等。

现代风险管理覆盖面广，资源的使用一般是多方面、综合性高的，企业应当统筹兼顾，合理配置风险应对资源，将重点资源用于应对重点风险。

（二）确定风险应对优先顺序

由于企业的资源总是有限的，因此企业应当根据上一步风险分析结果，在风险收益相平衡的原则基础上，进一步明确风险应对的优先顺序。在明确优先顺序的同时，还需要明确风险应对成本的资金预算安排，风险应对的组织体系、人力资源和应对措施等企业总体风险应对安排。在应对风险时，企业治理层应当特别重视那些对企业有重大影响的风险，保证企业不会被这些重大风险"颠覆"，维持企业健康发展。

确定风险应对的优先顺序应当考虑以下因素：

（1）风险事件发生的可能性和影响；

（2）风险应对的难度；

（3）风险的价值或应对后带来的收益；

（4）合法合规的需要；

（5）对企业人力资源、资金、技术设备的需求；

（6）企业利益相关者的要求。

二、风险偏好和风险承受度

风险偏好和风险承受度是风险管理的重要组成部分，是确定风险管理目标的重要依据。确定风险偏好和风险承受度，需要正确把握风险和收益的平衡，防止和纠正忽视风险，片面追求收益而不讲条件、范围，认为风险越大、收益越高的观念和做法，同时，也要防止单纯为了规避风险而放弃发展机遇。

确定企业整体风险偏好和风险承受度可以考虑以下因素：

（1）风险个体。可以对企业发现的每个风险分别确定风险偏好和风险承受度。

（2）相互关系。既要考虑同一风险在各个业务部门、子公司或分公司之间的分配，又要考虑不同风险之间的关系。

（3）整体因素。一个企业的整体风险偏好和风险承受度是基于企业所发现的每个风险偏好和风险承受度。

（4）行业因素。同一风险在不同行业的风险偏好和风险承受度不同。

一般来说，风险偏好和风险承受度是针对公司重大风险制定的，对企业的非重大风险的风险偏好和风险承受度不用提前明确，甚至可以暂不设置。

企业的风险偏好和风险承受度依赖于企业风险评估结果，并随风险变化而变化，贯穿于风险管理和内部控制的全部过程中。因此企业需要持续进行风险评估，根据情况维持或改变企业的风险偏好和风险承受度。

企业的风险偏好和风险承受度是企业的重大决策，一般应当由企业治理层决定。

三、风险应对措施

对于经过识别和分析确认为需要应对的风险，企业应当采用合适的风险应对措施。常见的风险应对措施有：风险承担、风险规避、风险转移、风险转换、风险对冲、风险补偿、风险控制等。

任务实施

Z 光电为防范优先股融资风险，采取了相应的风险应对措施。

一、谨慎制订融资方案

为控制优先股融资风险，Z光电根据自身的生产经营状况制订了此次优先股融资方案，谨慎开展优先股融资。一方面，Z光电从自身实际情况出发，对公司未来发展战略进行合理预估，保证优先股融资方案的合理性及可行性。另一方面，合理分析优先股股息和赎回的支付能力，以确定优先股的股息率。

二、完善公司内部控制体系

发行优先股后，Z光电一直在完善各项内部管理制度，从各环节对公司经营进行有效管理。公司依据相关法律法规，制定了新的财务管理制度并修改了《公司章程》《董事会议事规则》等制度，通过建立法人治理结构、议事规则、内部控制体系等制度来规范公司的经营管理。此外，公司还聘请法律顾问对重大合同进行审核，以控制法律风险，进一步完善风险控制制度体系。

三、调整管理结构

优先股存续期间，Z光电通过一系列措施调整了公司管理结构。组织架构层面上，推行扁平化管理，加快管理响应速度。人事管理层面上，推行全面承包制，优化绩效管理，建设梯次分明、结构合理的市场销售和研发队伍，与主要技术人员签订保密协议，保障知识产权安全。项目审批层面上，梳理审批流程，对重大项目采取业务部门提交申请、总经理办公会集体讨论的方式控制项目审批决策风险。

四、建立优先股管理机制

公司制定了《募集资金管理制度》，对优先股募集资金实行专户储存，与券商、专户储存银行签署《募集资金三方监管协议》。公司股东会审议通过了《关于授权公司使用部分闲置募集资金进行现金管理的议案》，使企业能将部分闲置的募集资金用于投资安全性高、流动性好的保本型理财产品，提高资金的经济效益。

项目四
购销业务内部控制与风险管理

项目目标

1. 掌握采购业务的内部控制目标、总体风险和流程设计；
2. 掌握采购业务常见的单据和文件；
3. 掌握销售业务的内部控制目标、总体风险和流程设计；
4. 掌握销售业务应予以分离的不相容职务。

购销业务内部控制与风险管理

- 业务活动内部控制的基本思路与内容
  - 业务活动内部控制的基本思路
  - 业务活动内部控制的内容
  - 业务活动内部控制设计思路

- 采购业务内部控制与风险管理
  - 采购业务总体风险
  - 采购业务的内部控制目标
  - 采购业务流程设计
  - 采购业务的职责分工和授权审批
  - 采购业务各环节的主要风险及其控制
  - 采购业务的内部监督和后续评价

- 销售业务内部控制与风险管理
  - 销售业务总体风险
  - 销售业务的内部控制目标
  - 销售业务流程设计
  - 销售业务的职责分工和授权审批
  - 销售业务各环节的主要风险及其控制

业务活动内部控制的基本思路与内容

2020 年，长春市政府部门接到群众举报，揭发承建该市"XF 家园"商品房开发项目的开发商长春某房地产开发有限公司多处房屋重复销售，市审计局接受该案的调查工作后，经过一年的调查发现，该公司在项目中利用虚假的商品房买卖合同将同一处房屋重复对外销售，最多达四次。该公司内部管理混乱，内部控制制度形同虚设。例如，建筑材料的采购和付款是由一个副经理一手经办，没有执行材料的采购和付款相分离的内部控制制度。

可见，该公司在销售管理、采购管理等环节存在漏洞，进而导致财务报告编制与披露严重失真，资金的安全无法保障，而管理的混乱带来的是经营的效率和效果低下。

通过对本任务的学习，掌握业务活动内部控制的基本思路、业务活动内部控制内容及设计思路，认识采购业务、销售业务等业务活动的内部控制，进而为解决长春某房地产开发有限公司的内控混乱问题提出有效的改进措施。

一、业务活动内部控制的基本思路

内部控制分为整体层面的内部控制和业务层面的内部控制两方面，整体层面的内部控制由业务层面的内部控制构成；内部控制也可以分为单项内部控制和总体内部控制；因此对应的设计就分为单项内部控制设计和总体内部控制设计两种。

二、业务活动内部控制的内容

一个现代企业的内部控制从总体上来说可以分为三个方面的内容，也是内控的三个因素：项目、组织、流程。

（一）项目

内部控制项目是内部控制制度的基本单位，如招聘、合同管理、危机管理、成本控制、人事招聘等。从项目方面设计内部控制主要考虑以下三方面：

（1）项目数量；

（2）项目重要性；

（3）项目的设计者。

（二）组织

所谓组织，就是有共同目标的人群的集合。从组织的角度设计内部控制，需要考虑以下三方面：

（1）内部控制目标；

（2）内部控制环境；

（3）内部控制方式。

在此基础上，可以确定内部控制跨度与层级（集权还是分权），进而确定责任制（包括经济责任制、岗位责任制）。内部控制设计良好，可以营造良好的内部控制环境。

（三）流程

所谓流程，是指企业在经营过程中为了完成某一项目标或任务而进行的一系列活动的有序集合，单项流程由若干项作业组成，单项作业由若干项任务组成。在典型的制造业企业中，其经营过程分为研发、设计、采购、生产、销售、配送、售后等项流程；其中，生产流程又包括材料入库、材料存储、材料搬运、材料加工、半成品加工、产成品入库等作业；而材料入库作业又可以进一步分为卸载、验收、盘点、移动、摆放、记录等任务。

内部控制设计就是沿着流程→作业→任务三个层次之间的递进关系进行的。

三、业务活动内部控制设计思路

业务活动内部控制可以从流程、部门、项目的角度进行设计。

（一）按流程设计

按流程设计是对企业某项业务流程进行设计，如对销售流程、采购流程进行内部控制设计。其一般步骤是：首先，要明确作业的衔接，明确投入与产出；其次，要建立作业链，明确作业关系及涉及的作业，每项作业的标准考核办法；再次，明确每项任务的组合，确定完工标准；最后，分解到人。由于任务具有连续性并需要逐步分解，所以各内部控制组织紧密连接。

具体的思路：

分析流程→分解流程→分解作业→风险评估→控制面（点）→分解任务→对人适当授权→运行评价修正

（1）分析流程：内控嵌入于流程当中。

（2）分解流程：将流程分解为作业，确定作业又涉及哪些活动、作业间的关系、作业标准、考核指标。

（3）分解作业：将作业分解为任务（或目标），明确完工标准、什么时候完工、什么环节完工、完成任务的条件。

（4）风险评估：企业需要对自身面临的各种风险进行评估，包括财务造假、资产盗窃、合规问题等。通过对风险进行评估，企业可以确定哪些方面需要加强内部控制。

（5）控制面（点）：关键控制措施和关键控制点。关键控制点也可理解为识别问题中的主要矛盾、主要因素、核心权重等。缺少这些环节可能导致重大风险，包括合规风险、财报错报风险、财产损失风险以及增加舞弊行为风险等。

（6）分解任务：在这个过程中，控制面的控制点被分解到具体的个人，以确保每个控制点都有明确的责任人和执行人。这种分解不仅有助于明确责任，还能确保内部控制措施的有效执行。

（7）对人适当授权：在这个过程中，对人的适当授权是至关重要的。授权不仅涉及对员工职责的明确，还包括对权力的合理分配和监督，以确保权力不被滥用，同时提高工作效率和资源使用的效率。

（8）运行评价修正：这是对企业内部控制设计和执行情况进行的一种系统性的检查和评估，旨在确保内部控制的有效性。这种评价不仅关注内部控制的设计是否合理和恰当，还关注其在实际操作中的执行情况。

（二）按部门设计

组织结构设计最重要的一点就是管理职能的分解，即将管理职能分解到部门，因此组织可以按部门来设计：

（1）需要营造良好的内部控制环境。

（2）分析部门在企业中可能涉及的活动及项目。

（3）根据控制点确定所要进行的控制活动；进行责任分派，制定考核标准；可以根据价值链、作业链来进行设计：这样做的好处在于明确自己部门在内部控制中的地位，如何配合内部控制。① 确定部门涉及的作业、部门的作业链或价值链以及作业结构；② 确定主要工作流程、各流程的投入与产出；③ 确定流程中各项作业与任务；④ 确定产出指标及考核指标。

（4）设计信息沟通。

（5）设计监督。

（6）设计常规事件和非常规事件。

（三）按项目设计

（1）分析每个项目的组织和流程，会涉及哪些部门、层级、关系、结构、业务流程。

（2）根据项目面临的风险，然后按项目业务流程来具体设计，根据项目环节和流程来确定控制点；从组织和流程两方面来制定相应的内部控制措施。

任务实施

长春某房地产开发公司购销业务活动的内部控制存在问题。

在此案例中，长春某房地产开发公司采购环节的职责分工及审批制度不健全。企业应当编制需求计划与采购计划，采购人员与付款人员职务分离。企业还应当完善销售业务相关管理制度，有效防范经营风险，保证销售收入的真实性和合理性。

案例导入

2024 年 4 月 1 日，长春某公司准备采购一批原料，采购部门接到一个不熟悉的供应商的电话，承诺可以送货上门并分两批送货。采购部门主管认为风险较小且价格优惠，所以双方签订了采购合同，合同金额为 5 000 万元。由于是首次交易，根据长春某公司内部控制制度的规定，验货合格后付款。第一批货物到达后经检验合格，长春某公司按合同支付了 2 500 万元的合同货款。但在第二批货物到达之前，对方公司来电说因资金紧张，让长春某公司先付余款。由于经过检验上批货物质量很好，所以采购主管要求财务人员先付款。财务人员当即付款 2 500 万元，但后来对方公司并未送货，经调查该供应商是空壳公司，该公司负责人已潜逃。

任务描述

通过本任务的学习，掌握企业采购业务的总体风险、内部控制目标、流程设计、职责分工、授权审批、主要风险及其控制、内部监督和后续评价等内容，同时思考在此次采购材料事件中，长春某公司采购业务的内部控制是否存在问题，并说明理由。

任务准备

采购业务是企业取得外购材料、商品或劳务并支付价款的过程，是生产经营的核心环节。采购质量和价格在一定程度上影响着企业的生存与发展。采购业务和存货管理、生产活动及销售活动等紧密相关，业务发生频繁，交易金额大，运行环节多，容易产生管理漏洞，企业必须加强对采购过程的管理和控制。

一、采购业务总体风险

采购业务有很多种类，可以按采购对象分为货物采购和服务采购；按采购地区分为国内采购与国外采购；按采购方式分为直接采购、委托采购与招标采购；按约定方式分为订单采购、口头或电话采购；按定价方式分为招标采购、询价采购、比价采购、议价采购、订价采购及市场采购；按采购数量分为大宗采购和零星采购，等等。在采购业务过程中，企业至少应关注以下总体风险：

（1）采购行为是否违反国家法律法规或部门规章，有可能遭受外部处罚、经济损失或信誉损失。

（2）采购未经适当审批或者是越权审批，可能会因重大差错、舞弊、欺诈而导致损失。

（3）请购依据不充分、不合理，审批程序不规范、不正确，很可能导致企业资产损失、资源过度浪费或发生舞弊行为。

（4）询价与采购不规范行为，可能由于业务经办人员舞弊、腐败、渎职等行为而导致企业资金损失、信用受损，或者采购物品质量达不到合同的要求。

（5）付款方式不恰当、执行力有偏差，可能导致企业资金损失或信用受损。

二、采购业务的内部控制目标

针对上述风险，为了确保采购业务合法合规、有序高效，采购业务的内控制应实现以下目标：

（1）保证采购业务符合法律规范。采购业务必须符合国家法律法规和企业内部各项规章制度，可以有效预防差错和舞弊行为的发生。

（2）保证采购过程相关联资产的安全完整。企业的内部控制制度既要保证企业所购货物安全完整、保质保量地到达企业，又要保证应付账款的真实性和货款支付的严密性。

（3）提高采购业务的效益和效率。采购业务必须适应企业生产、销售管理的需要，要避免重复采购、盲目采购，还要避免因采购不及时而影响正常的生产经营运行。在满足需求的前提下，合理决策，务必降低采购成本，减少采购资金占用和采购环节的损失，提高采购业务的经济效益。

（4）采购业务报告目标。按会计准则及相关的规章制度规定，需要及时、准确、完整地记录采购过程和付款过程，保证信息质量，为信息使用者提供真实、准确和完整的有关信息。

（5）与企业战略和经营计划紧密联系，使采购业务能有效地支持企业战略和经营计划。

三、采购业务流程设计

采购是企业生产经营的起点，是"实物流"和"资金流"交织的经营活动。不同的企业有不同的采购方式，其业务流程也多种多样。采购业务一般涉及请购与审批、供应商选择与维护、询价与采购、验收商品与付款等环节，主要作业有编制请购单并报经审批、编制采购计划、进行采购询价、确定供应商、签订采购合同、预付货款、组织送货、结算货款、记录应付账款、与供应商对账等。采购流程应较好地保证物资和劳务供应顺畅，并与生产和销售等环节紧密衔接。

采购业务环节虽不复杂，但蕴藏着大量风险。在采购流程设计的过程中，企业应对采购业务管理现状进行全面的分析与评价，系统地梳理采购业务各环节的控制目标、风险点、控制点、控制手段、控制措施、部门职责、涉及岗位、岗位权限、匹配制度等信息，将这些信息固化于流程之中。

采购业务的一般流程如图 4-1 所示。

四、采购业务的职责分工和授权审批

（一）采购业务的职责分工

企业应建立采购业务的岗位责任制，明确相关部门和岗位的职责权限，确保不相容岗位相互分离、制约和监督。任何部门或个人不得办理采购业务的全过程。采购业务不相容岗位至少应包括：请购与审批；询价与确定供应商；采购合同的订立与审查；采购与验收；采购、验收与相关会计记录；付款的申请、审批与执行。

企业应配备合格人员办理采购业务，办理采购业务的人员应具备良好的业务素质和职业道德。企业应根据具体情况对办理采购业务的人员进行定期岗位轮换。企业应建立采购业务的授权和审批制度，对请购申请审核、采购合同的授权审批、支付货款的审批等进行授权审批，明确授权审批的方式、

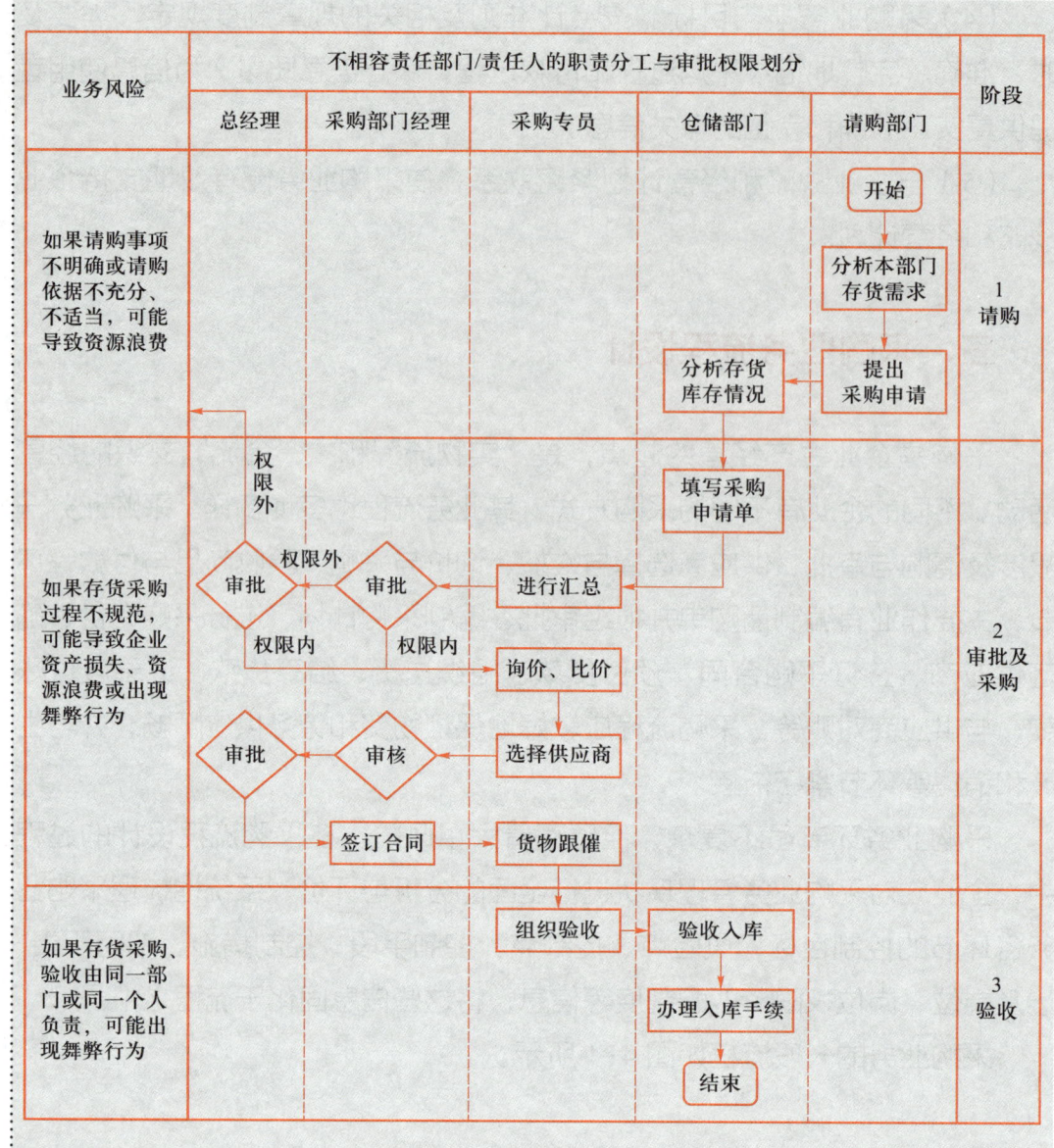

图 4-1 采购业务的一般流程

权限、程序、责任和相关内部控制措施，规范经办人办理业务的职责范围和工作要求。

（二）采购业务的授权审批

审批人员应该根据授权审批制度，在授权范围内进行审批，不得越权审批。经办人应在职责权限内，按审批人的批准意见办理采购业务；对审批人越权审批的业务，经办人有权拒绝办理，并及时向审批人的上级授权部门报告。严令禁止未经授权的机构或人员办理采购业务。

对于重要的或技术性较强的采购业务，企业要组织专家论证，进行集体决策和审批，防止决策的失误。信息化技术比较先进的企业，采购职责权限可相对集中，以提高采购效率、堵塞管理漏洞、降低采购成本和费用。

企业还要加强对购买、验收、付款业务的会计系统控制，详细登记供应商、采购申请、采购合同、采购通知、验收证明、入库凭证、退货情况、商业票据、款项支付等事项，确保会计记录、采购记录与仓储记录一致。企业应指定专人定期与供应商对账，如有不一致应及时查明原因，报经批准后做出相应调整。

五、采购业务各环节的主要风险及其控制

（一）请购与审批环节的主要风险及其控制

1. 请购与审批环节的主要风险

（1）缺少采购申请制度，请购环节未经适当审批或超越授权范围审批，可能导致采购物资过量或者短缺。

（2）需求数量或者采购数量申请不合理、不能按实际需求安排采购或随意超过计划采购，甚至与企业生产经营计划不协调等。

2. 请购与审批环节的控制措施

（1）生产、经营、项目建设等部门，应当根据实际需求量及时、准确地编制需求计划。需求部门提出需求计划时，不要指定或变相地指定供货商。对独家代理、专有等特殊的产品，应提供相应的独家代理、专有资料，报经专业技术部门讨论后，报相应审批权限的部门或人员进行审批。

（2）采购计划是企业年度生产经营计划的重点内容，企业应根据发展目标的实际需要，结合材料库存和在途情况，科学合理地安排采购计划，防止采购量过高或过低。

（3）采购计划应纳入采购预算管理，经相关负责人审批后，作为企业的刚性指令严格执行。

（4）建立请购制度，依据购买材料或接受劳务的类型，确定归口管理部门，授予其相应的请购权，明确相关部门或人员的职责权限以及相应的请购程序。请购单应明确商品品名、规格、数量、相关要求和标准、到货时间等。请购单通常一式三联，经审批后，一联退请购部门，以示答复；一联交财会部门，以筹备资金和备查；一联交采购部门，作为编制采购计划和签订采购合同的依据。

（5）请购部门对于预算中的采购项目，应严格按预算执行进度办理请购手续，并依照市场变化提出合理的采购申请。对于超预算和预算之外的采购项目，应先履行预算调整程序，由具备相应审批权限的部门或人员审批

后，再办理请购手续。

（6）具备审批权限的部门或人员审批采购申请时，应重点关注采购申请内容是否正确、完整，是否符合生产经营需要，是否符合采购计划，是否在采购预算范围内等。对不符合规定的采购申请，应要求请购部门调整请购内容或拒绝批准。

（二）供应商选择及维护环节的主要风险及其控制

1. 供应商选择及维护环节的主要风险

供应商选择及维护是采购业务中非常重要的环节，直接影响采购质量和相关风险的控制。供应商选择及维护环节的主要风险有以下两类：

（1）供应商选择不当，可能导致采购物资质次价高，甚至出现舞弊行为。

（2）供应商关系维护不当，或者供应商信息更新不及时，未对供应商进行动态管理等。

2. 供应商选择及维护环节的控制措施

（1）建立科学、有效的供应商评估和准入制度，对供应商资质、信用情况的真实性和合法性进行审核，确定合格供应商清单，建立健全统一的供应商网络。增加供应商的市场准入、供应商新增服务关系以及调整供应商物资目录，都要由采购部门根据需要提出申请，并按规定权限和程序审批后接入供应商网络。必要时可委托有资质的中介机构对供应商进行资信调查。

（2）采购部门要按公平、公正和竞争的原则，择优确定供应商；在务必防范舞弊风险的基础上，与供应商签订质量保证合同。

（3）建立供应商管理网络信息平台和供应商淘汰制度，对供应商提供物资或劳务的质量、价格、交货及时性、供货条件及其资信、经营状况等进行实时管理和考核评价；根据考核评价结果，提出淘汰和更换的供应商名单，经审批后对供应商进行合理选择和调整，并在供应商管理平台中做出对应记录。

（三）询价与采购环节的主要风险及其控制

1. 询价与采购环节的主要风险

（1）定价机制不科学，或者定价方式选择不当，或者缺少对贵重物资品种价格的跟踪监控，致使采购价格不合理。

（2）框架协议签订不当，可能导致材料采购不顺畅。

（3）未经授权对外订立采购合同，对方主体资格、履约能力等不符合要求，合同内容存在重大疏漏和欺诈，可能导致企业合法权益及收益受损。

（4）缺少对采购合同履行情况的有效跟踪，运输方式选择不合理，忽视运输过程中的风险，可能导致采购材料损失或无法保证提供货物。

2. 询价与采购环节的控制措施

（1）企业应根据商品或服务的性质及其供货情况确定采购方式。大宗商品或服务的采购，应该采用招投标方式签订合同；采购合同应按采购权限规定，由各级授权人审核同意并签字。合同通常一式三份，一份交供应商请求发货；一份由采购部门专人保管，负责合同的执行；一份交财会部门，以监督合同的执行。对于采购较频繁的货物，企业可用订单替代采购合同，但订单要素必须设计完整，一般一式三联并需要连续编号。

（2）健全采购定价制度，采取协议采购、招标采购、询价采购、比价采购、动态竞价采购等多种方式，科学合理地确定采购价格。对于标准化程度高、需求计划性强、价格相对稳定的材料，应通过招标、联合谈判等公开、竞争的方式签订框架协议。小额零星物品或服务的采购可采用直接购买等方式，以简化手续，加快购货速度。

（3）充分了解和掌握供应商信誉、供应能力、价格、质量、供应条件、技术水平和售后服务等多样信息，由采购、使用等部门共同参与比质量比价格，并按照规定的授权审批程序确定供应商。小额零星采购也应经授权部门事先对采购价格等相关内容进行审核。

（4）采购部门应定时研究大批次通用重要材料的成本构成及其市场价格的变动趋势，确定重要材料的采购执行价格或参考价格。建立采购价格数据库，定期开展重要材料的市场供求形势及价格走势的行情分析并合理利用数据库和分析结果。

（5）与有长期购销关系的供应商订立框架协议。对拟签订框架协议的供应商的主体资格、信用状况等方面进行风险评估；框架协议的签订应引入竞争制度，确保供应商具备履约能力。

（6）拟签订采购合同要准确地描述合同条款，明确双方权利、义务和违约责任，按规定权限签署采购合同。对于影响较大、涉及较高专业技术或法律关系复杂的合同，应组织法律、技术、财会等专业人员参与谈判，必要情况下也可聘请外部专家参与相关工作。对重要物资验收量与合同采购量之间允许的差异，应做出统一要求。

（7）依据采购合同的主要条款跟踪合同履行情况，对有可能影响生产或工程进度的异常情况，应出具书面报告并及时提出解决方案，采取必要措施，保证需求材料的及时供应。

（8）对重要材料建立并执行采购合同履约过程的巡视、检查和监造制度。对需要监造的材料，应择优确定监造单位，签订监造合同，落实监造责任人，审核确认监造大纲，审定监造报告，并及时向技术等部门进行通报。

（9）根据生产建设进度和采购材料等特性因素，选择合理的运输工具和运输方式，办理运输、投保等相关事宜。

（10）实行全过程的采购登记制度或信息化平台管理，确保采购过程的可追溯性。

（四）验收及付款环节的主要风险及其控制

1. 验收及付款环节的主要风险

（1）验收标准不明确、验收程序不规范、对验收中存在的异常情况不及时处理，可能造成账实不符、采购物资损失。

（2）付款审核不严格、付款方式不恰当、付款金额控制不严，可能导致企业资金损失或信用受损。

（3）会计记录与相关采购记录、仓储记录不一致等。

2. 验收与付款环节的控制措施

（1）制定明确的采购验收标准，结合物资特性确定必检物资目录，规定此类物资出具质量检验报告后方可入库。

（2）验收部门或人员应根据采购合同及质量检验检疫部门出具的质量检验检疫证明，重点关注采购合同、发票等原始票据与采购物资的数量、质量、规格型号等是否一致。对验收合格的物资，填制入库凭证，加盖物资"收讫章"，登记实物账，及时将入库凭证传递给财会部门。物资入库前，采购部门必须检查质量保证书、商检证书或合格证等证明文件。验收时涉及技术性强、大宗和特殊的物资，还应进行专业检测，必要时可委托具有检验资质的机构或聘请外部专家协助验收。

（3）对于验收过程中发现的异常情况（比如无采购合同或大额超采购合同的物资、超预算采购的物资、毁损的物资等），验收机构或人员应向相关的有权管理机构报告，相关机构应立即查明原因并及时处理。对于不合格物资，采购部门依据检验结果办理拒绝接收、退货、索赔等事宜。对于延迟交货而造成生产建设损失的，采购部门要按合同约定进行索赔。

（4）加强付款管理，完善付款流程，明确付款审核人的责任和权力，严格审核采购预算、合同、相关单据凭证、审批程序等相关内容。审核人员要严格审查采购发票等票据的真实性、合法性和有效性，判断采购款项是否确实应予支付。比如，审查发票填制的内容是否与发票种类相符合、发票加盖的印章是否与票据的种类相符合等。企业应重视采购付款的过程控制与跟踪管理，如果发现异常情况应拒绝向供应商付款，避免出现资金损失和信用受损。

（5）严格遵循合同约定和相关法律法规，合理选择付款方式，防范付款方式错误带来的法律风险，保证资金绝对安全。除不足转账起点小额的采购可以支付现金外，其他采购价款应转账付款。

（6）加强预付账款和定金的管理，涉及大额或长期的预付款项，应定期进行追踪核对检查，综合分析预付账款的期限、占用款项的合理性、不可收回风险等情况，发现有问题的预付款项，应及时采取措施，尽快收回款项。

（7）加强应付款项和应付票据的管理，指定专人通过函证等方式，定期向供应商寄送对账函，核对应付款项、应付票据、预付款项等往来款项；对供应商提出的异议应及时查明原因，报有权管理的部门或人员批准后，做出相应调整。货款到期后，应及时支付，以维持企业良好的信用。

（8）建立退货管理制度，对退货条件、手续、货物出库、退货货款回收等做出明确规定，及时收回退货货款。

六、采购业务的内部监督和后续评价

企业应建立对本企业采购业务的内部监督制度，明确内部监督机构或人员的职责权限，定期或不定期地进行核查。

内部监督机构或人员应通过实施符合性测试和实质性测试，检查采购业务内部控制是否健全，各项规定是否在该环节得到有效执行。内部监督的内容主要包括以下几点：

（1）相关岗位及人员的设置情况。企业应重点检查是否存在不相容职务混乱的现象。

（2）授权审批制度的执行情况。企业应重点检查大宗采购业务的授权审批手续是否健全，是否存在越权审批的行为。

（3）应付款项和预付款项管理。企业应重点审查应付款项和预付款项支付的正确性、效率性和合法性。

（4）有关单据、凭证和文件的使用与保管情况。企业应重点检查凭证的登记、领用、传递、保管、注销手续是否健全，使用和保管制度是否存在漏洞。企业应定期对物资需求计划、采购计划、采购渠道、采购价格、采购质量、采购成本、协调或合同签约与履行情况等采购活动进行专项评估和综合分析，及时发现采购业务的薄弱环节，优化采购流程，防范采购风险，全面提升采购效益。

任务实施

长春某公司采购业务的内部控制存在问题。

在此案例事件中，长春某公司采购环节的验货付款未完全得到执行。企业应当建立科学的供应商评估与准入制度以及严格的采购验收制度。

销售业务内部控制与风险管理

上海某公司 2024 年 5 月 20 日在例行对账检查时，发现 5 月 15 日销售饲料添加剂过程中，出现了销售调拨单及销售单真实但财务专用章和增值税专用发票伪造的现象，结果该公司价值 150 万元的 30 吨产品被骗走。5 月 30 日，该公司查明了事故原因，具体情况如下：

（1）某人假冒公司老客户的名义，到该公司销售部门开具了真实的产品销售调拨单，使用伪造的财务专用章及增值税专用发票，私盖印章，然后到销售部门盖销售章，最后到储存仓库提货，导致事故发生。

（2）某人利用财务部门、销售部门、仓储部门在不同的办公地点办公的弊端，经过长期的预谋，使用假牌照的报废车作案，骗过了该公司财务部门收款开发票关、销售部门对接关、仓储部门发货核对关、保卫科车辆出入口验收关、公司门卫查证关。

通过本任务的学习，掌握企业销售业务的内部控制目标、流程设计、职责分工、授权审批、主要风险及其控制等内容，同时分析说明上海某公司在销售和收款业务中内部控制的缺陷。

销售是企业通过销售商品或提供劳务等经营活动取得货款的行为，既会涉及资金流，又会涉及实物流，是企业实现经济利益流入的一个关键环节。为了规范销售业务，防范销售环节中可能出现的差错和舞弊行为，企业应加强对销售业务的控制。

一、销售业务总体风险

企业生产的商品如不能实现销售的稳定增长，已售商品货款如不能足额收回或不能及时收回，必然会导致企业的持续经营受阻、资金周转困难乃至资金链断裂。针对销售环节，企业至少应关注下列总体风险：

（1）销售行为违反国家法律法规制度，可能会遭受外部处罚、经济损失和信誉损失。

（2）销售未经适当审批或越权审批，可能因重大差错、舞弊、欺诈而导致经济利益损失。

（3）销售政策和信用政策管理不规范、不科学，可能导致资产损失或存货运营效率降低。

（4）合同签订尚未正确授权，可能会导致资产损失、舞弊或陷入法律诉讼。

（5）应收款项和应收票据管理不善，账龄分析不准确，可能因未能收回或未能及时收回欠款而导致收入流失或陷入法律诉讼。

二、销售业务的内部控制目标

（1）保证销售业务合法合规。销售业务必须符合国家法律法规制度和企业内部各项规章制度的要求，有效地预防差错和舞弊行为的发生。

（2）保障商品和货款安全完整。

（3）提高销售业务的效率和效益。企业应该采取积极的销售政策和收款政策，努力扩大销售业务，不断提高商品的市场占有率；同时，注意控制销售费用，积极催收货款，争取将销售收入尽快转变为现金流。此外，还要加强销售各环节风险的管控，避免重大差错、舞弊、欺诈、诉讼等情况的出现。

（4）保证销售业务的报告目标。按照会计准则及相关法律制度的规定，及时、准确、完整地记录销售和收款的全过程，保证信息质量，为信息使用者提供真实、准确和完整的有用销售信息。

（5）与企业战略和经营计划紧密相连，使销售业务能够有效地支持企业销售战略和经营计划。

三、销售业务流程设计

销售业务流程设计一般涉及销售计划与定价政策、客户开发与信用管理、订单处理与销售合同、发货、收款、售后服务与销售退回等环节，主要作业有接受订单、信用调查、签订合同、预收货款、开票发货、货款结算、账款回收、应收账款管理、呆坏账处理等。销售业务的一般流程如图4-2所示。

图4-2 销售业务的一般流程

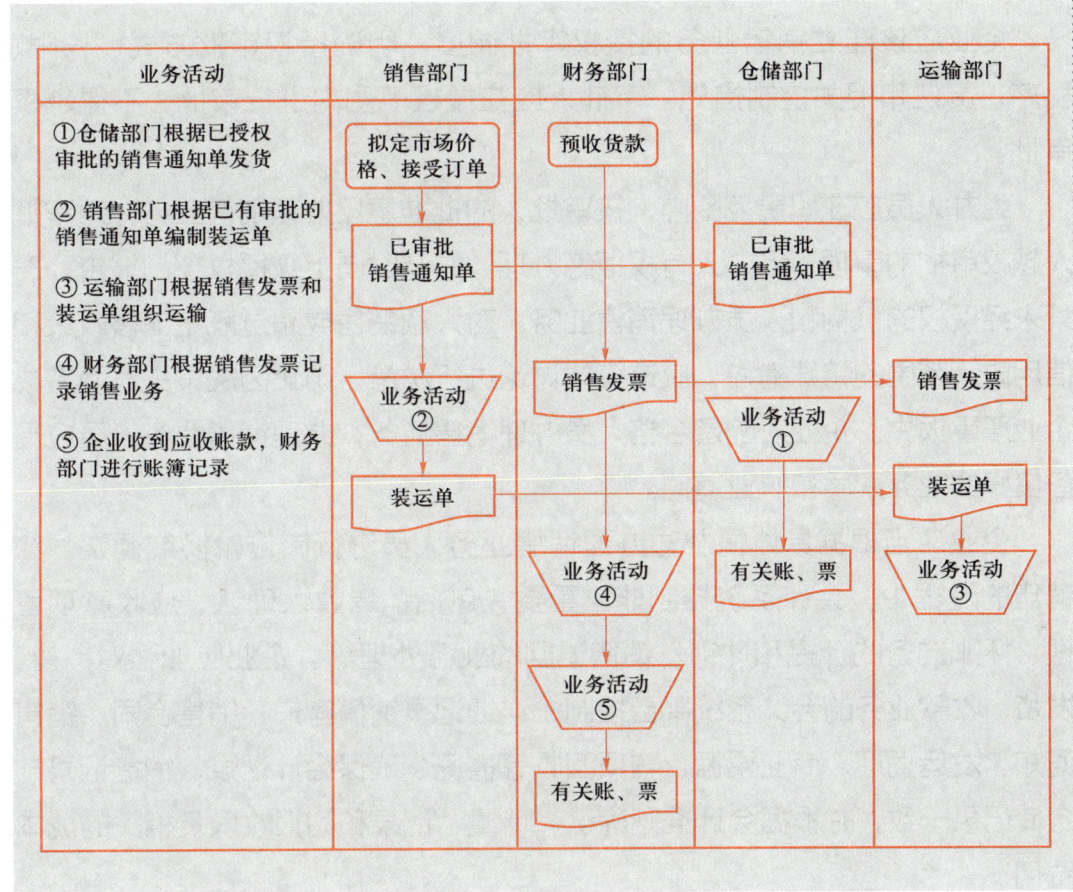

业务活动	销售部门	财务部门	仓储部门	运输部门
① 仓储部门根据已授权审批的销售通知单发货	拟定市场价格、接受订单	预收货款		
② 销售部门根据已有审批的销售通知单编制装运单	已审批销售通知单		已审批销售通知单	
③ 运输部门根据销售发票和装运单组织运输		销售发票		销售发票
④ 财务部门根据销售发票记录销售业务	业务活动②		业务活动①	
⑤ 企业收到应收账款，财务部门进行账簿记录	装运单			装运单
		业务活动④	有关账、票	业务活动③
		业务活动⑤		
		有关账、票		

四、销售业务的职责分工和授权审批

（一）销售业务的职责分工

企业应该建立销售业务岗位责任制，明确有关部门和岗位的职责权限，确保不相容岗位相互分离、相互制约和相互监督。

销售业务的不相容岗位至少应当包括：客户信用管理与销售合同的审批、签订；销售合同的审批、订单与发货办理；销售货款的确认、收回与相关会计记录；销售退回货物的验收、处置与相关会计记录；销售业务经办与发票开具、管理；坏账准备的计提与审批、坏账的核销与审批。企业应分设办理销售、发货、收款三项业务的有关部门。

销售部门主要负责处理订单、签订销售合同、执行销售政策和信用政策、催收货款。发货部门主要负责审核发货单据是否齐全，并办理发货的具体事宜。财务部门主要负责销售款项的结算和记录、监督货款收回。任何一个部门或岗位都不能办理销售业务的全过程。

（二）销售业务的授权审批

企业应该建立销售业务的授权审批制度，明确授权审批方式、权限、程序、责任和相关控制措施。审批人应在授权范围内进行审批，不得越权审批。

经办人员应在职责范围内，按审批人的批准意见办理销售业务；对审批人越权审批的事项，经办人有权拒绝办理，并及时向上级授权部门报告。严禁未经授权的机构和人员办理销售业务。对大额销售或超过既定销售政策和信用政策范围的特殊销售，应该集体讨论进行决策，防止因决策失误而造成企业严重损失。企业应配备合格人员办理销售业务，办理销售业务人员应具备良好的业务素质和职业道德。

企业应当根据具体情况对办理销售业务人员进行岗位轮换或调整。在销售的过程中，会计系统控制非常重要，包括销售收入确认、应收款项管理、坏账准备的计提和冲销、销售退回的业务处理等。企业应加强对销售、发货、收款业务的会计系统平台控制，详细记录销售客户、销售合同、销售通知、发运凭证、商业票据、款项回收等情况，确保会计记录、销售记录与仓储记录一致，并根据会计准则确认、计量、记录和列报收入及相关的成本费用。

五、销售业务各环节的主要风险及其控制

（一）销售计划与定价政策环节的主要风险及其控制

1. 销售计划与定价政策环节的主要风险

（1）销售计划缺乏或不够合理，或者未经授权审批，导致产品结构和生产安排不合理。

（2）定价或调价不合理，不能结合市场状况、盈利核算等进行实时的调整，造成价格过高或过低。

（3）价格未经恰当审批或存在舞弊现象，可能会损害企业利益或形象。

2. 销售计划与定价政策环节的控制措施

（1）根据企业发展战略和年度生产经营计划，结合企业实际情况制订年度销售计划，并结合客户订单情况，将销售计划分摊到每个季度和每个月份。

（2）定期对各种产品的区域销售额、进销差价、销售计划与实际销售情况等方面进行分析，结合生产现状，及时调整销售计划。

（3）根据价格政策，综合考虑企业的财务目标、营销目标、产品成本、市场情况及竞争对手情况等若干因素，确定产品基础价格。定期评估基础价格的合理性，定价或调价须经审批。

（4）在基础价格的基础上，针对某些商品可授予销售部门一定程度的价格浮动权力。销售部门可结合市场环境，将价格浮动权向下逐级递减进行分配，同时明确权限的执行人。价格浮动权限执行人必须严格遵守规定的价格浮动范围，不得擅自调整价格。

（5）销售折扣、销售折让等政策的制定需要经审核批准，实际发生的销售折扣、销售折让应记录金额、数量、原因及对象等，并归档以备核查。

（二）客户开发与信用管理环节的主要风险及其控制

1. 客户开发与信用管理环节的主要风险

（1）现有客户管理欠缺、潜在市场需求开发不够，可能导致客户缺失或市场发展不利。

（2）客户档案不齐全、缺乏合理的资信评估，可能导致客户选择不当、销售款项不能及时收回或遭受信用欺诈等。

2. 客户开发与信用管理环节的控制措施

（1）在充分进行市场调查的基础上，合理划分市场并确定目标市场，根据不同目标群体的具体要求，确定定价制度和信用方式，灵活运用销售折扣、销售折让、信用销售、代销和广告宣传等多种策略与营销方式，促进销售目标的实现，不断提高市场占有率。

（2）建立并不断更新、维护客户信用动态档案，由与销售部门相对独立的信用管理部门对客户付款情况进行持续的跟踪和管控，提出划分、调整客户信用等级的方案。根据客户信用等级和企业信用政策，拟定客户的赊销限额和时限，经销售、财务等部门具有相关权限的人员审批。对于境外客户和新开发客户，应当严格执行信用保证制度和审批制度。

（3）评估客户信用，确定客户销售政策。企业应充分了解和考虑客户的信用与财务状况等，加强赊销管理。赊销业务应遵循规定的销售政策、信用政策及程序。有条件的企业可设立专职信用管理部门或岗位，负责制定信用政策，评估客户信用级别，确定客户信用政策，监督各部门信用政策的执行情况。

（三）订单处理与销售合同环节的主要风险及其控制

1. 订单处理与销售合同环节的主要风险

（1）订单审核不严格，可能导致虚假销售等欺诈行为。

（2）订单处理不及时，可能影响后续的销售进程。

（3）销售合同内容存在重大疏漏或欺诈风险，未经授权对外订立销售合同，可能会导致企业权益受损。

（4）销售价格、收款期限等方面违背企业销售政策，可能会导致企业利益受损等。

2. 订单处理与销售合同环节的控制措施

（1）销售部门收到客户订单后，应依据授权范围决定是否接受订单。销售授权可分别设置一般授权和特别授权。一般授权是对常规业务的制度性授权。特别授权是针对非常规业务或超过一般授权限制的常规业务，销售部门不能自行决定，必须特别报请领导办公会或董事会决定是否同意客户赊销或给予折扣、折让。对于未被受理的订单，销售部门应该及时向客户说明原因。

（2）销售合同订立前，企业应指定专门负责人就销售价格、信用政策、发货及收款方式、权利和义务等具体事项与客户谈判。谈判人员应有两人以上，并与合同订立人员相分离。谈判中涉及的重要事项应有书面记录，重大合同应征询财务、法律等专业人士的意见和建议。

（3）建立健全销售合同审批制度。审批人员应对销售价格、信用政策、发货及收款方式等方面进行严格把关。

（4）销售合同草案经审批人员同意后，企业应授权有关人员与客户签订正式的销售合同。

（四）发货环节的主要风险及其控制

1. 发货环节的主要风险

未经授权发货或发货不符合合同约定，可能导致货物损失或客户与企业的销售存在争议、销售款项不能及时收回。

2. 发货环节的控制措施

（1）销售部门按照审核后的销售合同开具销售通知单，交给仓储部门和财务部门。

（2）仓储部门应落实出库、计量、运输等环节的岗位责任，对销售通知单进行审核，严格按所列示的发货品种和规格、发货数量、发货时间、发货方式、接货地点等在规定时间内组织发货，形成相应的发货单据并连续编号。

（3）以运输合同或条款等方式明确运输方式，商品短缺、毁损或变质的责任，到货验收方式，运输费用承担，保险等内容，货物交接环节应做好装卸和检验工作，确保货物安全发运，由客户验收确认。

（4）做好发货各环节的台账记录，填制相应凭证，设置销售台账，实行销售全过程登记。

（5）财务部门或经授权的相关部门在接到销售通知单后，对客户信用及实际出库记录凭证等信息审查无误后，向客户开出销售发票。编制销售通知单人员与开具销售发票的人员应岗位分离。

（五）收款环节的主要风险及其控制

1. 收款环节的主要风险

（1）企业信用管理不到位，结算方式选择不当，票据管理不善，款项回收不力，导致销售款项不能收回或遭受欺诈。

（2）收款过程存在舞弊行为，使企业利益受损。

2. 收款环节的控制措施

（1）结合销售政策，选择合适的结算方式，及时办理货款结算业务和收款业务，加快款项回收，提高资金的使用效率。收取的现金和银行本票、汇票等票据应及时缴存银行并登记入账。应避免销售人员直接接触销售款项，若必须由销售人员收取，则应由财务部门派人加强监控。

（2）加强商业汇票专人管理，由专人保管应收票据，明确应收票据的受理范围和管理措施，对票据贴现、背书、保管等予以明确规定。严格审查商业汇票的真实性和合法性，防止票据欺诈。

（3）加强应收账款管理，建立账龄分析和逾期催收机制。严格区分并明确收款责任，建立合理的催收奖励、责任追究和处罚制度。财务部门应督促和配合销售部门加紧催收货款，妥善保存催收记录（包括往来函电）。

催收无效的逾期账款可以通过法律程序解决。应收账款应分类管理，针对不同性质的应收款项，采取不同的方法和程序。企业应按客户来设置应收账款台账，及时登记并评估每一客户应收账款的余额变动和信用额度的使用情况。

（4）加强代销业务款项的管理，及时与代销商结算货款。

（5）加强呆账坏账的管理，企业应按会计准则规定计提坏账准备，并按权限范围和审批程序进行审批。发生坏账损失的，应查明原因，明确责任，并在履行审批程序后做出会计处理。已核销的坏账，应进行备查登记，做到账销案存。已核销坏账又收回时，应及时入账，防止形成账外款。

（六）售后服务与销售退回环节的主要风险及其控制

1. 售后服务与销售退回环节的主要风险

售后服务是一种企业与客户之间的信息沟通制度，对客户提出的产品维修、销售退回、维护升级等问题，企业应予以及时解答或反馈、处理，不断改进服务水平，提升客户满意度。这一环节的主要风险包括以下两类：

（1）客户服务水平较低或消费者满意度不足，影响公司品牌形象，造成客户流失。

（2）退货管理不善，可能造成商品毁损或丢失。

2. 售后服务与销售退回环节的控制措施

（1）结合竞争对手客户服务水平，建立和完善客户服务制度，包括客户服务内容、标准、方式等。

（2）设专人或部门进行客户服务和追踪。加强售前、售中和售后的技术服务支持，实行客户服务人员的薪酬与客户满意度挂钩的制度。

（3）加强生产、研发、质量检验、销售等相关部门之间的沟通与协调。

（4）做好客户回访工作，定期或不定期地开展客户满意度调查问卷；建立客户投诉制度，记录所有的客户投诉问题，并分析问题产生的原因及提出解决的措施。

（5）加强销售退回控制制度。销售退回需要经具有相应权限的人员审批后才能执行；销售退回商品应参照物资采购入库管理制度，由质检部门检验和仓储部门清点检验后方可入库。质检部门应对客户退回的货物进行检验并出具检验证明；仓储部门应填制退货接收报告单，注明退回货物的品种、数量、金额、退货原因等；财务部门应对检验证明、退货接收报告单，以及退货方出具的退货凭证等进行审核后办理相应的退款事宜。企业应对退货原因进行分析并明确有关部门和人员的责任。

上海某公司销售和收款业务中内部控制的主要缺陷是：销售调拨单及销售单的开具及审批程序设计无效。

一、开具销售调拨单的控制

公司未采取任何核实措施即开具销售调拨单及销售单，是导致销售真实性控制目标失效的关键因素之一。

建议：公司开具销售调拨单之前与客户采购部门电话沟通，要求客户提供采购申请传真函。

二、销售审批环节

公司销售审批环节的内部控制设计不合理，仅凭客户拿来的增值税专用发票即予以认可，不足以防止私盖印章的风险事件发生。

建议：销售章的加盖前提，是销售部门根据客户提供的增值税发票（发票联、抵扣联）与来自财务部的增值税发票记账联核对一致，并核对财务部提供的收款记录。

三、发货环节

仓库发货，仓储部门必须核对两个要件：

（1）销售单的真实性，即必须将客户提供的销售单与销售部门送达仓储部门的销售单核对一致（案例中因销售单是真实的，因而此控制已因销售部门失职而失效）。

（2）检查是否已收款及开票。必须将客户提供的发票信息与财务部门提供的信息核对一致才可发货（这是案例中发货控制失效的关键环节）。

四、核心内部控制缺陷

信息与沟通存在重大内部控制缺陷：

（1）销售信息并未立即传达至财务部门。

（2）装运部门未与财务部门核实收款情况，难以控制故意舞弊风险。

资产业务内部控制与风险管理

项目目标

1. 掌握货币资金内部控制的目标、总体风险和流程设计；

2. 掌握生产与存货业务内部控制的目标、总体风险和流程设计；

3. 熟悉生产与存货业务各环节的主要风险及其控制；

4. 掌握固定资产内部控制的目标、总体风险和流程设计；

5. 熟悉固定资产业务各环节的主要风险及其控制；

6. 掌握无形资产内部控制的目标、总体风险和流程设计；

7. 熟悉无形资产业务各环节的主要风险及其控制。

资产业务内部控制与风险管理

- 货币资金业务的内部控制与风险管理
  - 货币资金业务总体风险
  - 货币资金业务的内部控制目标
  - 货币资金业务流程设计
  - 货币资金业务的关键控制点
  - 货币资金业务的职责分工和授权审批
  - 货币资金业务各关键控制点的主要风险及其控制
  - 货币资金业务的内部监督

- 生产与存货业务的内部控制与风险管理
  - 生产与存货业务总体风险
  - 生产与存货业务的内部控制目标
  - 生产与存货业务流程设计
  - 存货业务的职责分工和授权审批
  - 生产与存货业务各环节的主要风险及其控制

- 固定资产业务的内部控制与风险管理
  - 固定资产业务总体风险
  - 固定资产业务的内部控制目标
  - 固定资产业务的职责分工和授权审批
  - 固定资产业务各环节的主要风险及其控制

- 无形资产业务的内部控制与风险管理
  - 无形资产业务总体风险
  - 无形资产业务的内部控制目标
  - 无形资产业务流程设计
  - 无形资产业务的职责分工和授权审批
  - 无形资产业务各环节的主要风险及其控制

货币资金业务的内部控制与风险管理

　　JK 公司的前身是一家国有企业，始建于 1978 年。1998 年转制为 JK 公司，经过数十年的发展积累了相当丰富的工艺技术和一定的管理经验，建立了较完善的公司管理制度。公司产品的生产能力和市场竞争能力较强，主要生产电动机，具备完整的质量保证体系。公司年创产值 2 800 万元，实现利润 360 万元。企业现有员工 600 多人，建立了技术水平较高的员工队伍。随着公司的发展壮大，在经营过程中出现了一些问题，已经影响到公司的发展。

　　该公司出纳员李某，给人印象兢兢业业、勤勤恳恳、待人热情、工作中积极肯干，不论分内分外的事，她都主动去做，受到领导的器重、同事的信任。而事实上，李某在其工作的一年半期间，先后利用 22 张现金支票编造各种理由提取现金 98.96 万元，均未记入现金日记账，构成贪污罪。其所采用的具体手段如下：

　　（1）隐匿 3 笔结汇收入和 7 笔会计开好的收汇转账单（记账联），共计 10 笔销售收入 98.96 万元，将其提现的金额与其隐匿的收入相抵，使 32 笔收支业务均未在银行存款日记账和银行余额调节表中反映。

　　（2）由于公司财务印鉴和行政印鉴合并，统一由行政人员保管，李某利用行政人员疏于监督得以开具现金支票。

　　（3）伪造银行对账单，将提现的整数金额改成带尾数的金额，并将提现的银行代码"11"改成托收的代码"88"。JK 公司在清理逾期未收汇时曾经发现有 3 笔结汇收入未在银行日记账和余额调节表中反映，但当时由于人手较少未能对此进行专项清查。

　　李某之所以能在一年半的时间内作案 22 次，贪污巨款 98.96 万元，主要原因在于公司缺乏一套相互牵制、有效的约束机制和监督机制，从而使李某截留收入贪污得心应手，猖狂作案。

通过本任务的学习，掌握货币资金业务总体风险、内部控制目标和流程设计，熟悉货币资金业务的职责分工和授权审批，了解票据和印章管理。同时思考在 JK 公司中货币资金业务内部控制疲软的重要原因有哪些。

货币资金是指企业在生产经营过程中处于货币形态的资金，包括库存现金、银行存款和其他货币资金。库存现金是企业拥有的由出纳保管、用于日常小额支付的零用现钞；银行存款是企业存放在开户银行的货币资金；其他货币资金是除库存现金和银行存款以外的货币资金，包括外埠存款、存出投资款、银行本票存款、银行汇票存款、信用卡存款、信用证存款、在途货币资金等。

一、货币资金业务总体风险

货币资金具有流动性强、控制风险高等特征。很多贪污、诈骗、挪用公款等违法乱纪行为都与货币资金有关。为了保证货币资金的安全，提高资金的使用效益，企业至少应关注以下风险：

（1）资金管理违反法律法规，可能遭受外部处罚、经济损失和信誉损失。

（2）资金管理未经适当审批或越权审批，可能因重大差错、舞弊、欺诈而导致损失。

（3）银行账户的开立、审批、使用、核对和清理不符合有关法律法规的要求，可能导致受到处罚，造成资金损失。

（4）资金记录不准确、不完整，可能造成账实不符或导致财务报表信息失真。

（5）有关票据遗失、变造、伪造、被盗用及非法使用印章，可能导致资产损失、法律诉讼或信用损失。

二、货币资金业务的内部控制目标

内部控制目标是企业建立内部控制的出发点，货币资金业务的内部控制目标是内部控制五大目标在货币资金业务中的细分和具体化。

（1）合规目标在货币资金业务中的细化。有效防范货币资金业务过程中的差错，促进其会计核算、财务收支等活动合法合规、手续齐备，符合企业内部各项规章制度的规定。

（2）资产目标在货币资金业务中的细化。保护库存现金、银行存款和其他货币资金的安全完整，防范资金被盗窃、诈骗和挪用，严防"小金库"。

（3）报告目标在货币资金业务中的细化。做好并保存各种原始记录，及时、准确、完整地记录资金活动，按会计准则要求组织会计核算，并确保相关记录、资料和信息真实、完整、可靠，为相关用户提供相关和可靠的高质量信息。

（4）运营目标在货币资金业务中的细化。合理调度资金，有效使用资金，加快资金周转，防止或减少资金的闲置与浪费，提高资金效益，提高企业经营的效率效果。

（5）战略目标在货币资金业务中的细化。将货币资金业务与企业战略及经营计划紧密联系，能与企业发展战略及经营计划相匹配，有效支持企业战略和经营计划的实施，促进企业战略的实现等。

上述五项目标还要进一步细分，匹配到货币资金业务流程的各个环节和各个步骤。

三、货币资金业务流程设计

企业经营特点、业务性质等不同，其货币资金业务处理流程也有所不同，这里介绍几种常见的货币资金业务处理流程。

（一）出纳部门收现业务流程的设计

企业收取租金、押金、罚金、赔款、零星销售款等现金收入业务，可按开票、收款、记账三分离的原则，由出纳部门直接收取现金并按流程办理，如图5-1所示。

（1）由业务部门开出一式两联收款通知单，经本部门负责人审核后交出纳部门。

（2）由出纳部门根据收款通知收取现金，编制一式三联的收据（或发票）。其中，一联给客户，一联留存，一联用作记账，随同收款通知单在登记库存现金日记账后送交财会部门登账。

图 5-1 现金收入业务
的一般流程

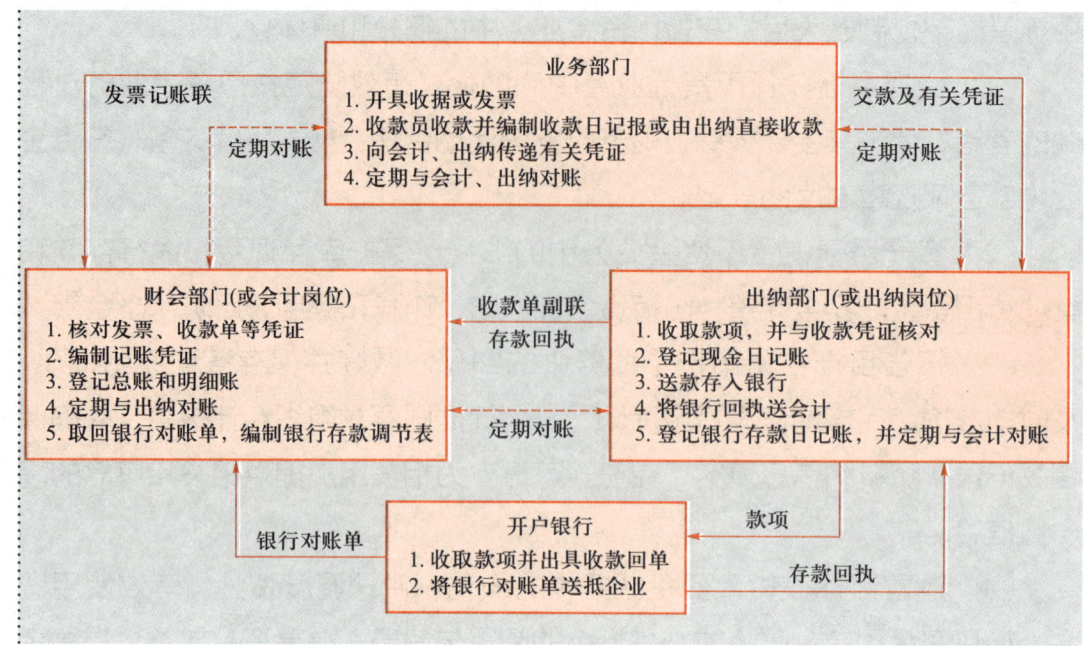

（3）定期将收款通知单、库存现金日记账和相关明细账进行核对，以便发现是否有多收、少收、登账错误等问题。

（二）零星费用报销付现流程的设计

零星费用报销付现流程用于办理因出差、医疗、招待等费用报销而支付现金的业务。

（1）业务经办人员根据原始凭证（如车船发票、住宿费发票、就餐凭证等）填制报销凭证，经本部门主管审核后送交财会部门。

（2）经会计人员审核后，交会计主管复核同意后交出纳部门付款。

（3）将报销单送交财会部门据此登账。

（三）支票付款签发流程的设计

支票付款签发流程用于办理使用支票付款结算的业务，如图 5-2 所示。

（1）业务部门将外单位收款通知单或自制付款凭证经本部门负责人审核后，送交财会部门。

（2）经会计人员审核后，交会计主管复核同意后交出纳部门办理付款。

（3）出纳部门签发支票，送交相关会计人员审核签章，再交会计主管复核签章，并在支票登记簿上做好备查记录。

（4）出纳部门和财会部门根据支票回执分别登记银行存款日记账和其他有关账簿。

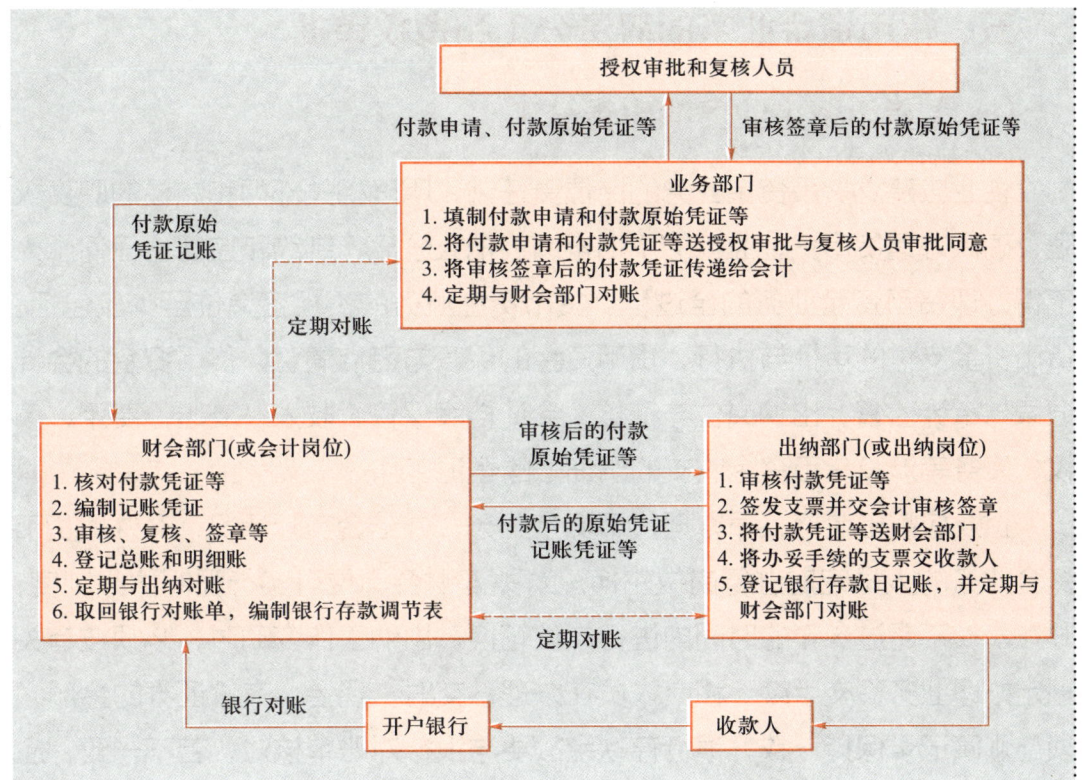

図 5-2　支票付款签发业务的一般流程

（四）备用金业务办理流程的设计

备用金业务的办理流程涉及设立审批、定额拨付、使用报销、及时撤销等环节。

四、货币资金业务的关键控制点

企业在建立与实施货币资金内部控制的过程中，应强化对以下关键点的控制：

（1）职责分工、权限范围和授权审批程序应明确规范，机构设置和人员配备应科学合理。

（2）现金、银行存款的管理应合法合规，银行账户的开立、审批、使用、核对、清理等应严格有效，现金盘点和银行对账单的核对应按规定严格执行。

（3）货币资金的会计记录应真实、准确、完整和及时。

（4）票据的购买、保管、使用、销毁等应有完整的记录，银行预留印鉴和有关印章的管理应严格有效。

任务一　货币资金业务的内部控制与风险管理 138 139

五、货币资金业务的职责分工和授权审批

（一）货币资金业务的职责分工

企业应建立货币资金业务的岗位责任制，明确相关部门和岗位的职责权限，确保办理货币资金业务的不相容岗位相互分离、制约和监督，任何个人不得办理货币资金业务的全过程。货币资金业务的不相容岗位至少应包括：货币资金支付的审批与执行，货币资金的保管与盘点清查，货币资金的会计记录与审计监督，出纳岗位与稽核，会计档案保管，收入、支出、费用、债权、债务等涉及货币资金收支的明细账的登记工作。

企业应配备合格人员办理货币资金业务，并结合实际情况，对办理货币资金业务的人员定期进行岗位轮换。对关键财会岗位可实行强制休假制度，并在最长不超过 5 年的时间内进行岗位轮换。出纳工作变动时，必须按有关规定办理业务移交手续。移交人员在办理移交时，现金、有价证券的金额必须与账簿记录保持一致，银行存款余额要与银行对账单核对，若不一致，应编制银行存款余额调节表并说明原因。移交人员经管的票据、印章和其他实物等，必须填列交接清单。

出纳是货币资金业务中的重要职务，对出纳岗位的职责权限必须进行清晰的界定。

（二）货币资金业务的授权审批

企业应建立货币资金分级授权和审批制度，并按规定权限和程序办理货币资金收支业务，授权审批的方式、权限、程序、责任和相关控制措施应以书面形式公开。审批人应在授权范围内审批，不得越权审批，大额支付应由董事会或领导班子集体审批。严禁未经授权时机构或人员办理货币资金业务或直接接触货币资金。经办人应在职责范围内，按审批意见办理货币资金业务。对越权审批的情况，经办人员有权拒绝办理，并及时向审批人的上级授权部门报告。

六、货币资金业务各关键控制点的主要风险及其控制

（一）票据及印章管理

票据及印章管理是货币资金业务风险管控的一个关键控制点。企业应加强与货币资金相关票据的管理，明确各种票据的购买、保管、领用、背书转

让、注销等环节的职责权限和处理程序，并专设登记簿进行记录，防止空白票据遗失和被盗用。对收取的重要票据，应留有复印件并妥善保管；不得跳号开具票据，不得随意开具印章齐全的空白支票。

企业因填写、开具失误或其他原因导致作废的票据，应按规定保存，不得随意处置或销毁。对超过法定保管期限、可销毁的票据，在履行审批手续后进行销毁，但应建立销毁清册并由授权人员监销。

企业应加强银行预留印鉴的管理。财务专用章应由专人保管，个人名章应由本人或其授权人员保管，不得由同一个人保管支付款项所需的全部印章。按规定应由有关负责人签字或盖章的经济业务与事项，必须严格履行签字或盖章手续。

（二）库存现金业务的主要风险及其控制

1. 库存现金业务的主要风险

（1）贪污库存现金。贪污库存现金的常用手法有：① 少列现金收入总额或多列现金支出额，多余现金占为己有；② 涂改凭证金额，将支出改大或收入改小，多余现金占为己有；③ 便用空白发票或收据向客户开票，这种作案手法较为隐蔽；④ 撕毁票据或收入不开票，也不报账或记账，从而隐瞒收入；⑤ 经办人员在复写纸的下面放置废纸，利用假（复）写的方法，开具头尾不一致的票据，使现金存根的金额与实际支出或收入的金额不一致，从而少计收入或多计支出；⑥ 会计人员与其他业务人员利用承办借款事项的便利条件和内部控制制度上的漏洞，对借入款项不入账并销毁借据存根，从而侵吞现金。

（2）挪用库存现金。挪用库存现金的常用手法有：① 以职工预借差旅费、采购员预借采购款等为借口滥用借款；② 收入现金不及时入账，如果收入现金未制证或虽已制证但及时登账，就给出纳提供了挪用现金的机会；③ 循环入账，如会计或出纳在应收账款收现后，暂不入账，而将现金挪作他用，待下一笔应收账款收现后再抵补上一笔应收账款，并继续挪用第二笔应收账款的收现，如此循环入账；④ 白条抵库，用不符合规定的字条或单据抵充库存现金。

（3）账实不符，出现现金短款或现金长款等。

2. 库存现金业务的风险控制

针对库存现金业务的主要风险，企业应采取以下管控措施：

（1）企业应加强现金库存限额的管理，建立上下限额标准，超过上限额时应及时存入开户银行，低于下限额时应及时提现补充库存。库存现金的限额一般按企业 3~5 天的日常零星开支的需要量确定，边远地区和交通不便地区企业的库存现金限额可多于 5 天，但最长不得超过 15 天的日常零星开支的需要。

（2）企业应根据相关规定，结合企业的实际情况，确定现金收支的范围和限额。不属于现金开支范围或超过现金开支限额的业务，应通过银行办理转账结算。

可用现金支付的情况有：

① 职工工资、津贴；

② 个人劳务报酬；

③ 根据国家规定颁发给个人的科学技术、文化艺术、体育等各种奖金；

④ 各种劳保、福利费用，以及国家规定的对个人的其他支出；

⑤ 向个人收购农副产品和其他物资的款项；

⑥ 出差人员必须随身携带的差旅费；

⑦ 结算起点（1 000 元）以下的零星支出；

⑧ 中国人民银行确定需要付现金的其他支出。

可进行现金收入的情况通常有：

① 单位或职工交回差旅费剩余款、赔偿款、备用金退回款；

② 收取不能转账的单位或个人的销售收入；

③ 不足转账起点的小额收入等。

（3）企业现金收入应及时存入银行，支付现金可从库存现金中支出或从银行提取，不得自行坐支现金。借出款项必须执行严格的审批程序，严禁擅自挪用、借出货币资金。不得用不符合财务制度的凭证顶替库存现金，即不得"白条抵库"。

（4）企业取得的货币资金收入必须及时入账，不得账外设账，严禁收款不入账。有条件的企业，可实行收支两条线和集中收付制度，加强对货币资金的集中、统一管理。

（5）企业应定期和不定期地进行现金盘点，确保现金账面余额与实际库存相符。账实不符，应及时查明原因并做出处理。

（6）对经常使用现金的单位或个人可建立备用金制度。备用金是拨付给非独立核算的内部单位或个人备作差旅费、零星采购、零星开支等使用的款项。备用金一般按估计需用数额拨付，支用后一次报销、多退少补，前账未清时不得继续预支。对备用金的管理，应建立严格的设置审批、定额管理、明确责任、清查盘点、报账审查等控制程序。

（7）现金收付必须依法取得或填制原始凭证，并经严格审核：收付后应在收付款凭证上加盖"现金收讫"或"现金付讫"章及出纳名章；随时根据有关凭证逐日、逐笔顺序登记现金日记账，做到日清月结、账实相符。

（三）银行存款业务的主要风险及其控制

1. 银行存款业务的主要风险

（1）利用工作便利，私自签发支票，擅自提现，不留存根，不记账。此类现象容易发生在支票管理制度混乱、内部控制松懈的单位。

（2）公款私存，侵吞利息或挪用单位资金。

（3）利用工作便利，非法将转账支票借给他人用于私人营利性业务的结算，或将空白转账支票为他人做买卖充当抵押。

（4）将银行对账单和银行存款日记账上的同一发生额一并涂改，保持账面上的平衡。为了使账证相符，有的还涂改相应的记账凭证，掩饰从银行存款日记账中套取现金的事实。

（5）利用工作便利，用支票提出现金时，只登记银行账，不登记现金账，从而将现金占为己有。

（6）转账套现，即通过外单位的银行账户套取现金。

（7）利用业务漏洞，故意漏记银行存款收入账，伺机转出、转存占为己有。

（8）重支存款，利用实际支付款项时取得的银行结算凭证和有关的付款原始凭证，分别登记银行存款日记账，使得一笔业务两次报账；再利用账户余额平衡原理，采取提现不入账的手法，将款项占为己有。

（9）涂改银行存款进账单日期，利用工作便利，将以前年度会计档案中的现金送存银行的进账单日期涂改为本年度的日期，采取重复记账的手法侵吞现金。作弊人员为了防止被发现，通常也会相应地在银行对账单上填列借方余额，或者采用收款不入账的手法掩盖真相，使日记账与对账单自动平衡。

（10）将以前年度已入账转账支票的收账通知日期涂改为报账年度日期后重复记账，再擅自开具现金支票提现占为己有。

（11）套取利息，利用账户余额平衡原理，采取支取存款利息不记账手法将其占为己有。这种手法，在对账单和调节表由出纳一人经管的单位很难被发现。

2. 银行存款业务的风险控制

针对银行存款业务的主要风险，企业应采取以下管控措施：

（1）严格按有关规定，加强对银行账户的管理，严格按规定开立账户，办理存款、取款和结算。银行账户的开立应符合企业经营管理的实际需要，不得随意开立多个账户，禁止企业内设管理部门自行开立银行账户。企业应定期检查银行账户的开立及使用情况，发现未经审批擅自开立银行账户或不按规定及时清理、撤销银行账户等问题，应及时处理并追究有关责任人的责任。企业还应加强对银行结算凭证的填制、传递及保管等环节的管理与控制。

（2）严格遵守银行结算纪律，不得签发没有资金保证的票据或远期支票来套取银行信用；不得签发、取得和转让没有真实交易与债权、债务的票据；不得无理拒绝付款，任意占用他人资金；不得违反规定开立和使用银行账户。

（3）指定专人定期核对银行账户，每月至少核对一次；编制银行存款余额调节表，并指派对账人员以外的其他人员进行审核，确定银行存款账面余额与银行对账单余额是否调节相符。若调节不符，则应查明原因、及时处理。企业应加强对银行对账单的稽核和管理。出纳不得同时从事银行对账单的获取、银行存款余额调节表的编制等工作。

（4）采用网上交易、电子支付等方式办理货币资金支付业务时，应与承办银行签订网上银行操作协议，明确双方在资金安全方面的责任与义务、交易范围等。操作人员应根据操作授权和密码进行规范操作。使用网上交易、电子支付方式的企业办理货币资金支付业务时，不应因支付方式的改变而随意简化、变更支付货币资金所需的授权审批程序。企业在严格实行网上交易、电子支付等不相容岗位相分离的同时，应配备专人加强对交易和支付行为的审核。

（四）其他货币资金业务的主要风险及其控制

其他货币资金往往不在企业本部，资金收付须经一段时间才能反映到资金控制中心，管理起来较为困难，是货币资金管理的薄弱环节，如果疏于管理，就可能出现资金流失、费用失控等问题。下面以外埠存款为例，介绍其他货币资金的内部控制重点。

1. 加强外埠存款账户设立时的审查

因经营活动需要在外埠开户时，财会部门应加强对开户的审查，重点审查外埠账户设立的必要性、规范性、可控性和唯一性。只有资金收付业务频繁、持续时间较长的经营单位，才有必要开设外埠银行账户。财会部门应对外埠存款收支业务的可控性和规范性进行测试。经审查同意开设外埠账户的单位或业务，只能开设一个外埠账户，以便财会部门随时了解资金的流向。

2. 明确外埠存款负责人，建立岗位责任制

企业应以规章制度或合约的形式明确外埠存款的管理责任人，明确规定管理责任人的权责关系、授权额度、开支范围及用途等。财会部门应同时设置监控外埠存款的岗位，规范资金使用程序，及时反馈外埠存款使用的准确性、合理性和合法性。

3. 规范会计核算，实施必要的监控管理

外埠存款应在"银行存款"或"其他货币资金"账户中反映，不得在往来账款中核算和归类。外埠存款使用单位应建立规范的收支记录，确保交易和支出的可追溯性与可核实性；外埠存款使用单位必须通过可靠途径，及时向财会部门传递外埠存款收支单据，确保账、款一致。出现账、款不一致时，应采取资金保全措施，冻结外埠存款账户，待查明原因、明确责任后才予以解冻。

4. 保留企业对外埠存款的统一调度权

外埠存款是企业货币资金的重要组成部分，财会部门可通过预留银行印鉴等方式，保留对外埠存款的统一调度权。外埠存款责任人虽在授权额度内有一定的管理权限，但当企业认为必要时，财会部门有权将外埠存款调回，以满足企业对资金需求和对责任人监督需要。外派职工以个人名义设立的银行账户或信用卡属个人所有，应与企业外埠存款严格区分开来。

5. 坚持收支两条线

外埠存款账户不能作为收入账户，不能赋予外埠存款使用者以收款权，避免发生坐支、事后记账等现象。

6. 及时注销外埠存款

当设立外埠存款的理由不复存在或已转移时，财会部门应及时清理外埠存款，收回余款，注销账户。

七、货币资金业务的内部监督

企业应建立货币资金业务的内部监督制度，明确内部监督机构或人员的职责权限，定期和不定期地进行检查。货币资金内部监督的重点有以下几

方面：

（1）相关岗位及人员的设置情况。重点检查是否存在不相容职务混岗的现象。

（2）授权审批制度的执行情况。重点检查货币资金支出的授权审批手续是否健全，是否存在越权审批行为。

（3）支付款项印章的保管情况。重点检查是否存在办理付款业务所需全部印章交由一人保管的现象。

（4）票据保管情况。重点检查票据的购买、领用、保管手续是否健全，票据保管是否存在漏洞。对内部监督中发现的薄弱环节或缺陷，企业应及时采取措施加以纠正和完善。

任务实施

一、JK公司货币资金业务内部控制疲软的主要原因

从案例中可知，JK公司内部控制疲软、内控监督机制失灵是李某走上犯罪道路的重要原因。JK公司存在以下几个管理上的漏洞：

（1）出纳与银行对账未分离，提供了在编制余额调节表时擅自报销32笔支付现金业务的机会。

（2）印鉴管理失控。财务印鉴与行政印鉴合并使用并由行政人员掌管，出纳在加盖印鉴时未能得到有力的监控。

（3）未建立支票购入、使用、注销的登记制度。

（4）对账单由出纳从银行取得，提供了伪造对账单的可能。

（5）凭证保管不善，会计已开好的7笔收汇转账单（记账联）被李某隐匿，造成此收入无法记入银行存款日记账中。

（6）发现问题追查不及时。在清理逾期未收汇时发现了3笔结汇收入未在银行日记账和余额调节表中反映，但由于人手较少未能对此进行专项清查。

二、JK公司在内控监督方面的补救措施

（1）复核银行存款余额调节表的编制是否正确，有无遗漏或收支抵销等情况；

（2）督促有关人员及时、全面、正确地进行账务处理，使收支业务尽早入账，不得压单；

（3）记账与出纳业务的职责相分离，对现金的账实情况进行日常监督和专项监督，查看库存的现金有无超出限额，有无挪用、贪污情况，保管措施如何；

（4）出纳与获取对账单职责相分离；

（5）监督出纳工作的整个过程，查看移交清单是否完整，对于遗留问题应限期查明，不留"后遗症"。

任务二

生产与存货业务的内部控制与风险管理

案例导入

云南某医药公司原为 1971 年成立的云南 ×× 药厂，经过现代企业制度改革，改制为云南某医药公司。

该公司存货管理的内部控制现状如下。

1. 原材料采购

云南某医药公司有两种主要原材料采购方式。一是公司直接与当地种植者联系，确定采购日期和地点，公司采购部人员到现场与种植者沟通产品价格。这种采购方式的缺点是，当公司药品需求量大、原料供应不足时，这些种植者会提高价格，增加公司的采购成本，给公司带来一定的经济损失。二是公司不直接面对种植者，与当地大采购商和销售商联系，协商购买医药原料。与第一种方式相比，这种方式下购买价格不会出现太大波动，有利于公司的资金周转。采购活动主要由采购供应部负责，统计各部门上报的采购需求，编制详细的采购清单。

2. 供应商管理环节的控制

供应商必须经过资格鉴定和综合评价后才能纳入合格供应商类别。目前，合格供应商准入的具体过程是：采购供应部收集供应商资质信息资料，进行初审，填写《初审企业审批表》，提交采购供应部经理处会签。质量管理部对采购供应部提交的供应商信息进一步审核，审核后由质量管理部经理和质量负责人签字确认。对相关资料经审核批准的供应商，认定为合格供应商，列入《合格供应商名录》。如有必要，质量监督员可对供应商进行现场检查。质量管理部和采购供应部组织现场调查，对供应商进行评价。现场调查需要建立书面记录，由所有检查人员和被检查监督人签字或盖章确认。

3. 采购付款环节的控制

在采购结算方面，供应商将货物送至仓库后，将发票发送给采购供应部。采购员核对相应的入库单清单，确认收货，在系统中打印入库单，核对发票、入库单的数量、金额、名称，并将发票、入库单提交财务部核算应付账款，核对发票，确认无误。当合同付款要求付款时，将付款申请单提交财务会计、采购供应经理、财务总监、总经理审核后支付。采购员将仓库收据和付款收据支付给财务部进行付款和账务处理。在供应商对账管理中，公司财务部负责与供应商对账，采购供应部协助完成对账。财务部根据需要提出供应商对账要求，明确各类供应商对账所需信息的详细内容，采购供应部负责协助联系供应商获取相关信息。核对一致后，财务部加盖印章确认。当双方数据不一致时，财务部应反馈采购供应部经理协助核实处理。

任务描述

生产管理是生产企业经营的一部分。生产企业的经营，是以系统的方法、严密的组织作业程序配合有效的内部控制制度，达成预期的目标。企业经营活动的主要内容包括：根据经营意图、长期计划及需求预测，制订利润计划；根据销售计划、库存计划和市场调查，估计生产什么产品、生产多少、售价多少为宜，根据需要的产品规格、何时和怎样生产以及何种成本控制为宜，制订产品计划、生产计划、日程计划和成本计划；根据计划产品、计划成本和预定产量要求，制订工厂计划、设备计划、物资采购计划、外协计划、物资库存计划、劳务（人事）计划、运输计划、技术计划、各种流通设施计划等；根据上述计划，估计需要资金数量，以制订资金周转计划。经营管理，是努力制订上述计划并实行控制；生产管理，也要努力制订关于生产活动的计划并实行生产控制。

存货是企业在日常活动中持有以备出售的产成品或商品、处在生产过程中的在产品、在生产过程或提供劳务过程中耗用的材料和物料，主要包括各类原材料、在产品、半成品、产成品、商品、周转材料、劳务成本等。对存放于企业但不属于企业的存货（如受托代销、代管存货、接受委托加工、代修存货等），也应加强管理和控制。

通过本任务的学习，掌握生产与存货业务的总体风险、内部控制目标和流程设计，熟悉生产与存货业务各环节的主要风险及其控制，同时思考云南某医药公司存货管理内部控制出现了什么问题。

任务准备

一、生产与存货业务总体风险

企业生产与存货环节的业务活动主要包括计划和安排生产，发出生产所需材料，选择合适的机器生产所需产品，以恰当的成本计算方法计算产品成本，将生产出的产品储存起来并派专人负责，根据企业订单发出产成品，保管企业的剩余产品并根据实际情况选择盘点方式进行产品数量和质量的盘点。在生产与存货业务的内部控制中，企业至少应关注以下风险。

（一）存货取得环节的主要风险点

企业的存货一般是通过外购和自行生产的方式而拥有，这种获得存货的方式也导致了企业在取得存货环节的主要风险点，存货预算编制的不科学以及存货生产计划的不合理，从而导致存货库存不足或存货积压。

（二）存货验收入库环节的主要风险点

企业在存货验收入库环节，派遣非专业人士进行验收，所以该环节主要风险点就是由于验收不严格，验收标准不明确，从而导致存货短缺、以次充好、账实不符等问题。

（三）存货仓储保管环节的主要风险点

仓储过程中，因为保管方式不正确、仓储监管不严而导致的存货短缺、毁损、变质等风险，降低存货价值，造成资源浪费。

（四）存货领用发出环节的主要风险点

企业在该环节的主要工作就是根据指令领用和发出存货，大多数情况下，这些工作都是由生产经理一人负责。因此企业在该环节的主要风险点是：因存货领用发出的审核不认真、手续的不完整导致的存货缺失；不相容岗位没有分离导致的舞弊现象。

（五）存货盘点清查环节的主要风险点

一般企业在存货盘点清查环节的主要工作是对企业的存货根据种类、属性的不同，在不同的时点选用不同的盘点方式来进行盘存。因此该环节的主要风险点是：存货盘点制度不完善、盘点人员不熟练，事前准备工作不充分，盘点过程中工作不规范和盘点结束之后的分析工作做得不好，则会造成工作流于形式、存货的实际情况无法查明等问题。

（六）存货处置环节的主要风险点

大多数企业的存货中有一部分是最终产品，需要对外出售来获取利润，还有一部分存货是因为人为可控原因或是自然灾害、市场波动等不可控的原因使其丧失本身价值，因而需要进行处理来减少企业损失。所以在该环节的主要风险点是报废处置制度的不完善、承担责任的不明确以及审批不及时。

（七）生产环节的主要风险点

企业往往"以需定产"，然后根据生产规模报部门进行审批，生产结束之后根据产品品种进行成本归集。所以在该环节的主要风险点是：生产计划未得到授权批准或随意更改、产品成本归集不明确，反映情况不真实、不完整，造成产品成本计算错误，会误导企业产品定价、盈利核算不准确。

二、生产与存货业务的内部控制目标

针对上述总体风险，生产与存货业务的内部控制应实现以下目标：

（1）保证存货业务合法合规，符合企业内部规章制度的规定。

（2）保证各项存货（包括存放于企业但不属于企业的存货）的安全、完整。

（3）提高存货管理和利用的效率和效果，加速存货资金周转，提高资金效益。

（4）保持完整的存货记录，会计处理符合会计准则的存货规定，提供各种有用信息。

（5）与企业战略和经营计划紧密联系，使存货业务能有效地支持企业战略和经营计划。

（6）生产业务根据管理层一般或特定的授权进行，对生产指令的授权批准、领料单的授权批准、工薪的授权批准三个关键点，应履行恰当手续，经过特别审批或一般审批；记录的成本为实际发生而非虚构，成本计算是以经过审核的生产通知单、领发料凭证、产量和工时记录、工薪费用分配表、材料费用分配表、制造费用分配表为依据；生产通知单、领发料凭证、产量和工时记录、工薪费用分配表、材料费用分配表、制造费用分配表均事先编号并已经登记入账；采用适当的成本计算方法，并且前后各期一致；采用适当的费用分配方法，并且前后各期一致；采用适当的成本计算流程和账务处理流程；内部核查。

三、生产与存货业务流程设计

生产与存货业务的一般流程，如图 5-3 所示。

图 5-3　生产与存货业务的一般流程

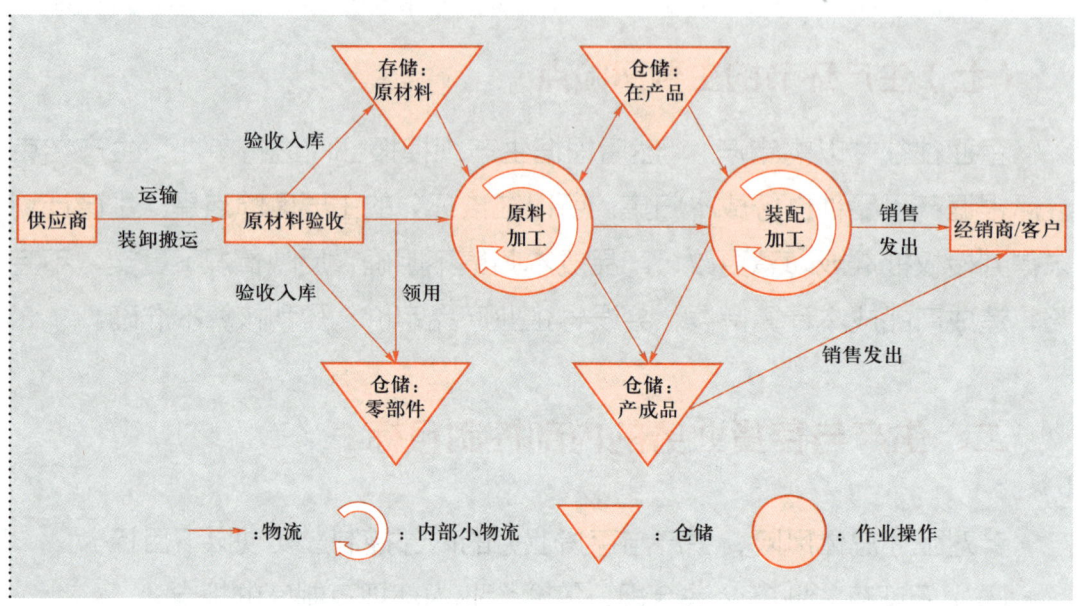

四、存货业务的职责分工和授权审批

（1）企业应建立健全存货业务岗位责任制，明确相关部门和岗位的职责、权限，确保不相容岗位相互分离、制约和监督。存货业务的不相容岗位主要包括：存货采购、验收与付款；存货保管与记录；存货领用的申请、审批与记录；存货处置的申请、审批与记录等。

（2）企业应建立存货业务授权审批制度，明确授权审批方式、权限、程序、责任和相关控制措施。审批人应在授权范围内审批，不得越权审批。经办人应在职责范围内，按审批人的批准意见办理存货业务。企业应配备合格人员办理存货业务，合格人员应具备良好的业务技能和职业道德。

（3）有条件的企业可根据业务特点及成本效益原则选用计算机系统和网络技术进行存货管控，但应注意计算机系统的有效性、可靠性和安全性，并制定防范意外事项的有效措施。

五、生产与存货业务各环节的主要风险及其控制

（一）存货验收入库环节的主要风险及其控制

存货验收入库环节的主要风险有：验收程序不规范、标准不明确，可能导致数量克扣、以次充好、账实不符等。

企业应制定存货验收入库管理制度，保持完整的验收入库记录。与验收入库有关的证单包括收料单、退料单、自制材料交库单、产品入库单、收料汇总表等。

1. 外购存货的验收入库

企业应根据存货验收制度和经审批的订单、合同等采购文件，对外购存货或劳务进行验收。验收小组的人员构成应包括专门验收部门或人员、采购部门、仓储部门、请购部门及供应商等有关方面的代表。验收小组应对所购物品或劳务的品种、规格、数量、质量和技术标准等进行验收，出具检验报告、计量报告和验收证明。对验收过程中发现的异常情况，应立即向有关部门报告；有关部门应查明原因并及时处理。

验收小组一般应遵循下列验收程序：

（1）检查订货合同、入库通知单、供应商提供的材质证明、合格证、运单、提货通知单等原始单据与待检验货物是否相符。

（2）对拟入库存货的交货期进行检验，确定外购货物的实际交货期与订单交货期是否一致。

（3）对待验货物进行数量复核和质量检验，必要时可聘请外部专家协助进行。

（4）对数量相符、质量合格的货物办理入库手续；对经验收不符合要求的货物，应及时办理退货、换货或索赔。

（5）对不经仓储直接投入生产或使用的存货，应采取适当方法进行检验。

2. 自制存货的验收入库

拟入库的自制存货，一般由生产部门组织专人检验，只有检验合格的产成品才可作为存货办理入库手续。由生产车间发出至客户、实物不入库的产成品，应采取适当方法办理出入库手续。

对已售商品退货的入库，仓储部门应根据销售部门填写的退货凭证办理入库手续，经批准后，对拟入库商品进行验收。因产品质量发生的退货，应分清责任并妥善处理。对劣质产品，可选择修复、报废等措施。

3. 存货验收入库记录

仓储保管人员根据验收单点收所购货物的数量和质量并填写入库单，注明供应商名称、收货日期、物品名称、数量、质量等内容。入库单一式三联，一联留存，登记仓库台账；一联交财会部门，办理结算；一联退回采购部门，与购销合同、请购单核对后归档备案。

（二）存货存储保管环节的主要风险及其控制

存货存储保管环节的主要风险有：存货存储保管方法不适当、监管不严密，可能导致损坏变质、价值贬损、资源浪费等。

企业应建立存货保管制度，综合运用限制未经授权人员对财产的直接接触、财产记录、定期盘点、账实核对等措施，确保存货安全完整。

（1）存放和管理应指定专人负责并进行分类编目，严格限制其他无关人员接触存货，入库存货应及时登记并详细标明存放地点。

（2）应按存储物资所要求的储存条件贮存，并采取防火、防潮、防鼠、防盗和防变质等措施。

（3）贵重物品、生产用关键备件、精密仪器和危险品的存储，应实行严格的审批制度。

（4）重视生产现场的材料、低值易耗品、半成品等物资的管理控制，防止浪费、被盗和流失。

（5）对于因业务需要而分设仓库的情形，应对不同仓库间的存货流动办理出入库手续。

（6）仓储部门应建立存货台账，详细登记存货类别、编号、名称、规格型号、数量、计量单位等，并定期与财会部门就存货品种、数量、金额等进行核对。存货台账的登记依据包括入库单、退库单、领料单、发货单、出库单、销售凭证等单证。台账记录不得随意修改，如确需修改入库记录，应经有效授权审批。

（7）企业应定期对存货保管情况进行检查。

（三）存货领用发出环节的主要风险及其控制

1. 存货领用发出环节的主要风险

存货领用发出审核不严格、手续不完备，可能导致货物流失等。

2. 存货领用发出环节的主要控制措施

（1）企业应建立严格的存货发出流程和制度，保持完整的发货记录。

与发货有关的表单包括领料单、销售材料发料单、委托加工发料单、发料汇总表、产品出库单、盘盈盘亏报告表等。

（2）发出存货须经授权审批，大批商品、贵重商品或危险品的发出应得到特别授权。为保证存货发出准确无误，仓库保管人员要审核领料单，确认手续齐全，检查存货品名、规格、型号、数量和质量，并签字或盖章。

（3）生产用原材料可采用定额制，由相关部门核定消耗定额。生产部门根据定额填制限额领料单，向仓储部门领料。材料发出后，保管人员要按计划或实际价格在领料单上标明金额，登记材料台账，并转材料明细账记账员记账后，随发料汇总表定期送往财会部门。

（4）为保证存货安全、记录正确，企业应建立内部稽核制度。财会部门应加强对仓储部门的经常性审核工作，定期进行账证、账账、账实核对。

（四）存货盘点和处置环节的主要风险及其控制

1. 存货盘点和处置环节的主要风险

存货盘点清查制度不完善、计划不可行，可能导致工作流于形式、无法查清存货真实状况；存货报废处置责任不明确、审批不到位，可能导致企业利益受损，等等。

2. 存货盘点和处置环节的主要控制措施

（1）企业应制定适当的存货盘点制度，明确盘点范围、方法、人员、频率、时间等，确保及时发现存货丢失、损坏、变质等情况。企业应制订详细的盘点计划，合理安排人员，有序放置存货，保持盘点记录的完整，及时处理盘盈、盘亏。对特殊存货，可聘请专家采用特定方法进行盘点。

（2）存货盘点应及时编制盘点表，盘盈、盘亏情况要分析原因，提出处理意见，经相关部门审批后，在期末结账前处理完毕。

（3）仓储部门应通过盘点、清查等方式全面掌握存货状况，及时发现存货的残、次、冷、背等情况。对残、次、冷、背存货，应选择合理的处置方式，经相关部门审批后及时处置。仓储部门与财会部门应结合盘点结果对存货进行库龄分析，确定是否需要计提存货跌价准备。经相关部门审批后，方可进行会计处理，并附上有关书面材料。企业应定期对存货进行检查，及时、充分了解存货的存储状态，对于存货变质、毁损、报废或流失的情况要分清责任、分析原因、及时处理。

（五）生产环节主要风险及其控制

（1）各项标准的确定等得到企业的批准。

（2）选择适当方式计算产品成本。

（3）各项生产凭证要连续编号并登记入账。

（4）成本计算的方法要进行审查，成本差异要合理分摊。

（5）存货成本计算方法要保持前后一致，如需调整则需要报有关部门进行审批，不能随意更改。

任务实施

云南某医药公司存货管理内部控制的问题包括：

一、供应商管理缺乏日后评估机制

目前，公司对采购供应商的资质准入要求非常严格。在供应商资质审核过程中，采购供应部销售人员将根据国家监管机构的要求和相关法律法规收集相关资质信息，包括营业执照和质量保证协议，并进行收集和分包。但在进入供应商名录后缺乏持续的评估监管机制，可能会有所松懈。

二、采购订单与合同管理不规范

采购订单的签订与合同管理是整个采购过程的最重要的环节，然而采购订单与合同管理方面的内部控制制度还存在一定的缺陷。公司目前尚未成立合同评审小组，重大或重要合同由采购部采购员起草，各部门经理批准。合同评审没有集体决策制度，在对签订的合同进行评审时，发现采购部、销售部、药品部、医疗设备部等部门采购合同不规范。如果采购合同不规范，可能导致供需双方在交货时间、标的物规格、成本负担等方面的权利和义务不明确。公司的合同管理也很混乱，采购供应部、药材部、医疗设备部对合同的形成、执行和变更未实施全过程封闭管理。合同可随意借阅，未经登记，容易造成损失。

固定资产业务的内部控制与风险管理

　　YZ 化纤股份有限公司（以下简称"YZ 化纤"）是 ×× 石油化工股份有限公司的控股子公司，是我国最大的现代化化纤和化纤原料生产基地。YZ 化纤主要从事生产及销售聚酯切片和涤纶纤维业务，并配套生产聚酯主要原料精对苯二甲酸（PTA），经营范围包括化纤及化工产品的生产及销售，原辅材料的生产、化工化纤及纺织技术开发，自产产品运输及技术服务。

　　在内部控制方面，2000 年 ×× 石油化工股份有限公司进行重组，×× 石油化工股份有限公司成为 YZ 化纤的大股东。随即 YZ 化纤进行了较大规模的财务纪律整改，逐步完善内部控制机制。公司每年都要组织财务大检查，并且定期聘请中介机构对下属公司的经营状况进行审计。YZ 化纤于 2002 年 12 月成功实施 ERP 系统，ERP 系统建设的核心问题就是规范管理流程，遵循标准，依照程序，减少例外。在 ERP 系统实施的过程中，YZ 化纤投入了大量的精力进行流程的规范。财务管理按照内部控制的要求，严格遵循国家财务法规和 ×× 石油化工股份有限公司内部会计制度，将 ERP 系统的标准流程与企业内部财务管理的实际需求紧密结合，实现了财务的有效监督。

　　通过本任务的学习，掌握固定资产的总体风险、内部控制的目标和流程设计，熟悉固定资产业务各环节的主要风险及其控制，同时分析 YZ 化纤固定资产管理的业务流程，思考该公司固定资产业务的内部控制有什么特点。

一、固定资产业务总体风险

固定资产业务通常涉及取得、验收移交、日常维护、更新改造和淘汰处置等环节，企业至少应关注以下总体风险：

（1）固定资产业务违反国家法律法规，可能遭受外部处罚、经济损失和信誉损失。

（2）固定资产业务未经适当审批或越权审批，可能因重大差错、舞弊、欺诈而导致资产损失。

（3）固定资产购买、建造决策失误，可能造成企业资产损失或资源浪费。

（4）固定资产使用、维护不当或管理不善，可能造成企业资产使用效率低下或资产损失。

（5）固定资产处置不当，可能造成资产损失。

（6）固定资产会计处理和相关信息不真实、不完整，可能导致企业资产账实不符或资产损失。

二、固定资产业务的内部控制目标

针对上述总体风险，固定资产业务的内部控制应实现以下目标：

（1）保证固定资产业务合法合规，符合企业内部规章制度的规定。

（2）保证各项固定资产（包括租入和租出的固定资产）的安全、完整。

（3）提高固定资产管理和利用的效率和效果，提高固定资产的价值创造能力。

（4）保持完整的固定资产记录，相关会计处理符合会计准则规定，提供各种有用信息。

（5）与企业战略和经营计划紧密联系，使固定资产业务能有效地支持企业战略和经营计划。

三、固定资产业务的职责分工和授权审批

（1）企业应建立固定资产业务的岗位责任制，明确相关部门和岗位的职责、权限，确保不相容岗位相互分离、制约和监督。同一部门或个人不得办理固定资产业务的全过程。固定资产业务不相容岗位至少包括：固定资产投资预算的编制与审批、审批与执行；固定资产采购、验收与款项支付；固定资产投保的申请与审批；固定资产处置的申请与审批、审批与执行；固定资产取得与处置业务的执行与相关会计记录。

（2）企业应配备合格人员办理固定资产业务，合格人员应具备良好的业务素质和职业道德。

（3）企业应对固定资产业务建立严格的授权审批制度，明确授权审批的方式、权限、程序、责任和相关控制措施，规定经办人的职责范围和工作要求；严禁未经授权的机构或人员办理固定资产业务。审批人应在授权范围内审批，不得越权审批。经办人在职责范围内，应按审批人的批准意见办理。对审批人越权审批的情况，经办人有权拒绝办理，并及时向上级部门报告。

四、固定资产业务各环节的主要风险及其控制

（一）固定资产取得与记录环节的主要风险及其控制

1. 固定资产取得与记录环节的主要风险

固定资产投资不科学，可能造成设备闲置或浪费；新增固定资产验收程序不规范，可能导致资产质量不符合要求，进而影响资产的运行；固定资产登记内容不完整，可能导致资产流失、资产信息失真、账实不符等。固定资产取得与记录的流程如图5-4所示。

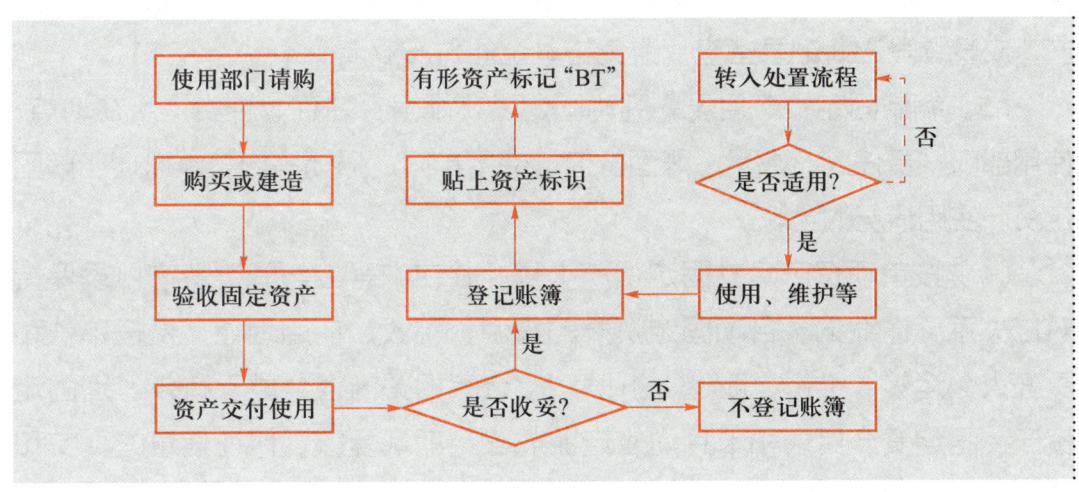

图5-4　固定资产取得与记录的流程

2. 固定资产取得与记录环节的控制措施

（1）建立并严格执行固定资产预算管理制度。对于预算内固定资产投资，应严格按预算执行进度，办理相关手续；对于超预算或预算外固定资产投资，应由相关部门提出申请，经严格审批后办理。

（2）根据使用情况、生产经营、发展战略等因素拟定固定资产投资项目建议书，进行可行性研究，并按规定程序审批，确保固定资产投资决策科

学、合理。对于重大固定资产投资项目，可组织独立第三方进行可行性研究与评价，并由企业实行集体决策和审批，防止因出现决策失误而造成严重损失。

（3）外购固定资产须请购与审批，明确请购部门和审批人员职责权限及请购与审批程序。固定资产采购过程应规范、透明。一般固定资产的采购，应由采购部门充分了解和掌握供应商情况，采取比质比价的办法确定供应商；重大固定资产的采购，应采取招投标方式进行。

（4）企业应建立严格的固定资产交付验收制度，确保数量、质量等符合使用要求。验收工作由固定资产管理部门、使用部门及相关部门共同实施。外购固定资产，应根据合同、供应商发货单等对所购固定资产的品种、规格、数量、质量、技术要求等进行验收，出具验收单或验收报告，验收合格后方可投入使用。自行建造的固定资产，应由制造部门、管理部门、使用部门共同填制固定资产移交使用验收单，移交使用部门使用。对尚未及时办理竣工验收手续但已达到预定可使用状态的固定资产，应按暂估价及时将在建工程转为固定资产核算。投资者投入、接受捐赠、债务重组、企业合并、非货币性资产交换等方式取得的固定资产，均应办理验收手续。验收合格的固定资产应及时办理入库、编号、建卡、分配等手续。需要办理产权登记手续的固定资产，应及时到相关部门办理。对经营租赁、借用、代管的固定资产，应设立登记簿记录备查，避免与本企业财产混淆。

（5）编制固定资产目录，列明固定资产编号、名称、种类、所在地点、使用部门、责任人、数量、账面价值、使用年限、损耗等内容，以便了解固定资产使用情况的全貌。

（6）按单项资产建立固定资产卡片，并在编号上与固定资产目录保持对应关系，详细记录各项固定资产的来源、验收、使用地点、责任单位和责任人、运转、维修、改造、折旧、盘点等相关内容，便于有效识别固定资产。固定资产目录和卡片均应定期或不定期地复核，保证信息的真实和完整。

（二）固定资产使用与维护环节的主要风险及其控制

1. 固定资产使用与维护环节的主要风险

固定资产操作不当、失修或维护过剩，可能造成资产使用效率低下、产品残次率高或资源浪费，甚至发生生产事故；更新改造不够，可能造成固定资产老化、缺乏市场竞争力；固定资产投保制度不健全，可能导致应投保资产未投保、索赔不力，不能有效防范资产损失风险等。

2. 固定资产使用与维护环节的控制措施

（1）使用部门会同资产管理部门负责固定资产的日常维修、保养，将资产日常维护流程体制化、程序化、标准化，定期检查，及时消除风险，提高固定资产的使用效率，切实消除安全隐患。

（2）使用部门及管理部门应建立固定资产运行管理档案，据以制订合理的日常维修和大修理计划并经主管领导审批。

（3）实物管理部门审核施工单位的资质和资信，并建立管理档案；修理项目应分类，明确需要招投标的项目。修理完成，由施工单位出具交工验收报告，经资产使用部门和实物管理部门核对工程量并审批，重大项目应专项审计。

（4）关键设备的操作人员上岗前应由具有资质的技术人员对其进行充分的岗前培训，特殊设备实行岗位许可制度，须持证上岗；对资产运转进行实时监控，保证资产使用流程与既定操作流程相符，确保安全运行，提高使用效率。

（5）定期评估固定资产的技术先进性，结合盈利能力和企业发展可持续性，资产使用部门根据需要提出技改方案，与财务部门一起进行预算可行性分析，并且经管理部门的审核批准。固定资产更新有部分更新与整体更新两种情形：部分更新的目的通常包括局部技术改造、更换高性能部件、增加新功能等方面，须权衡更新活动可能造成的企业经济损失等因素。

（三）固定资产清查与处置环节的主要风险及其控制措施

（1）财务部门组织使用部门和管理部门定期清查固定资产。清查前，管理部门、使用部门和财会部门应进行固定资产账簿记录的核对，保证账账相符。应依据盘点结果填写固定资产盘点表，并与账簿记录核对；如有账实不符，应编制固定资产盘盈、盘亏表。

（2）清查结束后，清查人员应编制清查报告，管理部门应就清查报告进行审核，确保其真实性、可靠性。清查过程中发现的盘盈、盘亏，应分析原因，追究责任，妥善处理；报告审核通过后及时调整固定资产账面价值，确保账实相符，并上报备案。

（3）管理部门和使用部门对未使用、不需用或使用不当的固定资产应及时提出处理方案，报授权人员审批后实施。对封存固定资产，应指定专人负责日常管理，定期检查，确保资产完整。

（4）如有固定资产抵押、质押，应加强管理、明晰程序和审批权限等，确保资产抵押、质押经过授权审批及适当程序。同时，应做好相应的记录，保障企业资产安全。财务部门办理资产抵押时，如需委托专业中介机构鉴定、评估固定资产的实际价值，应会同金融机构有关人员、固定资产管理部门、固定资产使用部门现场勘验抵押资产，对抵押资产的价值进行评估。对于抵押资产，应编制专门的抵押资产目录。

（5）至少在每年年末由管理部门和财会部门对固定资产进行检查、分析。固定资产存在减值迹象的，应进行减值测试；可收回金额低于账面价值的，应计提减值准备，确认减值损失。

（6）建立固定资产处置制度，确定处置范围、标准、程序和审批权限等，确保固定资产得到合理利用。企业应区分固定资产不同的处置方式，采取相应的控制措施。对于使用期满、正常报废的固定资产，应由使用部门或管理部门填制固定资产报废单，经授权人员审批后进行报废清理；对于使用期限未满、非正常报废的固定资产，应由使用部门提出报废申请，注明报废理由、估计清理费用和可回收残值、预计出售价值等。企业应组织有关部门进行技术鉴定，按规定程序审批后进行处置。对于拟出售或投资转出的固定资产，应由有关部门或人员提出处置申请，列明原价、已提折旧、预计使用年限、已使用年限、预计出售价格或转让价格等，报经授权人员审批后出售或转让。对于固定资产的内部调拨，应填制内部调拨单，明确调拨时间、调拨地点、编号、名称、规格、型号等，经有关负责人审批通过后，及时办理调拨手续，固定资产调拨的价值应由财会部门审批。

（7）固定资产处置应由独立于使用部门和管理部门的其他部门或人员办理。处置价格应选择合理的方式，经授权人员审批后确定；如有必要，可委托中介机构进行资产评估，重大固定资产应由董事会或领导班子集体审批。

（8）固定资产处置涉及产权变更的，应及时办理产权变更手续。出租、出借固定资产，应由管理部门会同财会部门按规定报经审批后办理并签订合同，对于固定资产出租、出借期间的维护保养、税赋责任、租金、归还期限等进行约定。对于固定资产处置及出租、出借收入和发生的相关费用，应及时入账，保持完整的记录。固定资产处置业务流程如图5-5所示。

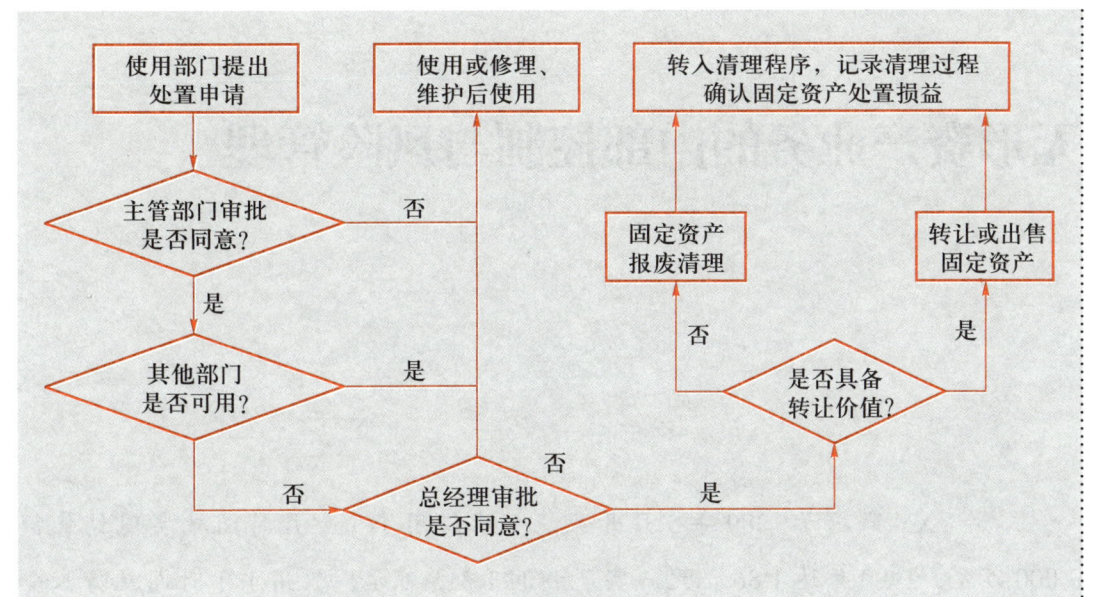

图 5-5 固定资产处置
业务流程

任务实施

从 YZ 化纤固定资产管理业务流程的分析结果可以看出该公司关于固定资产，能够围绕经营目标、财务目标、合规目标进行控制。

内部控制目标是指导其设计和实施的根本指南。内部控制必须围绕所要实现的目标，才能找到企业管理、经营活动中与最终控制结果相关的因素。企业的控制活动是否有效，主要的衡量标准就是控制活动能否与控制目标保持一致。企业内部控制的目标主要有保证管理政策的有效贯彻和实施以及管理效率和效果，业务活动的合法性和会计信息的真实可靠。企业要想使控制活动与控制目标保持一致，内部控制设计就要关注上述问题。

因此，该公司在阐述关于固定资产管理的经营目标、财务目标及合规目标的基础上，提出固定资产管理过程中可能出现的经营风险、财务风险及合规风险，围绕业务目标设计了有关固定资产业务流程步骤与控制点，可以保证关于固定资产会计信息的可靠性、企业财产的安全性和合法性。

任务四

无形资产业务的内部控制与风险管理

案例导入

郑州 YXY 商场于 1989 年 5 月开业，之后仅用了 7 个月时间就实现销售额 9 000 万元；1990 年达 1.86 亿元，实现利润 1 315 万元，仅用 1 年时间就跨入全国 50 家大型商场行列。此后郑州 YXY 商场开始进行扩张，其他商场可以以取得 YXY 商场冠名的形式进行经营。截至 1995 年，其销售额一直呈增长趋势，1995 年达 4.8 亿元。郑州 YXY 商场以其在经营和管理上的创新创造了一个高速增长的奇特现象，吸引了来自全国 30 多个省市近 200 个大中城市的领导和商界人士去参观学习。然而，1998 年 8 月 15 日，郑州 YXY 商场悄然关门。面对这个残酷的事实，人们众说纷纭。

任务描述

通过本任务的学习，掌握无形资产的总体风险、内部控制的目标和流程设计，熟悉无形资产业务各环节的主要风险及其控制。同时思考郑州 YXY 商场在冠名权转让方面的内部控制方面存在哪些问题。

任务准备

一、无形资产业务总体风险

无形资产业务的总体风险至少包括以下五个方面：

（1）取得的无形资产不具先进性或权属不清，可能导致企业资源浪费或引发法律诉讼。

（2）无形资产使用效率低下，效能发挥不到位；缺乏严格的保密制度，致使体现在无形资产中的商业机密泄露；由于疏于管理商标等无形资产，导致其他企业侵权，严重损害了企业的利益。

（3）无形资产内含的技术落后或存在重大技术安全隐患。

（4）无形资产长期闲置或低效使用，就会逐渐失去其使用价值；无形资产处置不当，往往造成企业资产流失。

（5）无形资产会计处理和相关信息不真实、不完整，可能导致企业资产账实不符或资产损失。

二、无形资产业务的内部控制目标

针对上述总体风险，无形资产业务的内部控制应实现如下目标：

（1）保证无形资产业务合法合规，符合企业内部规章制度的规定，特别是符合保密性规定。

（2）保证各项无形资产（包括租入和租出的）的安全完整，权属清晰。

（3）保证无形资产的先进性，提高利用的效率和效果，提高无形资产的价值创造能力。

（4）保持完整的记录，保证无形资产会计处理符合会计准则的规定，提供各种有用的信息。

（5）与企业战略和经营计划紧密联系，使无形资产业务能有效地支持企业战略和经营计划。

三、无形资产业务流程设计

无形资产业务流程包括无形资产的取得、验收并确定权属、自用或授权其他单位使用、安全防范、技术升级与更新换代、处置与转移等环节，主要作业有编制无形资产投资预算、拟订研发方案、进行可行性论证、确定权属关系、进行所有权登记、签订技术保密协议、技术适用性评估、技术升级、无形资产处置等。无形资产业务的一般流程，如图5-6所示。

四、无形资产业务的职责分工和授权审批

企业应建立无形资产业务的岗位责任制，明确相关部门和岗位的职责、权限，确保不相容岗位相互分离、制约和监督。同一部门或个人不得办理无形资产业务的全过程。无形资产业务不相容岗位至少包括：无形资产投资预算的编制与审批；无形资产投资预算的审批与执行；无形资产取得、验收与

图 5-6　无形资产业务
的一般流程

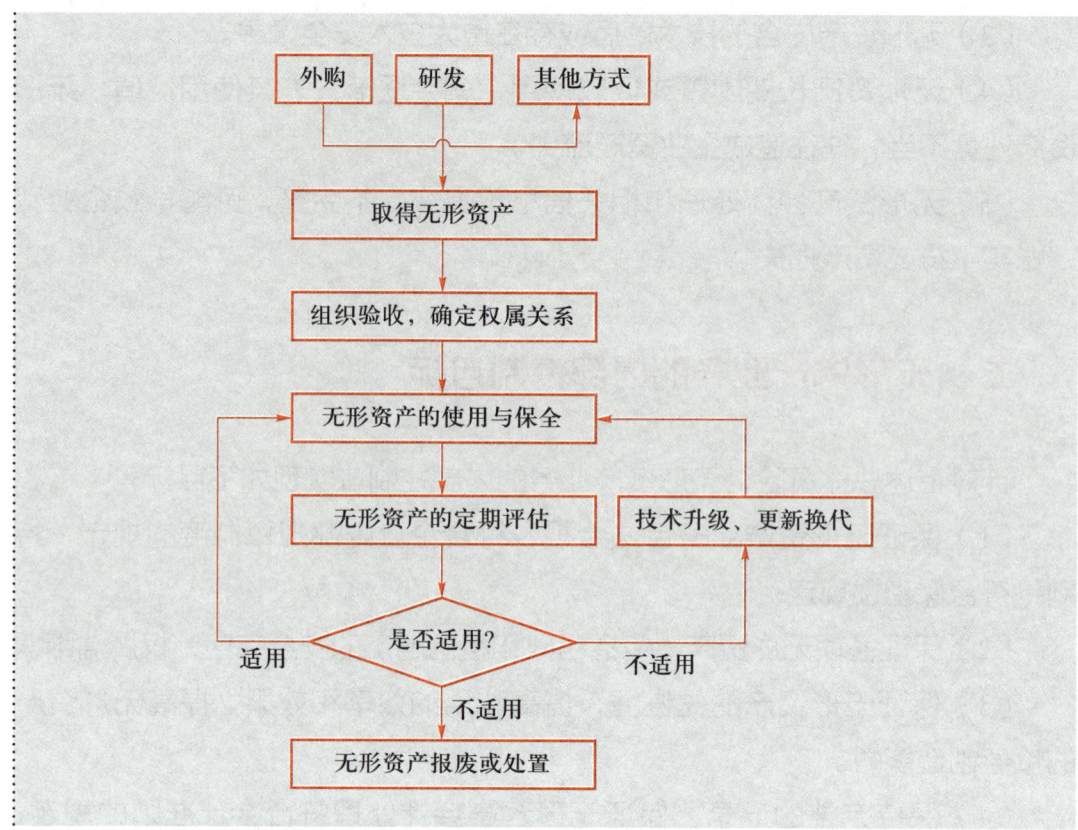

款项支付；无形资产处置的审批与执行；无形资产取得和处置业务的执行与相关会计记录；无形资产的使用、保管与会计处理。

　　企业应配备合格人员办理无形资产业务，合格人员应具备良好的业务素质和职业道德。企业应建立无形资产业务授权审批制度，明确授权批准的方式、权限、程序、责任和相关控制措施，规定经办人的职责范围和工作要求，严禁未经授权的机构或人员办理无形资产业务。审批人应在授权范围内进行审批，不得越权审批。重大无形资产的购置、升级或处置决策，应由董事会或领导班子集体审批。经办人应在职责范围内，按审批人的批准意见办理无形资产业务。对审批人越权审批的情况，经办人有权拒绝办理，并及时向上级部门报告。

五、无形资产业务各环节的主要风险及其控制

（一）无形资产取得与验收环节的主要风险及其控制

1. 无形资产取得与验收环节的主要风险

　　无形资产投资不科学，可能造成闲置或浪费；取得的无形资产不具先进性或权属不清，可能导致企业资源浪费或引发法律诉讼。

2. 无形资产取得与验收环节的控制措施

（1）建立无形资产预算制度。根据使用效果、生产经营、发展目标等拟定无形资产投资项目，进行可行性研究，编制无形资产投资预算，并按规定程序审批，确保相关决策科学合理。对于重大无形资产投资项目，应考虑聘请独立第三方进行可行性研究与评价，并实行董事会或领导班子集体审批，防止出现决策失误而造成严重损失。严格执行无形资产投资预算，对于预算内的无形资产投资项目，有关部门应严格按预算执行进度办理相关手续；对于超预算或预算外的无形资产投资项目，应由相关责任部门提出申请，经审批后办理相关手续。

（2）外购无形资产应建立请购与审批制度，明确请购部门和审批人员的职责权限，以及相应的请购与审批程序。无形资产采购过程应规范、透明。对于一般无形资产的采购，应由采购部门充分了解和掌握供应商情况，采取比质、比价的办法确定供应商；对于重大无形资产的采购，应采取招标方式进行；对于非专有技术等非公开性无形资产，还应注意采购过程的保密保全措施。

（3）建立严格的无形资产交付使用验收制度，明确无形资产的权属关系，及时办理产权登记手续。验收工作由无形资产管理部门、使用部门及相关部门共同实施。对于外购的无形资产，必须仔细审核有关合同协议等法律文件，及时取得无形资产所有权的有效证明文件，必要时应听取专业人员或法律顾问的意见，同时特别关注外购无形资产的技术先进性；对于自行开发的无形资产，应由研发部门、无形资产管理部门、使用部门共同填制无形资产移交使用验收单，移交使用部门使用；对于购入或以支付土地出让金方式取得的土地使用权，必须取得土地使用权的有效证明文件。除了已被确认为投资性房地产，在尚未开发或建造自用项目前，应根据合同、土地使用权证办理无形资产验收手续。对投资者投入、接受捐赠、债务重组、政府补助、企业合并、非货币性资产交换等方式取得的无形资产，均应办理验收手续。

（4）对于已验收合格的无形资产，应及时办理编号、建卡、调配等手续。对于需要办理产权登记手续的无形资产，应及时到相关部门办理。根据国家及行业的有关要求和经营管理的需要，确定无形资产的分类标准和管理要求，并建立无形资产目录。当无形资产权属关系发生变动时，应按规定及时办理权证转移手续。

（二）无形资产使用与保全环节的主要风险及其控制

1. 无形资产使用与保全环节的主要风险

无形资产使用效率低下，效能发挥不到位；缺乏严格的保密制度，致使体现在无形资产中的商业机密泄露；疏于管理商标等无形资产，导致其他企业侵权，严重损害了企业利益。

2. 无形资产使用与保全环节的控制措施

（1）强化无形资产使用过程的风险管控，充分发挥无形资产对提升企业产品质量和市场影响力的重要作用。

（2）建立健全无形资产核心技术保密制度，严格限制未经授权人员直接接触技术资料；对技术资料等无形资产的保管及接触应保有记录，实行责任追究，保证无形资产的安全与完整。

（3）对侵害本企业无形资产的，应积极取证并形成书面调查记录，提出维权对策，按规定程序审核并上报。

（4）依据会计准则，结合企业实际，确定无形资产摊销范围、摊销年限、摊销方法、残值等。摊销方法一经确定，不得随意变更；确需变更的，应遵循会计准则，按规定程序审批。

（5）定期或至少在每年年末，由无形资产管理部门和财会部门对无形资产进行检查、分析。存在减值迹象的，应计算可收回金额；可收回金额低于账面价值的，应计提减值准备，确认减值损失。

（三）无形资产升级和处置环节的主要风险及其控制

1. 无形资产升级环节的主要风险

无形资产内含的技术未能及时升级换代，导致技术落后或存在重大技术安全隐患。

2. 无形资产升级环节的控制措施

定期对专利、专有技术等无形资产的先进性进行评估。发现某项无形资产给企业带来经济利益的能力受到重大不利影响时，应考虑淘汰落后技术；同时加大研发投入，不断推动企业自主创新与技术升级，确保企业在市场竞争中始终处于优势地位。

3. 无形资产处置环节的主要风险

无形资产长期闲置或低效使用，逐渐失去其使用价值，如果对无形资产处置不当，会造成企业资产流失的风险。

4. 无形资产处置环节的控制措施

（1）使用期满、正常报废的无形资产，应由使用部门或管理部门填制无形资产报废单，经授权部门或人员批准后进行报废清理。

（2）使用期限未满、非正常报废的无形资产，应由使用部门提出报废申请，注明报废理由、估计清理费用和可回收残值，预计出售价值等，组织有关部门进行技术鉴定，按规定程序审批后进行报废清理。

（3）拟出售或投资转出的无形资产，应由有关部门或人员提出处置申请，列明原价，已提摊销、预计使用年限、已使用年限、预计出售价格或转让价格等，报经授权部门或人员批准后出售或转让。

（4）企业出租、出借无形资产，应由管理部门会同财会部门按规定报经批准后办理并签订合同，对出租、出借期间发生的维护保全、税赋责任、租金、归还期限等进行纳定。对无形资产处置及出租、出借收入和相关费用，应及时入账，保持完整的记录。

任务实施

冠名权属于无形资产，而郑州 YXY 商场冠名权的转让由总经理一人说了算，只要总经理签字同意，其他任何人都可以成立一家"YXY 商场"。在经营管理上，尽管郑州 YXY 商场派驻人员进驻冠名商场，但由于派驻人员并不掌控管理权，因此其所起的作用不大。这种冠名权的转让，既带来了规模的迅速扩张，也给郑州 YXY 商场的内部控制带来了重大挑战。

在内部控制和管理方面，各地的 YXY 商场并没有统一的标准，缺少对相关风险的严格管控，导致很多加盟商场的内部控制混乱，在管理、服务质量或产品质量等诸多方面给顾客留下了不好的印象，在社会上造成了不良影响，对"YXY 商场"这个品牌造成了重大影响，带来了严重的负面效应。

"YXY 商场"冠名权的转让属于公司重大交易，应经董事会讨论审议后决策，不能由总经理一人说了算，否则容易形成管理层凌驾，导致内部控制失效，甚至出现营私舞弊现象。对于重大无形资产转让项目，还应聘请独立的中介机构或专业人士进行可行性研究及价值评估。由于存在大量的冠名权转让交易，郑州 YXY 商场应设置专门的无形资产管理部门，明确无形资产业务办理的岗位职责、权限，确保不相容岗位相互分离、制约和监督。郑州 YXY 商场应当对冠名权风险进行分析、评估和管理，还应当统一所有加盟商场的标识、装饰风格、服务标准、产品质量等方面的管理，加强对加盟商场的控制。

项目六
其他业务内部控制与风险管理

项目目标 ....

1. 掌握财务报告业务的主要环节及各环节的内部控制目标，理解财务报告业务各环节的主要风险及控制措施；

2. 掌握工程项目业务的主要环节及各环节的内部控制目标，理解工程项目业务各环节的主要风险及控制措施；

3. 掌握合同管理业务的主要环节及各环节的内部控制目标，理解合同管理业务各环节的主要风险及控制措施。

其他业务内部控制与风险管理

- 财务报告的内部控制与风险管理
  - 财务报告的主要环节
  - 财务报告主要环节的风险及其控制措施

- 工程项目的内部控制与风险管理
  - 工程项目业务总体风险
  - 工程项目的内部控制目标
  - 工程项目各环节的主要风险及其控制措施

- 合同管理的内部控制与风险管理
  - 合同管理业务总体风险
  - 合同管理业务的内部控制目标
  - 合同管理业务的主要风险及其控制措施

财务报告的内部控制与风险管理

2024 年 1 月 15 日，KD 公司被曝出手握"巨额现金"却无法足额偿付 10 亿元短期融资券本息的消息，随后 KD 公司的股票因银行账号被冻结而触发深交所规定的其他风险警示情形，被纳入"退市风险警示股票"名单。直到证监会向 KD 公司下发《中国证券监督管理委员会行政处罚及市场禁入事先告知书》，一场精心策划的百亿元级财务造假大案才引起了全社会的广泛关注。

当年 1 月 23 日开市起，KD 公司一夜之间转变为"ST-KD 公司"，其股价跌至 3.52 元 / 股，跌幅达 80%。KD 公司存在通过虚构收入、虚构预付账款及虚构货币资金的情况。此外，KD 公司与其控股股东健康投资集团和某银行西单支行签订了《现金管理合作协议》，这不仅使健康投资集团在 KD 公司的资金管理和使用上与自身资金混为一谈（不符合最基本的会计准则），还为健康投资集团占用 KD 公司的自有资金提供了便利。根据《现金管理合作协议》，KD 公司各子账户的货币资金应全部归集到健康投资集团的账下，所以就出现了账面有"百亿元现金"却无法支付 10 亿元短期债券本息的情景，其还与某银行就 122 亿元存款的真实性发生纠纷。

经查，在过去年度中，KD 公司的子公司张家港 KD 公司光电材料有限公司与厦门某国际银行股份有限公司北京分行签订了三份存单质押合同；事发前一年 9 月，张家港 KD 公司光电材料有限公司又与某信托股份有限公司签订了存单质押合同。这些存单质押合同约定把光电材料大额专户资金存单作为对健康投资集团的担保，而 KD 公司在年报中却掩盖了这些合同存在的事实。

在该年的 5 个月中，KD 公司将募集到的累计达 24.53 亿元的资金转走，声称用于支付设备采购款，但其支付真实性存疑，因为这些被转出的募集资金通过多次转手，用途都发生了变化，最后全部流回了 KD 公司。KD 公司不仅用这些资金支付银行贷款，还用其虚增利润等。

通过本任务的学习，掌握财务报告业务的主要环节及各环节的风险控制目标，了解财务报告业务各环节的主要风险，学会主要的控制措施，同时思考 KD 公司在财务造假案中主要使用了哪些手段。

一、财务报告的主要环节

企业财务报告的生成过程可分为编制、审核、审计、批准、发布和使用六个环节，如图 6-1 所示。

图 6-1 财务报告业务的主要环节

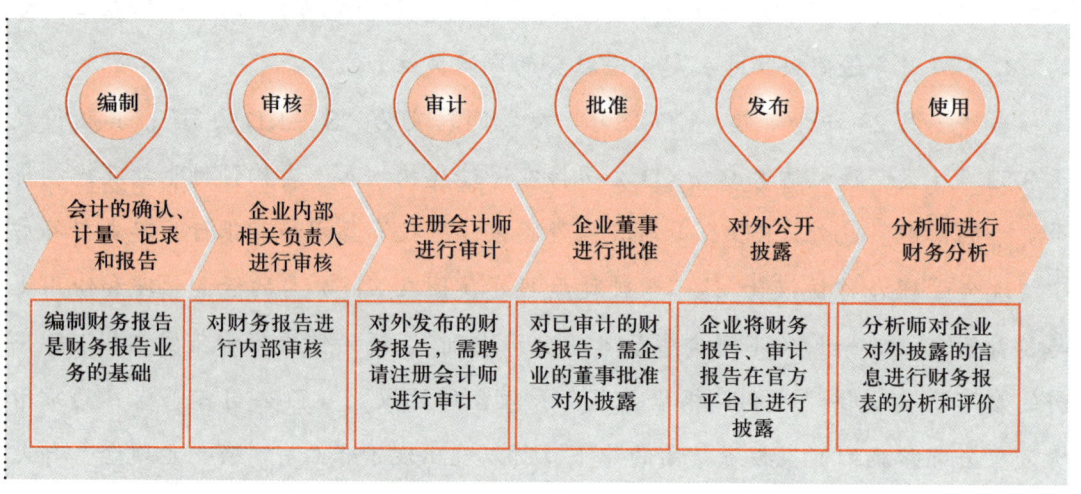

（一）编制环节

编制环节是财务报告生成的基础，编制环节的风险控制效果直接影响财务报告信息是否真实、可靠。这一环节的风险控制目标是确保企业有明确的财务报告编制程序、清晰的权责分工和合理的人员配备，遵循会计准则和内部制度编制财务报告。

（二）审核环节

财务报告审核环节是指财务报告在对外提供前，财会部门负责人、总会计师或分管领导与企业负责人通过审核程序保证财务报告的准确、真实、完整及合法合规。这一环节的风险控制目标是确保企业财务报告按规范的流程得到审核，以保证对外提供的财务报告的真实性、完整性和合规性。

（三）审计环节

财务报告审计环节是指企业在对外发布财务报告前，聘请具备相应资质的会计师事务所对财务报告进行审计；会计师事务所在政府和市场的监管下，按照会计规范和审计规范审计财务报告。这一环节的风险控制目标是保证被审计的财务报告具有可信性，使财务报告使用者可以依据被审计的财务报告做出正确、有用的经济决策。

（四）批准环节

财务报告批准环节是指对于已经过审计的财务报告，在进行对外批露前，需要通过企业的董事的批准。

（五）发布环节

财务报告发布环节是指企业将财务报告连同审计报告向投资者、债权人、政府监管部门等报送，披露自身的财务信息，以达到为财务信息使用者提供决策依据的目的。这一环节的风险控制目标是让财务报告使用者能够更加快捷、有效地利用财务报告及其相关资源。

（六）使用环节

财务报告使用环节是指分析师利用资产负债表、利润表和现金流量表等财务报表，对企业的财务状况、经营成果及现金流量进行系统的分析和评价。财务报告使用分析的总体目标是评价企业的经营业绩、财务状况和现金流量，揭示财务活动中存在的矛盾，为使用者做出正确的经济决策提供必要的依据。

二、财务报告主要环节的风险及其控制措施

企业应在编制财务报告前拟订财务报告编制方案，明确财务报告的编制依据、编制方法和程序、职责分工和编报时间安排等；确定重大交易或事项的会计处理方法，如债务重组、兼收并购、非货币性资产交换、公允价值计量、资产减值等；组织财会及有关部门进行资产清查和债权债务的核实工作；在日常信息核对无误的基础上完成对账、调账、差错更正等工作，然后实施关账操作；按会计准则规定的财务报表格式和内容，根据真实、完整的会计

账簿记录和其他有关资料编制个别财务报表；集团公司在编制合并财务报表前，应及时取得纳入合并范围内各分公司、子公司和内部独立核算单位的财务报表，并按规定程序进行形式和内容的审核，若发现问题则应退回原单位重编。

（一）编制环节

1. 拟定编制财务报告

（1）控制目标。编制方案切实可行，会计政策及时更新，会计变更审批恰当，编制程序合法合规，职责分工和时间安排清晰合理。

（2）主要风险。会计政策未更新，不符合准则；会计变更未经审批，导致会计政策或会计估计不当；会计政策未能有效贯彻、执行；各部门职责、分工不清，导致数据传递出错、遗漏、格式不一致；各步骤时间安排不明确，导致整体编制进度延后，违反报送的要求等。

（3）控制措施。按会计法规、会计准则和最新监管要求，及时更新企业内部会计规章制度和财务报告编制流程；按规定权限和程序审批会计政策调整事宜；财务报告流程、年报编制方案经公司分管财务会计工作的负责人核准后签发；建立完备的信息沟通渠道，将内部会计规章制度和财务流程、会计科目表和相关文件及时、有效地传达至相关人员，以确保有效执行；通过内部审计等定期测试会计政策的执行情况及其在不同部门、不同期间的一致性；明确职责分工，总会计师或分管副总组织领导；财会部门负责具体编制；各部门配合，及时提供编制财务报告所需信息，并保证信息的真实、完整；按报送要求倒排时间节点，严格执行、确保进度。

2. 对于重大交易或事项的会计处理方法

（1）控制目标。重大会计事项处理方法合规、有效。

（2）主要风险。重大事项会计处理不合法，以及大事项会计信息扭曲，无法如实反映实际交易。

（3）控制措施。关注和搜集重大事项信息，建立处理流程审批后执行；关注会计准则变化及其对财务报告的影响；沟通需要专业判断的重大事项及其会计处理；按法规、准则和内部制度的规定，确定重大事项的会计处理。

3. 资产清查及核实债权债务

（1）控制目标。保证资产、负债等账实相符。

（2）主要风险。资产、负债账实不符；资产计价方法随意变更；未计提资产减值准备或计提不当；提前、推后甚至不确认资产负债。

（3）控制措施。制订具体可行的资产清查、负债核实计划；认真执行资产清查和负债核实计划；发现账实不符的差异，应分析原因，按规定处理，并记录账实不符和差异的处理情况；按会计准则规定对各项资产、负债进行计量；按会计准则规定进行减值测试，计提减值准备，确保账实相符。

4. 对账、结账

（1）控制目标。保证账簿记录真实完整、账账相符、结账正确及时。

（2）主要风险。账证、账账不符；虚列或隐瞒收入，推迟或提前确认收入；随意改变成本、费用确认或计量标准；结账时间、程序不合规定；关账后又随意打开会计期间等。

（3）控制措施。核对各种账簿记录之间是否勾稽相符；进行发生额和余额的试算平衡；按权责发生制和会计准则的要求，调整收入和费用；按规定结账，不因赶报表而提前结账或把本期事项延至下期登账，也不得先编表后结账；关账之后如需要重新打开已关闭的会计期间，须填写申请表，并经总会计师或分管领导审批方可。

（二）审核环节

1. 控制目标
按规定流程审核财务报告，确保其真实性、完整性和合规性。

2. 主要风险
未按规定程序审核，以及对内容真实性、完整性及格式等审核不充分。

3. 控制措施
严格按规定程序审批，认真审核财务报告内容的真实性、完整性，格式的合规性等；保留审核记录，建立责任追究制度装订成册，加盖公章并由相关人员进行签章。

（三）审计环节

1. 控制目标
选择具备资质的会计师事务所，保证被审计财务报告具有可信性。

2. 主要风险
财务报告对外提供前未经审计；审计机构选择不合规，审计机构与企业串通舞弊。

3. 控制措施
选择具备资质的会计师事务所进行审计；不干扰审计人员的工作，认真落实审计意见；注册会计师及其所在事务所出具的审计报告，应随财务报告一并提供。

（四）批准环节

1. 控制目标

保证财务报告真实、完整及合法合规。

2. 主要风险

报告提供前未按规定程序审核，以及未经董事会或类似机构批准。

3. 控制措施

财会负责人审核报告的准确性并签章；总会计师或分管领导审核报告的真实性、完整性、合规性并签章；企业负责人审核报告整体的合规性并签章；董事会或类似机构批准对外发布。

（五）发布环节

1. 控制目标

让报告使用者能更加快捷、有效地利用财务报告。

2. 主要风险

对外提供过程未遵循相关规定，导致被谴责或处罚；报送不及时，信息时效性降低；对外提供前泄露信息，导致内幕交易发生等。

3. 控制措施

通过制度来明确财务报告对外提供的对象；明确对外报送时间，倒排编制、审核、报送的时间节点，对未能按时完成的人员进行处罚；设置保密程序，对能够接触报告的人员进行权限设置，保证信息对外提供前控制在适当的范围；记录信息的访问情况，以便及时发现可能的泄密行为；万一提前泄密，方便找到责任人及时整理、归档保存对外提供的财务报告。

（六）使用环节

1. 控制目标

充分利用财务报告，全面分析企业的生产经营和管理状况、存在的问题等，为改善管理提供线索；对企业未来风险报酬做出预测，为信息使用者的决策提供支持。

2. 主要风险

未建立财务分析制度，或虽已建立但存在缺陷；财务分析报告不正确或分析方法不当；内容不完整，未对重大事项做专门分析；分析局限于财会部门，未充分利用相关部门的资源财务分析报告未经审核等。

3. 控制措施

建立并完善财务分析制度；明确财务分析目的，运用正确的分析方法；充分运用各项资料，包括财务信息、从其他部门获得的非财务信息及外部信息等；加强财务分析的组织，总会计师在财务分析工作中发挥主导作用，负责组织领导；财会部门负责人审核分析报告的准确性、完整性和真实性；定期召开财务分析会，吸收有关部门负责人参加，加强沟通，完善财务分析报告；财务分析报告经适当审批后，及时报送企业负责人和相关部门，作为决策支持的依据。

任务实施

在此次财务造假事件中，KD 公司的造假手段主要有：

（1）虚构收入。通过关联方虚构销售业务，虚构大量应收账款。另外，通过虚构客户的采购金额进而虚构收入，并在年报中隐瞒前五大客户和供应商。

（2）虚构预付账款。KD 公司通过自己的关联方虚构业务、虚构账款，还有串通供应商等虚增预付账款。

（3）虚构货币资金。KD 公司通过股权质押的方式虚增货币资金。

（4）隐瞒关联担保情况。KD 公司在年度财务报告中隐瞒担保合同。

（5）隐瞒募集资金使用。KD 公司改变了募集资金的使用用途。

任务二

工程项目的内部控制与风险管理

H 公司在承建非洲某公路项目时，由于风险管理不当，造成工程严重拖期、亏损严重，同时也影响了中国承包商的声誉。该项目业主是该非洲国家政府工程和能源部，出资方为非洲开发银行和该国政府，项目监理是第三国监理公司。在项目实施的 4 年多时间里，H 公司遇到了极大的困难，尽管投入了大量的人力、物力，但由于种种原因，合同到期后，实物工程量只完成了 35%。

据了解，在项目实施之前，尽管 H 公司从投标到中标的过程还算顺利，但是其间蕴藏了很大的风险。业主委托的监理公司非常熟悉当地情况，将合同中几乎所有可能存在的对业主的风险全部转嫁给了 H 公司，包括雨季计算公式、料场情况、征地情况。相比之下，H 公司在招投标前期做的工作不够充分，对招标文件的熟悉和研究不够深入，现场考察也未能做好，对项目风险的认识不足，低估了项目的难度和复杂性，对可能造成工期严重延误的风险并未做出有效的预测和预防，造成了投标失误，给项目的最终失败埋下了隐患；在项目执行过程中，由于 H 公司内部管理不善，野蛮使用设备，没有建立质量管理、保证体系，现场人员素质不能满足项目的需要，现场的组织管理沿用国内模式，不适合所在国实际情况，对项目质量也产生了一定的影响。另外，由于项目初期设备、人员配置不到位，部分设备选型错误，H 公司人员低估了项目的复杂性和难度，当项目出现问题时又过于强调客观理由；在一个以道路施工为主的工程项目中，道路工程师却严重不足甚至缺位，所造成的影响是可想而知的；在项目实施的 4 年间，H 公司竟 3 次调换办事处总经理和现场项目经理。这一切都导致项目进度严重滞后，成本超支严重，工程质量大不如意的后果。

通过本任务的学习，掌握工程项目业务的主要环节及各环节的内部控制目标，了解工程项目业务各环节的主要风险，学会主要的控制措施。同时思考应该怎么解决 H 公司在工程项目内部控制管理中的问题。

任务准备

一、工程项目业务总体风险

如图 6-2 所示，工程项目通常涉及工程立项、工程设计、工程招标、工程建设、工程竣工验收等环节，管理工作包括流程控制、投资控制、质量控制、进度控制等环节。

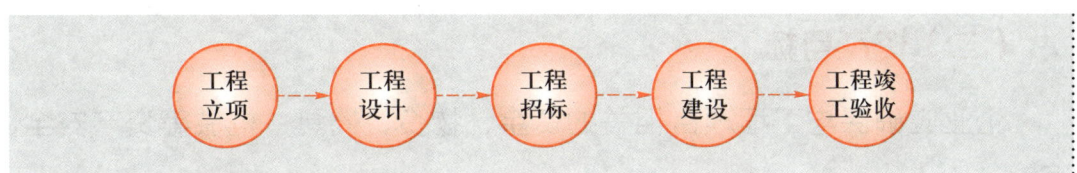

图 6-2　工程项目的一般业务流程

工程项目投入资源多、占用资金大、建设工期长、涉及环节多、利益关系错综复杂，成为经济犯罪和腐败问题的"重灾区"。在工程项目领域，企业至少应关注以下总体风险：

（1）立项缺乏可行性研究或可行性研究流于形式，决策不当盲目上马，可能导致难以实现预期效益或项目失败。

（2）项目招标"暗箱操作"，存在商业贿赂，可能导致中标人实质上难以承担工程项目、中标价格失实及相关人员涉案。

（3）工程造价信息不对称，技术方案不落实，概算、预算脱离实际，可能导致项目投资失控。

（4）工程物资质次价高，监理不到位，资金不落实，可能导致工程质量低劣、进度延迟或中断。

（5）竣工验收不规范，最终把关不严，可能导致工程交付使用后存在重大隐患。

针对工程项目的总体风险，企业应制定和完善各项政策及制度，采取相应的风险管控措施，特别是岗位责任制的建立；企业应明确相关部门和岗位的职责、权限，做到可行性研究与决策、预算编制与审核、项目实施与价款支付、竣工决算与审计等不相容职务相分离，强化工程建设全过程的监控，确保工程项目的质量、进度和资金安全。

二、工程项目的内部控制目标

企业实施控制活动应坚持目标导向和风险导向，针对工程领域的总体风险，企业应设定工程项目的内部控制目标如下。

（一）合规目标

企业应确保工程项目符合国家政策、相关法规、地方政府规划和行业监管要求；堵塞漏洞、消除隐患，防范并及时发现、纠正工程项目中的错误或舞弊行为。

（二）资产目标

企业应确保与工程项目相关的资金、物资、器具、机械等资产安全、完整。

（三）报告目标

企业应加强工程项目的会计系统控制，建立健全工程项目决策、设计、建造、验收和决算等过程的基础信息登记与台账记录工作，妥善保管相关资料和文件；确保工程项目的会计处理符合会计准则的规定，提高信息披露的质量，为信息使用者提供真实、准确和完整的相关信息。

（四）运营目标

企业应促进工程项目各环节有序、高效地进行，严格按预算控制工程建造成本，严格按设计要求控制工程质量，努力提高经济效益。

（五）战略目标

工程项目应与企业战略和经营计划紧密联系，使工程项目能有效地支持企业战略和经营计划。

三、工程项目各环节的主要风险及其控制措施

（一）工程立项环节的主要风险及其控制措施

工程立项属于决策过程，是对拟建项目的必要性和可行性进行技术与经济论证，对不同方案的技术先进性和经济可行性进行比较并做出判断与决定

的过程。立项决策正确与否，直接关系到项目建设的成败。工程立项环节的主要工作包括编制项目建议书、可行性研究、项目评审，具体流程如图 6-3 所示。

图 6-3　工程立项的一般业务流程

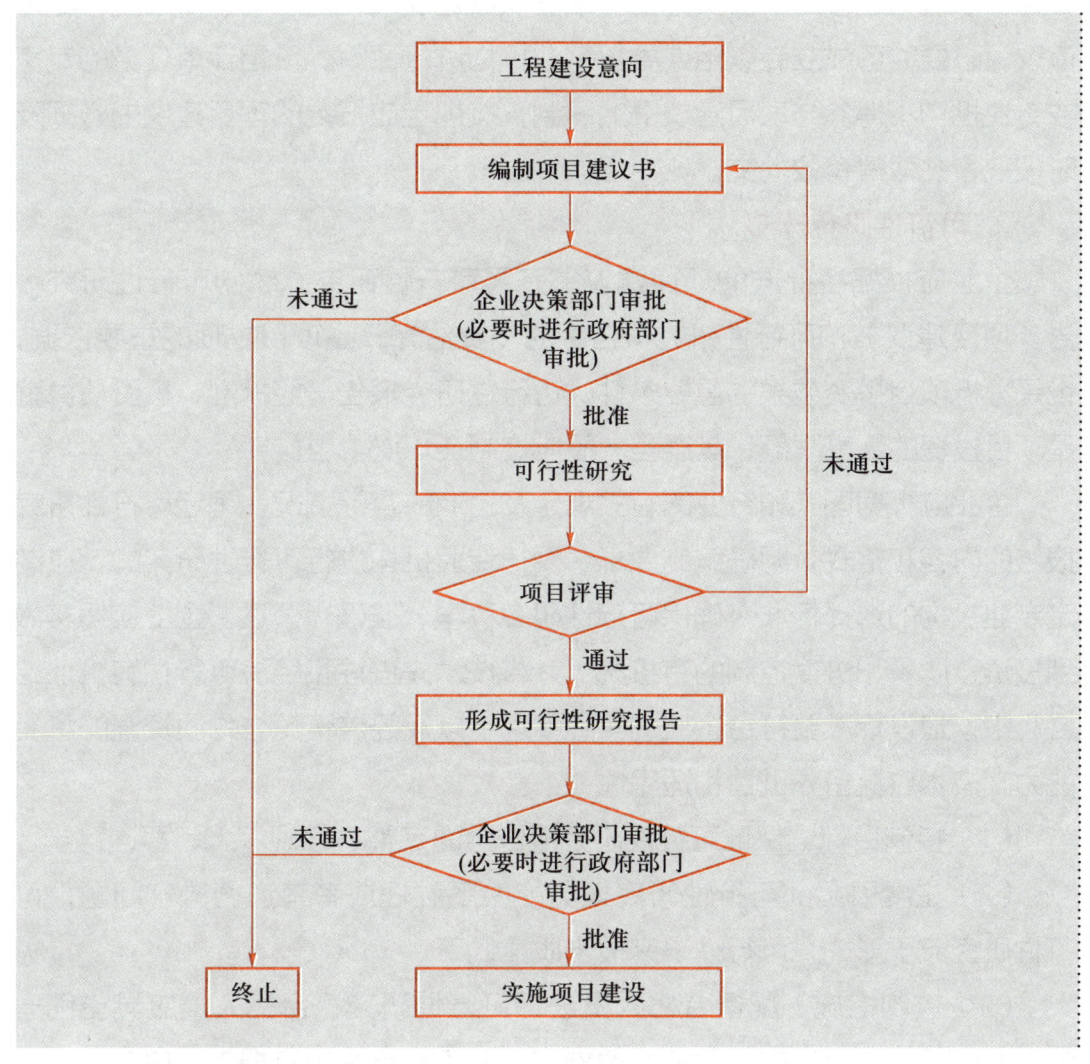

1. 编制项目建议书环节

项目建议书是企业根据工程投资意向，综合考虑产业政策、发展战略、经营计划等提出的建设工程项目的建议文件，是对拟建项目的框架性总体设想。对于非重大项目，可不编制项目建议书，但仍须开展可行性研究。

（1）控制目标。确保项目建议书的编制程序合规、内容真实、规划科学、投资估算准确。

（2）主要风险。项目建议书编制人员业务能力不胜任，或者存在职业道德操守问题；投资意向与国家产业政策或企业发展战略脱节；项目建议书内容不完整或格式欠缺；投资估算和进度安排不协调等。

（3）控制措施。建立岗位责任制，明确投资分析，编制和评审项目建议书的职责分工；熟悉所处行业和地区的相关政策法规；综合分析投资机会，确定工程投资意向；明确项目建议书的内容、格式和编制要求；对工程质量标准、投资规模和进度计划等进行分析论证，做到协调平衡；必要时可委托专业机构进行工程投资分析，编制项目建议书；对项目建议书进行集体审议，必要时可成立专家组或委托专业机构进行评审；承担评审任务的专家或专业机构不得参与项目建议书的编制；按规定应报批的项目建议书必须及时报批，并取得有效批文。

2. 可行性研究环节

企业应根据经批准的项目建议书开展可行性研究，编制可行性研究报告。项目建议书和可行性研究报告中的投资估算既是项目立项的重要依据，也是分析项目投资效果的重要条件。可行性研究报告一经批准，投资估算就是项目投资的最高限额，其误差一般应控制在 10% 以内。

企业应根据国家和行业的有关规定及企业的实际情况，确定可行性研究报告的内容和格式，明确编制要求；委托专业机构进行可行性研究的，应制定专业机构的选择标准，确保可行性研究科学、准确、公正。企业应切实做到投资、质量和进度控制的有机统一，将技术先进性和经济可行性有机地结合起来；建设标准要符合企业的实际情况，以及经济资源与物质资源的承受能力，技术应具备先进性和适用性。

（1）控制目标。保证可行性研究报告全面完整、客观深入、严谨科学。

（2）主要风险。可行性研究人员能力不胜任或者有道德操守问题；可行性研究流于形式；可行性研究报告质量低下。

（3）控制措施。配备合格人员进行可行性研究，合格人员应具备优秀的业务胜任能力及良好的职业道德操守；明确可行性研究报告的内容、格式和编制要求；必要时可委托专业机构进行可行性研究，选择专业机构时，应关注其资质、声誉、人员素质、经验等；综合平衡投资、质量和进度，做到技术先进性和经济可行性的有机结合。

3. 项目评审与决策环节

企业应组织有关部门或委托专业机构，对可行性研究报告进行全面的审核和评价提出评审意见。项目评审组成员不得参与可行性研究；委托专业机构进行评审的该专业机构不得参与项目可行性研究。评审组成员应对其出具的评审意见承担责任。

工程项目立项后、正式施工前，应依法取得建设用地、城市规划、环境保护、安全、施工等方面的许可。

（1）控制目标。保证项目评审客观深入、审批授权得当、审批程序合规、决策过程公开透明。

（2）主要风险。项目评审人员能力不胜任或者有道德操守问题；项目评审过程流于形式；权限配置不合理或者决策程序不规范。

（3）控制措施。组建项目评审组或委托有资质专业机构对可行性研究报告进行评审；参与项目可行性研究的人员不得参与评审；制定评审和决策机制，不能简单地"少数服从多数"，要兼顾投资、质量、进度等各方意见；实行项目评审问责制，评审成员要对其出具的评审意见承担责任；评审要重点关注项目的经济、技术可行性；按规定权限和程序对项目进行决策，决策过程必须有书面记录，并实行决策责任追究制度；重大项目应报经董事会或股东大会审议批准，任何个人不得单独决策或擅自改变集体决策意见。

（二）工程设计环节的主要风险及其控制措施

项目立项后，能否保证工程质量、加快建设进度、节省工程投资，工程设计工作是十分重要的。根据国家规定，一般工业项目设计可按初步设计和施工图设计两个阶段进行；对于技术复杂的工程，可按初步设计、技术设计和施工图设计三个阶段进行。对于小型项目，除上述三阶段外，还应进行总体规划设计；对于小型工程项目，也可简化为施工图设计。

企业可自行完成工程设计或委托其他单位进行。企业应引入竞争机制，尽量采用招标方式确定设计单位。企业应建立严格的预算编制与审核制度，通过严格的复核、专家评议等制度，层层把关，确保评审工作质量。

企业应严格控制设计变更，避免设计与施工脱节，减少设计变更的发生。对确需进行的变更，应尽量控制在设计阶段，采用层层审批等方法有效地控制工程投资。因设计单位过失而造成设计变更的，应由设计单位承担责任。企业应严格按相关要求执行各项设计报批要求，上一环节尚未批准的不得进入下一环节，杜绝出现边勘察、边设计、边施工的现象；必要时可引入设计监理，提高设计质量。

1. 初步设计环节

（1）控制目标。保证设计单位符合项目资质要求；设计方案审批合理；初步设计规模与可行性研究报告等一致。

（2）主要风险。设计单位不符合资质要求；初步设计未进行多方案比选；设计深度不足或有较大疏漏；初步设计方案过于简单，可能造成施工组织不周密、工程质量存在隐患等。

（3）控制措施。引入竞争机制，根据项目特征采用招标方式选择具有相应资质的设计单位；明确设计单位的权利与义务；一个项目由几个单位共同设计时，应确定其中之一为主要设计单位；向设计单位提供开展设计所需的详细资料，并与设计单位进行有效的沟通；建立严格的初步设计审查和批准制度，层层把关；在初步设计评审中，应重点审查技术方案，重大技术方案应进行技术、经济分析。

2. 施工图设计环节

（1）控制目标。确保预算的编制合规准确、设计质量符合要求、设计变更程序合法合规。

（2）主要风险。预算严重脱离实际；工程设计与后续施工衔接不当，导致技术方案未得到有效落实，影响工程质量或造成工程变更，造成重大经济损失。

（3）控制措施。建立严格的预算编制和审核制度，组织相关专业人员或委托有资质的中介机构对概算进行审核；重点关注施工图设计深度与全面施工及各种设备安装要求是否一致；施工图设计质量应符合国家和行业的规定；建立严格的施工图设计管理制度和标底制度；要求设计单位提供全面、及时的现场服务；设计变更应尽量控制在设计阶段并层层审批；在各项设计报批时，应严格遵守国家相关法规；提高设计质量，可以引入设计监理。

（三）工程招标环节的主要风险及其控制措施

工程招标是项目立项之后、发包之前，依照法定程序，以公开招标或邀请招标等方式，鼓励潜在投标人依据招标文件参与竞争，通过评标择优选定中标人的一种经济活动。招投标是提高工程项目建设公开性、公平性、公正性和透明度的重要安排，是防范和遏制工程领域商业贿赂的有效举措。工程招标流程一般包括招标、投标、开标、评标和定标五个环节。中标人确定后，企业应在规定期限内与中标人订立书面合同。企业应本着公开、公正、平等竞争的原则，建立健全招投标管理制度，明确应进行招标工程的项目范围、招标方式、招标程序，以及各环节的管理要求。

1. 招标环节

（1）控制目标。保证招标合法、合规、招标过程公开、公正、公平等。

（2）主要风险。招标人任意分解项目，导致招标项目不完整；应公开招标的逃避公开招标；中标人不是最佳选择，投标资格因人而设；有关人员泄露标底，营私舞弊。

（3）控制措施。根据相关法规并结合本单位的实际情况，遵循公开、公平、平等的竞争原则，完善企业招投标管理制度；明确招标工程的项目范围、招标方式及招标程序等；是否采用招标及招标方式，严格审批标段划分等；确需划分标段进行招标的，应进行科学地分析和评估；标段的划分应考虑项目的专业要求和管理要求等；招标公告的编制要公开透明；按项目特点确定投标人的资格条件，不得因人而设；根据项目特征确定是否需要编制标底；标底的编制过程应严格保密。

2. 投标环节

（1）控制目标。确保投标人信息得到保密、招标公告科学合理、投标人资质符合要求。

（2）主要风险。招标人申请投标；招标公告编制；投标人资格条件不符合要求；投标人信息泄露；标书接收不规范。

（3）控制措施。对投标人信息严格保密，防止投标人串通舞弊；科学编制招标公告，合理确定投标人资格要求；充分发挥市场的竞争性，扩大潜在投标人的范围；严格按照招标公告对投标人的资格要求，实质审查投标人；认真履行完备的标书签收、登记和保管手续；投标文件应存放在安全保密的地方，开标前不得开启投标文件。

3. 开标、评标和定标环节

（1）控制目标。保证开标过程公开透明、评标委员会具有相关专业水平。

（2）主要风险。开标不公开、不透明；评标委员会成员能力不胜任；评标过程流于形式；评标委员会成员与投标人串通舞弊。

（3）控制措施。邀请所有投标人出席开标过程，委托公证机构公证；确保评标委员会成员具有较高的职业道德，并具备相关专业知识和丰富的经验；中标结果确定前应对评标委员会成员名单严格保密；评标工作人员不得私下接触投标人，不收受贿赂；不向评标委员会成员施加影响，不干扰评标委员会成员的工作；在评标报告中详细说明各评标委员会成员的意见及集体评审结果；各评标委员会成员应对其出具的评审意见承担个人责任；有1个以上中标候选人时，由决策机构审议决定最终中标人。

4. 签订合同环节

（1）控制目标。合同内容完整，表述准确；合同审查、审批严谨规范。

（2）主要风险。合同文本的拟定、合同审查、合同审批、监控合同履行、记录合同执行情况的过程中出现不符合规范的情形。

（3）控制措施。建设单位制定工程合同管理制度，明确各部门在工程合同管理和履行中的职责；严格按合同行使权利和履行义务；工程施工合同、各类分包合同项目施工内部承包合同等都应制定规范的合同文本；有施工图纸的，应作为合同的重要附件；建立合同执行情况台账，记录合同履约情况。

（四）工程建设环节的主要风险及其控制措施

工程建设阶段的基本流程如图6-4所示。这一阶段的风险控制主要包括工程施工质量、施工进度、施工安全、工程物资采购、工程价款结算、工程变更等。

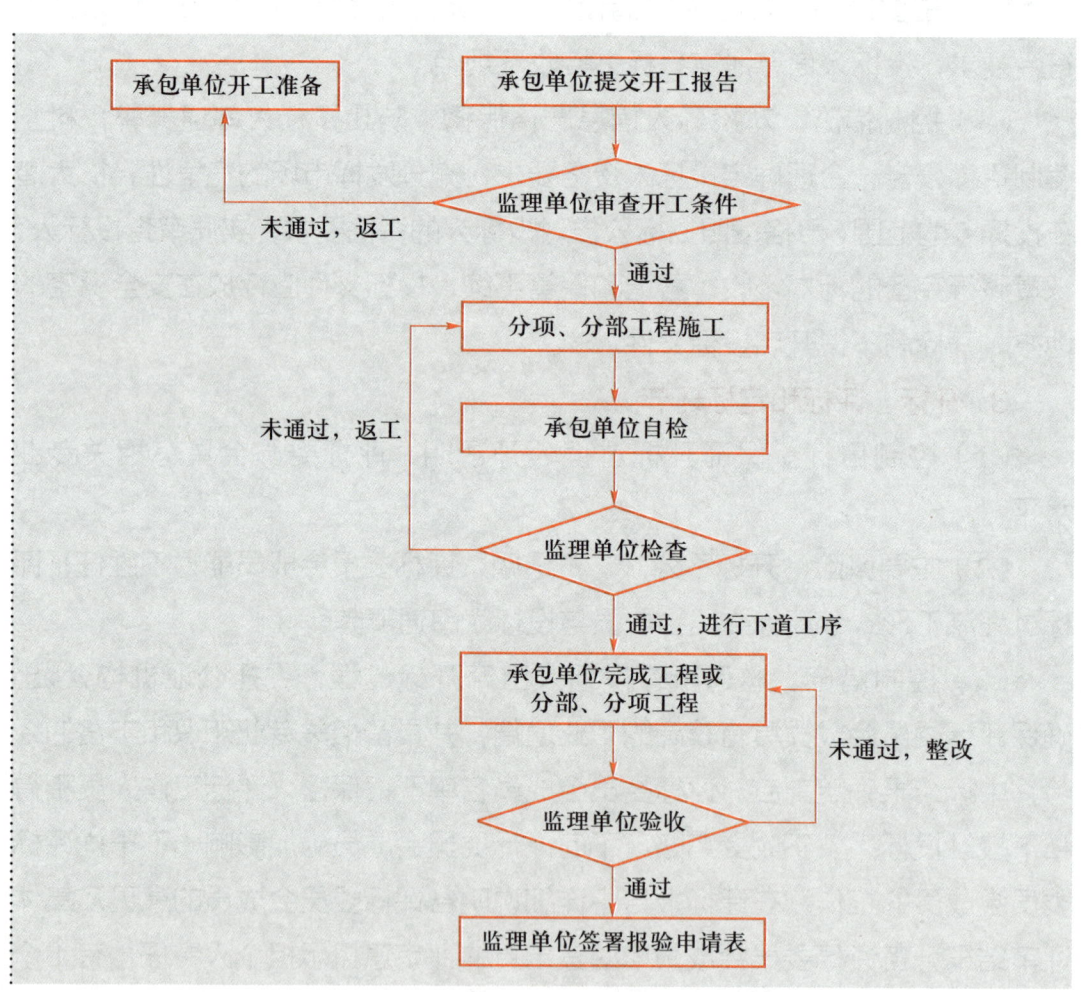

图6-4　工程建设阶段的基本流程

1. 施工质量、施工进度和施工安全控制环节

企业应实行工程监理制度，委托经过招标确定的监理单位进行监理，对施工质量、施工工期、施工进度、施工安全和资金使用等方面实施监督。财

会部门应加强与承包单位的沟通，准确掌握工程进度。

（1）控制目标。确保施工建设严格按合同规定进行；施工质量符合设计要求；进度安排合理；安全监管到位。

（2）主要风险。盲目赶进度或拖延进度，导致质量低劣、费用超标；安全生产监管不到位；工程质量落实不到位。

（3）控制措施。建立监理进度体系，明确相关程序、要求和责任；施工单位严格按经监理单位审批的进度计划施工；调整进度必须优先保证质量，并经相关者同意；承包单位建立全面质量控制体系，明确重要质量控制点；监理单位按合同实施全面质量检查，定期编制质量报表；关键工序作业人员必须持证上岗；授权监理单位检查承包单位的安全生产情况；建设单位不得提出不符合承包单位安全生产规范的要求；建设单位建立安全生产管理机构，配备专职人员监督安全生产的落实情况。

2. 工程物资采购环节

按合同约定、企业自行采购工程物资的，应按采购业务内部控制要求，组织工程物资的采购、验收和付款；由承包单位采购工程物资的，企业应加强监督，确保工程物资采购符合设计标准和合同要求。严禁不合格工程物资投入工程项目的建设，重大设备和大宗材料应招标采购。

（1）控制目标。确保工程物资符合设计标准和合同要求。

（2）主要风险。工程物资采购过程控制不力，物资质次价高，材料设备不符合要求，影响工程质量。

（3）控制措施。重大设备及大宗材料采用招标方式采购；明确采购物资和设备的质量标准及责任追究；监理机构应对承包单位提供的重要材料和工程设备进行检验，一般材料进行抽检；运入施工场地的工程物资必须专用于合同工程，承包单位不得擅自将其运出施工场地和挪作他用。

3. 工程价款结算环节

工程价款结算是对合同价款进行约定，以及依据合同约定进行工程预付款、工程进度款、工程竣工价款结算的活动。企业应建立完善的工程价款结算制度，明确工作流程和职责、权限划分，并切实遵照执行。

（1）控制目标。确保建设资金落实到位、使用恰当，及时结算和拨付进度款。

（2）主要风险。建设资金使用混乱；未落实项目资金，导致工程进度延误。

（3）控制措施。建立工程价款结算和拨付制度，明确工作流程；制订资金使用计划，协调好工程进度和工程款拨付；财会部门加强与承包单位和监理单位的沟通，按规定的审批权限和程序办理价款结算业务；财会部门认真审核相关凭证和文件，按合同规定付款；及时分析实际成本突破预算的情况，并按规定处理。

4. 工程变更环节

企业应严格控制工程变更，确需变更的，应按规定权限和程序审批。因工程变更等造成价款支付方式及金额发生变动的，应提供完整的书面文件和相关资料，并对工程变更价款的支付进行严格审核。

（1）控制目标。保证工程变更审批合规、变更指令及时落实。

（2）主要风险。施工现场因变更而混乱失控；工程变更频繁，导致质量和成本失控。

（3）控制措施。建立并严格执行工程变更审批制度；经批准的更改应及时办理变更手续；重大变更须经建设单位、监理单位和承包单位集体商议；变更指令应在规定期限内全面落实；如因人为因素引发工程变更，则应追究当事人的责任；对工程变更价款的支付实施更为严格的审批制度，变更文件必须齐备，防止承包单位虚列工程费用。

（五）工程竣工验收环节的主要风险及其控制措施

竣工验收是指工程项目竣工后由企业会同设计、施工、监理单位及工程质量监督部门等，对该项目是否符合规划设计要求、建筑施工和设备安装质量等进行全面检验的过程。竣工验收是全面检验建设项目质量和投资使用情况的重要环节，除对工程质量验收外，还有竣工结算和工程决算两项重要工作。

工程竣工结算是承包单位按合同内容全部完成所承包的工程，经验收质量合格且符合合同要求之后，与企业进行的最终工程价款结算。竣工结算由承包单位编制，企业既可直接审查，也可委托具有相应资质的工程造价咨询机构审查。竣工结算办理完毕后，企业应根据确认的竣工结算书在合同约定时间内向承包单位支付工程竣工结算价款。

工程竣工决算是以实物数量和货币指标为计量单位，综合反映竣工项目从筹建到项目竣工交付使用的全部建设费用、财务情况和投资效果的总结性文件。企业应在收到工程竣工验收报告后，及时编制竣工决算。竣工决算是办理固定资产交付使用手续的依据。

企业应健全竣工验收的各项管理制度，明确竣工验收的条件、标准、程序、组织管理和责任追究等。企业应加强对工程竣工决算的审核，先自行审核，再委托具有相应资质的中介机构实施审计；未经审计的，不得办理竣工验收手续。工程竣工后企业对各种节约的材料、设备、施工机械工具等，要清理核实、妥善处理。企业应按相关规定及时搜集、整理工程建设各环节的文件资料，建立工程项目档案；须报政府有关部门备案的应及时备案。

工程项目后期评估是在建设项目已经完成并运行一段时间后，对项目的目的、执行过程、效益、作用及影响进行系统、客观地分析和总结的一种技术经济活动。企业要严格落实工程项目决策并执行相关环节的责任追究制度，项目后期评估结果应作为绩效考核和责任追究的依据。

1. 控制目标

准确评估和全面验收工程质量；确保竣工决算真实、准确；及时结转固定资产。

2. 主要风险

竣工验收不规范，质量检验把关不严；虚报投资完成额、虚列成本或隐匿结余资金，竣工决算失真；未及时对达到预定可使用状态的固定资产进行估价和结转。

3. 控制措施

建立健全并严格执行竣工验收的各项管理制度；竣工验收至少应经过承包单位初检、建设单位审核、正式竣工验收三个程序；重大项目验收，可请相关专家进行评审；经验收质量合格并符合合同要求之后，才能与承包单位结算工程尾款；初检合格后，达到预定可使用状态的，及时对项目价值进行暂估，转入固定资产核算；加强对竣工决算的审核；委托有资质的中介机构实施竣工决算审计；加强对剩余物资的管理；及时搜集整理有关资料，建立工程项目档案。

任务实施

通过案例分析，企业在对工程项目内部控制管理中，应至少做到以下几点：

（1）恰当、充分地评估和选择工程项目承包商。

（2）对各阶段工作要进行充分地评估、分析。

（3）积极调动工作人员积极性，稳定团队，加强现场管理，保证项目正常进行。

（4）以法律法规为准绳，重视合同履行，合理保护自身权益。

（5）认真开展项目前期可行性研究分析，综合考虑可能产生风险的影响因素，做到事前防范、事中监控及事后及时处理。

合同管理的内部控制与风险管理

BC 化学工业公司（以下简称 BC 公司）是一家在新加坡上市的外商独资企业，公司治理结构的内部控制在近几年的发展中不断完善，有一整套的内控流程和操作规范。BC 公司采购时按照填制请购单、评审订购单合同、填制验收单、取得卖方发票、填制付款凭单、编制付款凭证及向卖方发出对账单等内部控制流程进行。

（1）从 BC 公司请购单→询比价→选择供应商→合同评审→合同的签订过程中发现：

① 在询比价的过程中，各供应商报价的产品规格、型号不一致，BC 公司询比价的作用不能发挥，而由采购员最终确定的供应商的产品价格最高；同时通过运用电话和网络询价，此采购员所选供应商价格比同类厂家价格高出近 10 万元。

② 该采购员在合同报告中没有说明该供应商提供增值税发票的要求，从而使得该供应商以偷逃税款的方式降低报价，没有全面反映实际情况，造成主管审核、批准失误。

③ 签订合同时，供应商改为没有法人资质的二级代理商，且不具有增值税一般纳税人资质，为 BC 公司以后的发票抵扣不足留下隐患。

④ 抽查该采购员所签合同，没有要求供应方提供增值税专用发票（BC 公司是外企，对购买国内设备享有退税政策）。

（2）生产部门的使用情况和反馈意见显示，此采购员所购 8 台该供应商的设备经常出现跑、冒、滴、漏现象，其中 5 台已返还供应商检修，有 2 台在仓库，能够正常使用的只有 1 台。

（3）在编制付款凭证和取得卖方发票的过程中经过查看验收单、卖方发票、付款凭单、付款凭证及卖方对账单，结果发现：

① 在采购入库的过程中此采购员违反 BC 公司物品验收管理制度的规定，没有通过仓库保管员验收，就分 3 次在 3 个星期日把原材料直接送到生产使用部门。

② 由于 BC 公司供应商对账工作一直未开展，同时卖方的付款由采购处负责，使

得该采购员一直未将之前客户开具的增值税专用发票到财务部入账且未被发现，近 1 万元的进项税额超过税法规定的 90 天抵扣时效，又造成 BC 公司近 1 万元的损失。

从 BC 公司采购作业制度来看，请购单、订购单合同评审、验收单、卖方发票、付款凭单、付款凭证及卖方对账单等内部控制流程比较完善，但在合同协议的内部控制方面仍存在不足之处，以致在执行过程中，部分采购人员投机取巧，为谋求个人利益铤而走险，给 BC 公司造成了不该有的损失。

任务描述

通过本任务的学习，掌握合同管理业务的主要环节及各环节的内部控制目标，了解合同管理业务各环节的主要风险，学会主要的控制措施。同时思考在 BC 公司内部控制流程中有哪些不合理的地方。

任务准备

一、合同管理业务总体风险

合同管理业务通常涉及合同订立（包括合同调查、合同谈判、合同文本拟定、合同审核、合同签署）、合同履行等环节，如图 6-5 所示。

图 6-5　合同管理业务的一般流程

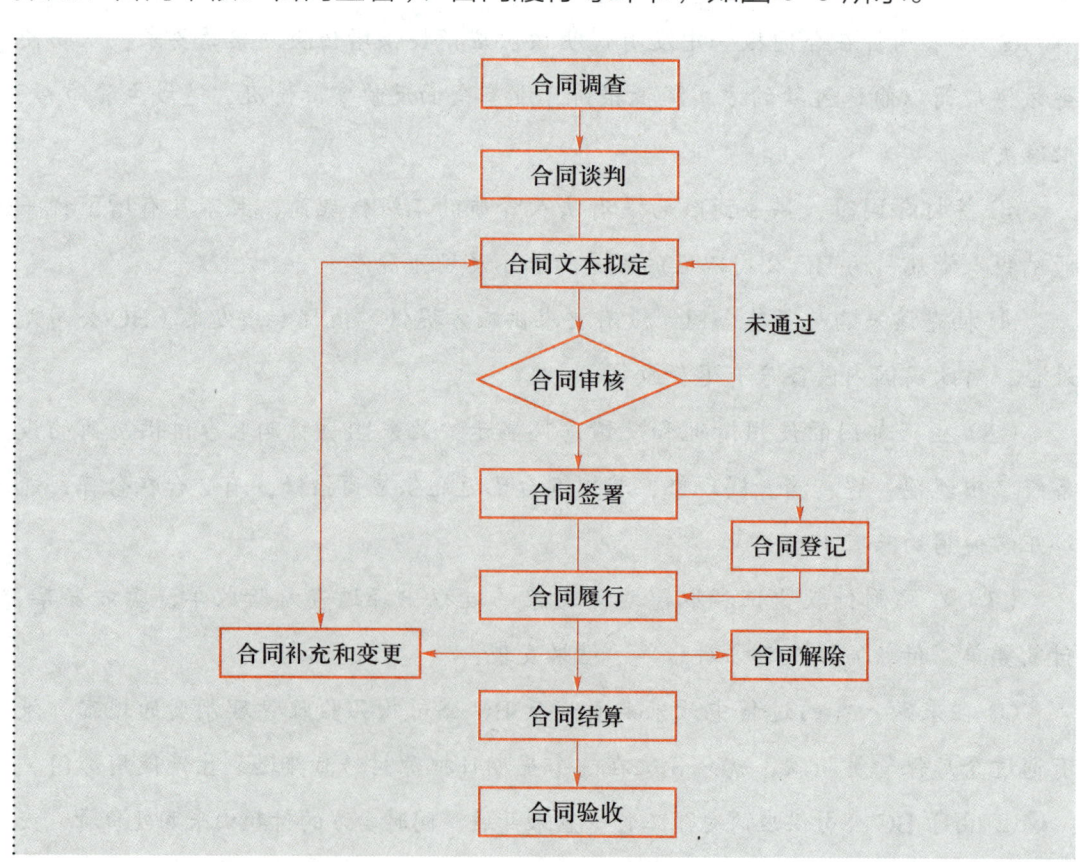

加强合同控制是单位内部控制的重要组成部分，其内部控制的有效与否直接影响单位经营效率和效果。完善合同控制，有利于维护单位的权益，防范与控制法律和相关业务风险，提高管理效率，企业应关注以下总体风险：

　　（1）未订立合同、未经授权对外订立合同、合同对方主体资格未达要求、合同内容存在重大疏漏和欺诈，可能导致单位合法权益受到侵害。

　　（2）合同管理缺乏归口部门，导致合同管理混乱。

　　（3）合同签订前无审核，因此导致合同存在不符合单位利益的条款，使得单位受到经济及其他方面的损失。

　　（4）合同签订无授权，从而导致合同无效或者合同存在重大瑕疵，损害单位利益。

　　（5）合同执行监督不力，对合同违约未能及时发现及制止，因而造成经济损失。

　　（6）合同纠纷处理不当，可能损害单位利益、信誉和形象。合同档案管理混乱，导致发生合同丢失、毁损等现象。

二、合同管理业务的内部控制目标

　　（1）加强对外签订合同的规范管理，保证国有资产的安全。

　　（2）规范合同的归口审核，确保合同签订合法合规，防止违纪违法行为发生。

　　（3）加强对合同文本的审查，保证合同签订符合单位利益，防范单位受到经济或其他方面损失。

　　（4）明确合同签订的授权程序，确保合同在授权范围内有效签订，提高合同管理效率。

　　（5）加强对合同履行的监督，保证合同履行合法及时，维护单位利益。

　　（6）规范合同文本的档案管理，降低合同管理成本，保证合同档案的真实完整。

三、合同管理业务的主要风险及其控制措施

（一）合同订立环节

　　合同订立环节的主要风险及其控制措施见表6-1。

表6-1 合同订立环节的主要风险及其控制措施

流程	关键环节	风险点	主要防控措施	责任主体
合同订立	合同调查	调查结果与被调查单位的实际情况不符,致使合同履行存在风险,单位利益受损	1. 建立合同调查报告制度,合同签订前,必须履行调查工作程序,出具调查报告; 2. 建立牵制和复核机制,慎重选择调查成员	合同调查组织部门
	合同谈判	与合同对方合谋在重大问题做出不当让步或泄露本单位合同谋略,导致单位利益受损	1. 实行合同谈判联席制度,法律、技术、财会人员联合进行谈判; 2. 重大经济合同应聘请外部专家参与合同谈判; 3. 建立责任追究制度,谈判的重要事项和各方意见,应当进行记录并妥善保存,作为追究责任的重要凭据	合同谈判负责部门
	合同文本拟定	在合同拟定中故意隐藏重大疏漏和欺骗,导致单位利益受损	1. 采用标准合同文本,订立书面合同; 2. 重大经济合同应聘请法律顾问和第三方技术专家审查合同条款	合同文本拟定负责部门
	合同审核	对合同条款、格式审核不严格,可能使单位面临诉讼的风险或造成经济利益损失	1. 建立会审制度,归口管理部门、业务部门、财会部门联合审查; 2. 审查人员对做出的审查结果负责,归口部门对合同审查结果负全面责任	财会部门、业务部门、合同业务归口管理部门
	合同签署	授意或合谋串通签订虚假合同,谋取私利或套取、转移资金	1. 严格各类合同的签署权限; 2. 严格合同专用章保管制度; 3. 采取恰当措施,防止已签署的合同被篡改	合同签订经办部门

(二)合同履行环节

合同履行环节的主要风险及其控制措施见表6-2。

表 6-2　合同履行环节的主要风险及其控制措施

流程	关键环节	风险点	主要防控措施	责任主体
合同履行	合同履行情况监控	发现合同履行中的风险不采取措施，合同纠纷处理不当致使国家利益受损	1. 明确相关责任人在合同履行过程中的责任； 2. 建立合同履行定期调查制度，检查分析合同履行情况及效果，敦促对方积极履行合同； 3. 制定应急预案，对无法继续履行的合同，及时采取措施，降低损失	合同业务履行部门，合同归口管理部门
	合同履行监督审查	不按照规定办理合同的变更、解除等程序，单位利益受损	建立合同履行监督审查制度： 1. 合同补充、变更及解除需按规定进行报告和审查； 2. 以书面形式变更和解除合同； 3. 对造成的损失，及时提出索赔	合同业务履行部门，合同业务归口管理部门
	合同价款支付	未按照合同规定的期限、金额和方式付款，可能导致单位经济利益遭受损失或面临诉讼的风险	1. 建立合同管理信息系统，跟踪合同履行情况，在临近结算期限的合理时间提示财会部门进行资金结算提示； 2. 合同承办人员及时收集凭证资料，经审批后在规定时间内提交财会部门办理结算； 3. 财会部门对合同条款和经审批的结算申请资料进行审核； 4. 未按合同条款履约或应签订书面合同而未签订的，财会部门在付款之前向单位负责人报告； 5. 财会部门应当定期与合同归口管理部门核对，根据合同履行情况办理价款结算和进行账务处理，确保按合同约定及时结算相关价款	合同归口管理部门，财会部门

流程	关键环节	风险点	主要防控措施	责任主体
合同履行	合同登记归档	合同登记归档环节的主要风险包括： （1）合同及相关资料的登记、流转和保管不善，导致合同及相关资料丢失，影响到合同的正常履行和纠纷的有效处理。 （2）未建立合同信息安全保密机制，致使合同订立与履行过程中涉及的国家秘密、工作秘密或商业秘密泄露，导致单位或国家利益遭受损失	1. 合同归口管理部门定期对合同进行统计、分类，登记合同的订立、履行、结算、补充或变更、解除等情况； 2. 建立合同文本统一分类和连续编号制度； 3. 合同终结应及时办理销号和归档手续； 4. 明确合同流转、借阅及归还的职责权限和审批程序等有关要求； 5. 签订合同保密承诺，未经批准，不得以任何形式泄露合同订立与履行过程中涉及的国家秘密、工作秘密或商业秘密	合同业务归口管理部门
	合同纠纷处理	在合同订立、履行过程中，出现合同纠纷问题，如果处理不当，可能损害单位利益、信誉和形象	1. 明确合同纠纷的处理办法和处理责任，纠纷处理过程中，未经授权批准，相关经办人员不得向对方做出实质性答复或承诺； 2. 在履行合同过程中发生纠纷的，单位应当在规定时效内与对方协商谈判； 3. 合同纠纷协商一致的，双方应当签订书面协议确认； 4. 合同纠纷经协商无法解决的，经办人员应向单位有关负责人报告，并根据合同约定选择仲裁或诉讼方式解决	单位负责人，合同业务归口管理部门

在此次事件中，BC 公司签约过程出现问题的主要原因有：

一、签约前没有对供应商的签约主体资格进行调查

BC 公司应当对拟签约对象的民事主体资格、注册资本、资金运营、技术和质量指标保证能力、市场信誉、产品质量等方面进行资格审查，以确定其是否具有对合同协议的履约能力和独立承担民事责任的能力，并查证对方签约人的合法身份和法律资格。本案例中供应商是没有法人资质的二级代理商，应当调查其是否按照法律规定登记并领取营业执照，对于未经核准登记，也未领取营业执照，却以非法人经济组织的名义签订合同协议的当事人，不能与之签约。

二、在采购过程中合同询价和合同的签订均由采购员负责，容易造成舞弊

BC 公司应当建立相应的制度，规范合同协议正式订立前的资格审查、内容谈判、文本拟定等流程，确保合同协议的签订符合国家及行业有关规定和自身利益，防范合同协议签订过程中的舞弊、欺诈等风险。应当根据合同协议内容对供应商、价格及变化趋势、质量、供货期和市场分布等方面进行综合分析论证，掌握市场情况，合理选择合同协议对方。重大合同协议或法律关系复杂的合同协议，应当指定法律、技术、财会、审计等专业人员参加谈判，必要时可以聘请外部专家参与。对于谈判过程中的重要事项应当予以记录。

三、应当指定专人负责拟定合同协议文本

BC 公司的合同协议文本原则上应由承办部门起草，重大合同协议或特殊合同协议应当由企业的法律部门参与起草，必要时可以聘请外部专家参与起草。由对方起草合同协议的，本公司应当进行认真审查，确保合同协议内容准确反映公司诉求。国家或行业有示范合同协议文本的，企业可以优先选用，但在选用时，对涉及权利义务关系的条款应当进行认真审查，并根据企业的实际需要进行修改。

项目七
信息与沟通

项目目标

1. 理解内部信息传递与信息系统的定义、原则及意义；
2. 掌握内部信息传递与信息系统的流程、内容及风险；
3. 掌握内部信息传递与信息系统的风险管理与控制。

信息与沟通

企业内部信息传递与控制
- 内部信息传递的含义、原则和意义
- 内部信息传递的流程、内容及风险
- 内部信息传递的风险管理与控制

企业信息系统内部控制
- 信息系统概述
- 信息系统内部控制的内容及风险
- 信息系统应用控制的内容及风险
- 信息系统风险管理与控制

企业内部信息传递与控制

全球最大的汽车生产商 V 汽车利用"作弊软件"通过美国汽车尾气排放监测的事件成为该企业成立 78 年以来最大丑闻，被称为"尾气门事件"。随着该事件的持续发酵，美国、巴西、韩国、印度等多个国家相继对 V 汽车罚款近 140 亿欧元，与此同时 V 汽车股价的暴跌导致其市值缩水 300 亿欧元，加上 V 汽车将在全球范围内召回和整改车辆的费用，以及消费者和投资者可能要求的索赔，该事件引发的损失总额据估计高达 650 亿欧元。

"尾气门事件"究竟如何产生？何以给 V 汽车带来如此大的影响？一些消费者对马力大、外形酷的柴油汽车情有独钟，但柴油汽车尾气中含大量氮氧化物，为达到环保标准，需采用一定的方法进行处理，这种处理麻烦又费钱，且对汽车性能也有一定影响。为通过环保检测，V 汽车违规在其生产的柴油汽车上安装了特殊软件，以获得理想的检测效果，而车主无法打开或关闭这一软件。为了应对上涨的成本和维持高销售额，V 汽车选择使用违法软件规避环保检测。

直到"尾气门事件"被曝光后，V 汽车监事会成员还都声称无人对该事的细节知晓。

作为一家国际企业，必须注重企业形象，在创造利润的同时，也要为社会的发展做出贡献，V 汽车的尾气排放造假事件，与保护环境的大潮流背道而驰，没有履行企业应尽的社会责任义务，极大地伤害了消费者对企业的信任，使企业的"信誉资本"急速缩水。

通过本任务的学习，了解内部信息传递的含义，明确内部信息传递的原则，掌握内部信息传递的流程，理解内部信息传递的风险管理与控制。同时思考导致 V 汽车"尾气门事件"的原因有哪些，这个事件能够给人什么启示。

一、内部信息传递的含义、原则和意义

（一）内部信息传递的含义

我国《企业内部控制应用指引第 17 号——内部信息传递》中明确了内部信息传递的含义。内部信息传递是企业内部各管理层级之间通过内部报告形式传递生产经营管理信息的过程。企业的内部控制活动离不开信息的沟通和传递，内部信息的沟通和传递对落实企业发展战略、执行企业全面预算、识别企业内部、外部风险具有重要作用。可以将这一含义分解为三个方面。

1. 内部信息传递主体是企业内部的各管理层级

企业内部各管理层级包括企业内部各管理级次、责任单位、业务环节。企业内部各管理层级内部信息传递方式可以分为纵向信息传递、横向信息传递和斜向信息传递三种。

纵向传递即垂直传递，是指沿着组织的指挥链在上下级之间进行的信息沟通。它可以区分为自上而下和自下而上的两种形式。自上而下一般以命令方式传达上级组织所决定的政策、计划、规定之类的信息，能够使企业内部参与经营活动各个方面的全体人员了解企业实现经营目标方面的信息，明确各自职责，了解自身在内部控制体系中的地位和作用。自下而上指组织内部同一系统内较低层次人员向较高层次人员的传递，如请示、书面或口头汇报等，能够使员工及时将其在企业经营活动中所了解的重要信息向管理层及董事会等方面传递。横向信息传递是指组织内部同一层次人员之间的传递，所以也称平行或水平沟通。这种传递主要是为了促成不同系统（部门、单位）之间的协调配合和相互了解而运用的。斜向信息传递是指组织内部既不同系统又不同层次的人员之间的传递。它对组织中的其他传递渠道会起到一定的补充作用。其优点是增加相互理解，缩短沟通线路和信息传递时间，但也容易在部门之间造成矛盾。

2. 内部信息的传递形式是内部报告

内部报告是企业在管理控制系统运行中为企业内部的各级管理层以定期或非定期形式记载企业内部信息的各种图表和文字资料。内部报告可以为管理层提供更多的企业信息，为管理层做出更加科学合理的决策奠定基础，也可以检查并反馈现行管理政策在执行过程中出现的问题，实现对管理政策和

企业员工执行情况的有效监督。

3. 内部信息传递内容是指企业生产经营管理信息

生产经营管理信息既包括内部信息又包括外部信息。内部信息反映企业内部情况的信息。按其职能分类包括：

（1）生产作业信息。包括作业计划、生产调度、统计分析等方面的资料，通常反映在一系列指标上。

（2）财务会计信息。反映企业经济情况的各种财会资料，包括资金、成本、库存、销售等方面的核算数据。具体体现在各种财务、会计和统计的凭证、账簿和报表上。

（3）生产技术信息。反映科研、生产设计和工艺准备、新产品试制和鉴定以及专用工装开发等一系列技术工作的资料，包括各种技术文件、技术计划、技术定额等。

（4）人力资源信息。它反映企业人事变化状况，包括人员招聘、工作安排、教育培训、工资福利等方面的资料。企业外部信息是指由企业外部产生，对企业的生产经营管理具有一定影响作用的信息。具体包括：宏观经济形势、行业信息、技术进步趋势、竞争对手状况、法律法规信息以及来自政府监管部门的信息等。

此外，按信息的流通渠道，可划分为正式信息和非正式信息。非正式信息是指通过非官方的、私下的沟通渠道来传递的信息，借助同行个人间的信函或谈话交流、参加各类学术会议、参观展览会、实地考察访问某单位、开展调查研究等方式有针对性地获取与课题相关的口头信息、实物信息和调研数据。

（二）内部信息传递的原则

1. 真实准确性

虚假或不准确的信息将严重误导信息使用者，甚至导致决策失误，造成巨大的经济损失。内部报告的信息应当与所要表达的现象和状况保持一致，若不能真实反映所计量的经济事项，就不具有可靠性。

2. 及时有效性

如果信息未能及时提供，或者及时提供的信息不具有相关性，或者提供的相关信息未被有效利用，都可能导致企业决策延误，经营风险增加，甚至可能使企业较高层次的管理陷入困境，不利于对实际情况进行及时有效的控制和矫正，同时也将大大降低内部报告的决策相关性。只有那些切合具体任务和实际工作，并且能够符合信息使用单位需求的信息才具有使用价值。

3. 遵守保密原则

企业内部的运营情况、技术水平、财务状况及有关重大事项等通常涉及商业秘密，内幕信息知情者（包括董事会成员、监事、高级管理人员及其他涉及信息披露有关部门的涉密人员）都负有保密义务。这些内部信息一旦泄露，极有可能导致企业的商业秘密被竞争对手获知，使企业处于被动境地，甚至造成重大损失。

（三）内部信息传递的意义

1. 提高企业管理能力的重要抓手

管理层要指挥、驾驭企业实现发展战略和经营目标，必须拥有和掌握丰富的信息资源。如果没有及时有效的信息传递，管理层就无法获取有效信息，从而下达正确经济决策、指令，企业生产经营管理就具有盲目性和滞后性，管理者的管理能力会大打折扣，难以引领企业实现发展战略。

2. 提升企业市场竞争力的重要支撑

从一定程度上讲，信息就是竞争力，是一个企业赖以生存的重要因素之一。现代市场竞争异常激烈，外部环境瞬息万变，企业需要及时、准确地把握国际、国内市场环境的变化，宏观经济政策的导向和同行业竞争状况等，从而把握自己的市场定位，谋求更大的发展空间。

3. 有效实施内部控制的重要保证

信息与沟通贯穿于内部控制体系的内部环境、风险评估、控制活动、内部监督四个基本要素，同时又是四个基本要素的重要工具。内部信息传递作为信息与沟通的重要方式，在建立与实施内部控制中具有不可或缺的重要作用。快速、科学、上传下达的信息传递机制，为企业内部控制的有效运行提供信息保证，及时揭示内部控制缺陷，防范内部控制重大风险，从而有助于提高企业内部控制的效率和效果。

二、内部信息传递的流程、内容及风险

（一）内部信息传递的流程

企业应当加强内部报告管理，全面梳理内部信息传递过程中的薄弱环节，建立科学的内部信息传递机制，明确内部信息传递具体要求，关注内部报告的有效性、及时性和安全性，促进内部报告的有效利用，充分发挥内部报告的作用。

　　企业内部信息传递的流程分为内部报告形成和内部报告使用两个阶段。其中，内部报告形成阶段包括：建立内部报告指标、收集内外部信息、形成及审核内部报告三个环节；内部报告使用阶段包括：内部报告在规定的范围内流转、有效利用内部报告、定期评估内部报告和保存内部报告四个环节，如图7-1所示。

图7-1　企业内部信息传递流程

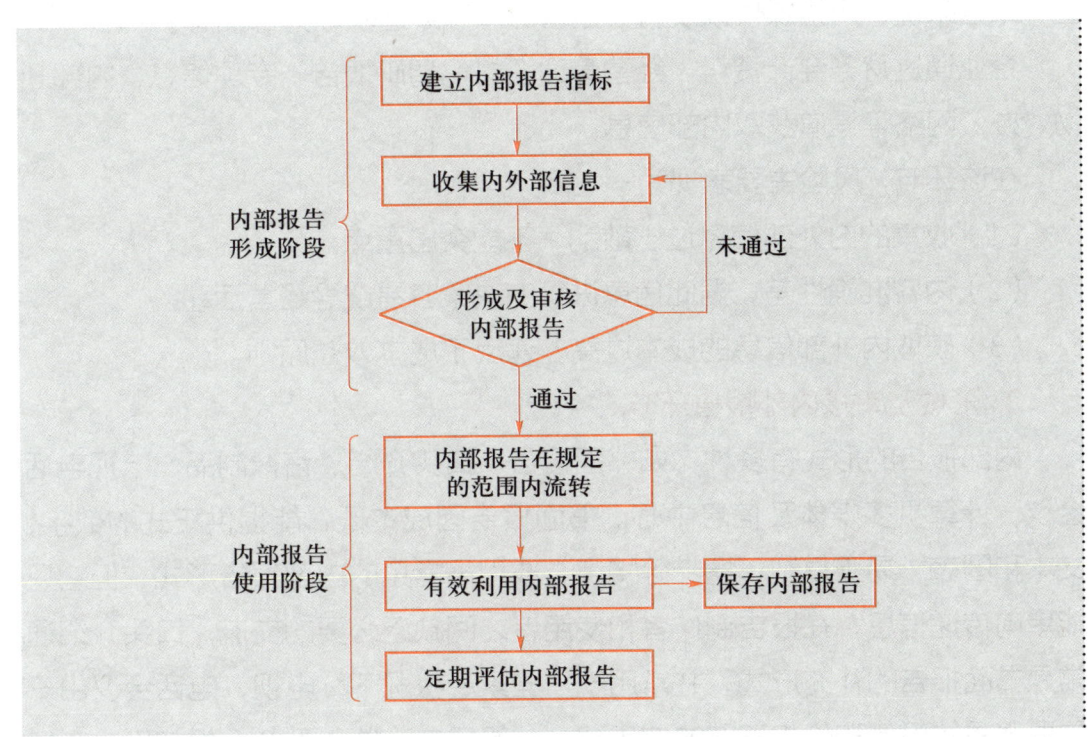

　　内部信息传递流程中需要分离的不相容岗位有：内部报告编制与审核、内部报告编制与评估、内部报告使用与评估。

（二）内部报告形成阶段内容及风险

1. 建立内部报告指标环节

　　企业应当根据发展战略、风险控制和业绩考核要求，科学规范不同级次内部报告的指标体系。内部报告指标体系的设计应当与全面预算管理相结合，并随着环境和业务的变化不断进行修订和完善。设计内部报告指标体系时，应当关注企业成本费用预算的执行情况，以满足其经营决策、业绩考核、企业价值与风险评估的需要。

　　在该环节，风险主要表现为：

　　（1）指标体系的设计未能结合企业的发展战略；

　　（2）指标体系级次混乱，与全面预算管理要求相脱节；

（3）一旦设定后未能根据环境和业务变化有所调整。

2. 收集内外部信息环节

企业应当关注市场环境、政策变化等外部信息对企业生产经营管理的影响，广泛收集、分析、整理外部信息，并通过内部报告传递到企业内部相关管理层级，以便采取应对策略。

企业可以通过行业协会组织、社会中介机构、业务往来单位、市场调查、来信来访、网络媒体以及有关监管部门等渠道获取外部信息。

企业通过财务会计资料、经营管理资料、调研报告、专项信息、内部刊物、办公网络等渠道获取内部信息。

在该环节，风险主要表现为：

（1）收集的内外部信息过于散乱，不能突出重点。

（2）内容准确性差，据此信息进行的决策容易误导经营活动。

（3）获取内外部信息的成本过高，违反了成本效益原则。

3. 形成及审核内部报告环节

内部报告的形式有多种，如书面报告、口头介绍、音像制品、电视电话会议，计算机多媒体及信息中心。书面报告因成本低，能提供正式的数字、文本和图表，易于复制、携带等特点，成为最常见的内部报告形式，但它只能单向传递信息，在报告制作者和使用者之间缺乏必要的交流。口头介绍通常是书面报告的补充形式，并常用于一些紧急状况下；电视、电话会议由于需要贵重的设备和价格不菲的使用费，一般只在一些大型企业中使用；音像制品由于只能单向传递信息，一般只用于提供一般信息，如培训、指导等；计算机多媒体及信息中心具有强大的数据处理功能，能够实现内部报告的普及。企业选用何种方式进行内部报告，应根据企业的特点和经济状况，本着及时、有效、节约的原则来进行。

内部报告一般有定期报告和非定期报告两种。定期报告的设计频率应与所需反映的信息有关，有些信息需要一两月报告一次，如企业的获利情况；有些信息则需每日报告一次，例如商店的销售情况。非定期报告一般用在临时项目的信息传递上。

企业应当合理设计内部报告编制程序，提高编制效率。内部报告内容应全面、简洁明了、通俗易懂、传递及时，便于企业各管理层级和全体员工掌握相关信息，正确履行职责。

在该环节，风险主要表现为：

（1）内部报告未能根据各内部使用单位的需求进行编制。

（2）内容不完整，编制不及时。

（3）未经审核即向有关部门传递。

（三）内部报告使用阶段内容及风险

企业应当有效利用内部报告进行风险评估，准确识别和系统分析企业生产经营活动中的内外部风险，确定风险应对策略，实现对风险的有效控制。

内部报告使用阶段包括的环节如下。

1. 构建内部报告流转程序及渠道环节

（1）企业制定严密的内部报告传递流程，充分利用信息技术，强化内部报告信息集成和共享，将内部报告纳入企业统一信息平台，构建科学的内部报告网络体系。

（2）企业内部各管理层级指定专人负责内部报告工作。

（3）内部报告按照职责分工和权限指引中规定的报告关系传递信息。

（4）为保证信息传递的及时性，重要信息应当及时传递给董事会、监事会和经理层。企业也要选择恰当的信息渠道，保证信息渠道畅通，防止信息失真。

在该环节，风险主要表现为：

（1）缺乏内部报告传递流程。

（2）内部报告未按传递流程进行传递流转。

（3）内部报告流转不及时。

2. 有效利用内部报告环节

（1）企业各级管理人员利用内部报告进行有效决策，管理和指导企业日常生产经营活动，及时反映全面预算执行情况，协调企业内部相关部门和各单位的运营进度，严格绩效考核和责任追究。

（2）有效利用内部报告进行风险评估，准确识别和系统分析企业生产经营活动中的内外部风险，确定风险应对策略，实现对风险的有效控制。

（3）及时解决内部报告反映出的问题。

（4）制定内部报告保密制度，防止泄露商业秘密。

在该环节，风险主要表现为：

（1）企业管理层在决策时并没有使用内部报告提供的信息。

（2）内部报告未能用于风险识别和控制。

（3）商业秘密通过企业内部报告被泄露。

3. 内部报告保管环节

（1）有条件的企业应当建立电子内部报告保管库，分性质，按照类别、时间、保管年限、影响程序及保密要求等分门别类地储存电子内部报告。

（2）有关公司商业秘密的重要文件要由企业较高级别的管理人员负责，至少由两人共同管理，放置在专用保险箱内。

在该环节，风险主要表现为：

（1）企业缺少内部报告的保管制度。

（2）内部报告的保管存放杂乱无序。

（3）对重要资料的保管期限过短。

（4）保密措施不严。

4. 内部报告评估环节

内部报告传递对企业具有重要影响，企业需要对内部报告进行评估，及时发现内部报告存在的缺陷，以便及时修订和完善，确保内部报告提供的信息及时、有效。

内部报告评估的主要内容包括：

（1）内部报告评估内容。

（2）内部报告评估时间。

（3）内部报告评估要点。

在该环节，风险主要表现为：

（1）缺乏完善的内部报告评价体系。

（2）对各信息传递环节和传递方式控制不严。

（3）针对传递不及时、信息不准确的内部报告缺乏相应惩戒机制。

三、内部信息传递的风险管理与控制

内部信息传递内部控制方法主要有：归口管理控制、不相容职务分离控制、授权控制、实物保管和内部监督。企业应当加强内部报告管理，全面落实内部信息传递过程中的薄弱环节，着手建立科学的内部信息传递机制，明确管理层的职责权限，明确内部信息传递的内容，明确保密要求，以及密级分类、传递方式、传递范围，促进内部报告有效利用，充分发挥内部报告作用。

不相容职务分离控制方面，要注意内部报告编制和审核、编制与评估、使用与评估人员的职责分离；授权控制方面，要注重对内外部信息收集、内部报告指标体系建立、内部报告传递范围、内部报告档案查询等工作的权限受理；实物保管方面，企业各部门应当指定专人按类别保管相应的内部报告，有关公司商业秘密的重要文件由企业较高级别的管理人员负责管理，实行联合控管制度，放置在专用保险箱内；内部监督方面，侧重于审核收集的内外部信息、审核形成的内部报告、复核重要信息传递过程和实施内部报告评价。

（一）内部报告形成阶段管理与控制

1. 建立内部报告指标体系环节管理与控制

建立内部报告指标体系环节应当管控：内部报告指标体系设计要结合企业的发展战略，指标体系级次层次分明，内部报告指标体系的审核、内部报告指标体系要求与全面预算管理紧密联系，能根据环境和业务变化有所调整等。

（1）认真研究企业的发展战略、风险控制要求和业绩考核标准，根据各管理层级对信息的需求和详略程度，建立一套级次分明的内部报告指标体系。

（2）内部报告指标细化，层层分解，使企业各责任中心及各相关职能部门都有自己明确的目标，以利于控制风险并进行业绩考核。

（3）内部报告依据全面预算的标准进行信息反馈，将预算控制的过程和结果向企业内部管理层报告，以有效控制预算执行情况、明确相关责任、科学考核业绩，实现资源的最有效配置和管理的协同效应。

2. 收集内外部信息环节管理与控制

收集内外部信息环节主要应当管控：内外部信息的合理筛选、核对、整合，内外部信息的准确性，对所收集的内外部信息进行审核以及获取信息应当考虑成本效益原则等。

（1）根据特定服务对象的需求，选择信息收集过程中重点关注的信息类型和内容。

（2）对信息审核和鉴别，对已经筛选的资料做进一步的检查，确定其真实性和合理性。

（3）收集信息的过程中考虑获取信息的便利性及其获取成本高低，确保所获取信息符合成本效益原则。

3. 形成及审核内部报告环节管理与控制

形成及审核内部报告环节主要应当管控：内部报告的有用性、及时性、全面性，以及审核形成的内部报告等。

（1）内部报告编制单位应紧紧围绕内部报告使用者的信息需求，以内部报告指标体系为基础，编制内容全面、简洁明了、通俗易懂的内部报告，便于企业各管理层级和全体员工掌握相关信息，正确履行职责。

（2）合理设计内部报告编制程序，提高编制效率，保证内部报告能在第一时间提供给相关管理部门。

（3）建立内部报告审核制度，设定审核权限，确保内部报告信息质量。企业必须对岗位与职责分工进行控制，内部报告的起草与审核岗位分离，内部报告在传递前必须经签发部门负责人审核。对内部报告的审核，应当设定审核权限，重点审核：关注内容适当性、信息及时性、信息准确性、信息获取性、信息当前性，以确保内部报告信息质量。

（二）内部报告使用阶段管理与控制

1. 内部报告流转程序及渠道环节管理与控制

内部报告流转程序及渠道环节主要应当管控：规范内部报告的传递流程、授权内部报告的传递范围以及内部报告流转的及时性等。

（1）制定内部报告传递制度。企业可根据信息的重要性、内容等特征，确定不同的流转环节。

（2）严格按设定传递流程进行流转。企业各管理层对内部报告的流转应做好记录，对于未按照流转制度进行操作的事件，应当调查原因并做相应处理。

（3）及时更新信息系统，确保内部报告有效、安全地传递。企业应在实际工作中尝试精简信息系统的处理程序，使信息在企业内部更快地传递。对于重要紧急的信息，可以越级向董事会、监事会或经理层直接报告，便于相关负责人迅速做出决策。

2. 内部报告有效利用及保密要求环节管理与控制

企业各级管理人员应当充分利用内部报告进行有效决策，管理和指导企业的日常生产经营活动，及时反映全面预算执行情况，协调企业内部相关部门和各单位的运营进度，严格绩效考核和责任追究，确保企业实现发展战略和经营目标。

（1）企业在预算控制、生产经营管理决策和业绩考核时充分使用内部报告提供的信息。企业应当将预算控制和内部报告接轨，通过内部报告及时反映全面预算的执行情况；要求企业尽可能利用内部报告的信息对生产、购售、投资、筹资等业务进行因素分析、对比分析和趋势分析等，发现存在的问题，及时查明原因并加以改进；将绩效考评和责任追究制度与内部报告联系起来，依据及时、准确、按规范流程提供的信息进行透明、客观的定期业绩考核，并对相关责任人进行追究惩罚。

（2）企业管理层应通过内部报告提供的信息对企业生产经营管理中存在的风险进行评估，准确识别和系统分析企业生产经营活动中的内外部风险，涉及突出问题和重大风险的，应当启动应急预案。

（3）企业应从内部信息传递的时间、空间、节点、流程等方面建立控制，通过职责分离、授权接触、监督和检查等手段防止商业秘密泄露。

3. 内部报告保管环节管理与控制

内部报告保管环节主要应当管控：专门的内部报告保管人，明确保管岗位职责、保管年限、保密要求、保管措施以及保管期满销毁制度等。

（1）企业应当建立内部报告保管制度，各部门应当指定专人按类别保管相应的内部报告。

（2）为了便于内部报告的查阅、对比分析改善内部报告的格式，提高内部报告的有用性，企业应按类别保管内部报告，对影响较大、金额较高的一般要严格保管，如企业重大重组方案、企业债券发行方案等。

（3）企业对不同类别的报告应按其影响程度规定其保管年限，只有超过保管年限的内部报告方可予以销毁。对影响重大的内部报告应当永久保管，如公司章程及相应的修改、公司股东登记表等。

（4）企业应当制定严格的内部报告保密制度，明确保密内容、保密措施、密级程度和传递范围，防止泄露商业秘密。有关公司商业秘密的重要文件要由企业较高级别的管理人员负责，具体至少由两人共同管理，放置在专用保险箱内。查阅保密文件，必须经该高层管理人员同意，由两人分别开启相应的锁具方可打开。

4. 内部报告评估环节管理与控制

由于内部报告传递对企业具有重要影响，企业应当建立内部报告评估制度。企业应当对内部报告是否全面、完整，内部信息传递是否及时、有效，内部报告的利用是否符合预期做到心中有数。这就要求企业建立内部报告评估制度，通过对一段时间内部报告的编制和利用情况进行全面的回顾和评价，掌握内部信息的真实状况。企业对内部报告的评估应当定期进行，具体由企业根据自身管理要求做出规定，至少每个年度对内部报告进行一次评估。企业应当重点关注内部报告的及时性，内部信息传递的有效性和安全性。经过评估发现内部报告存在缺陷的，企业应当及时进行修订和完善，确保内部报告提供的信息及时、有效。

（1）企业应建立并完善企业对内部报告的评估制度，严格按照评估制度对内部报告进行合理评估，考核内部报告在企业生产经营活动中所起的真实作用。

（2）为保证信息传递的及时、准确，企业必须执行奖惩机制。对经常不能及时或准确传递信息的相关人员应当进行批评和教育，并与绩效考核体系挂钩。

（三）建立完善的反舞弊机制

舞弊是指以故意的行为获得不公平的或者非法的收益，主要存在于以下领域：虚假财务报告、资产的不适当处置、不恰当的收入和支出、故意的不当关联方交易、税务欺诈、贪污以及收受贿赂和回扣等方面。有效的反舞弊机制，是企业防范、发现和处理舞弊行为、优化内部环境的重要制度安排。有效的信息沟通是反舞弊程序和控制成功的关键。如果信息交流机制不畅通，就会产生信息不对称的问题，舞弊行为产生的机会就会增大。企业应当建立反舞弊机制，坚持惩防并举、重在预防的原则，明确反舞弊工作的重点领域、关键环节和有关机构在反舞弊工作中的职责权限，规范舞弊案件的举报、调查、处理、报告和补救程序。

（1）企业应当重视和加强反舞弊机制建设，对员工进行道德准则培训，通过设立员工信箱、投诉热线等方式，鼓励员工及企业利益相关方举报和投诉企业内部的违法违规、舞弊和其他有损企业形象的行为。

（2）企业应通过审计委员会对信访、内部审计、监察、接受举报过程中收集的信息进行复查监督管理层对财务报告施加不当影响的行为、管理层进行的重大不寻常交易，以及企业各管理层级的批准、授权、认证等防止企业资产侵占、资金挪用、虚假财务报告、滥用职权等现象的发生。

（3）企业应当建立反舞弊情况通报制度。企业应定期召开反舞弊情况通报会，由审计部门通报反舞弊工作情况，分析反舞弊形势，评价现有的反舞弊控制措施和程序。

（4）企业应当建立举报人保护制度。设立举报责任主体、举报程序，明确举报投诉处理程序，并做好投诉记录的保存。切实落实举报人保护制度是举报投诉制度有效运行的关键。结合企业的实际情况，企业应明确举报人应向谁举报，以何种方式进行举报，举报内容的界定等；确定举报责任主体接到投诉报告后进行调查的程序、办理时限、办结要求及将调查结论提交董事会处理的程序等。

　　导致 V 汽车"尾气门事件"的原因主要有三点：一是盲目的战略扩张导致攀升的成本压力。事实表明，采用这种欺骗的手段，V 汽车虽然在一段时间内获得了可观的利润，最终却为此付出了惨痛的代价，得不偿失。二是监事会形同虚设以及内部信息沟通不畅。V 汽车的监事会形同虚设，并未发挥其应有的作用。此外，发动机研发过程相当复杂，需要程序员、发动机和齿轮箱研发人员以及熟悉官方测试流程的人员相互协调沟通，造假事件在如此复杂的环节下得以发生，而高层管理人员竟然都声称毫不知情。如果属实，可以看出 V 汽车的内部控制制度设计存在很多问题，其内部监督和信息沟通也存在严重缺陷。三是高压下的企业社会责任的缺失。"信誉资本"作为企业真正的无形资产，包含在企业的市值当中，是企业未来发展的支柱。越来越多的企业实践证明，积极履行社会责任，重视利益相关者的诉求，企业的"信誉资本"会更为深厚，发展会更加健康。

　　"尾气门事件"的启示：企业董事会负责内部控制的建立健全和有效实施，监事会应对董事会建立与实施的内部控制进行监督。V 汽车应当认识到信息沟通在内部控制中起着关键作用，信息沟通是企业高效有序运行的前提，也是管理的基础，任何组织的任何管理工作都离不开信息沟通。"尾气门事件"后，V 汽车委任首席财务官潘某出任监事会主席，力求通过财务管理来为目前的困境寻找突破口，并且推选出了值得信任的首席执行官，致力于公司治理结构的完善，重点加强内部沟通与监督，从而降低"尾气门事件"再度发生的风险。

任务二

企业信息系统内部控制

卓越公司在与 Z 银行运河支行对账时发现，公司两个账户应有的存款余额近 3 亿元只剩下 7 万多元，其余存款去向不明。而卓越公司只是资金消失案的第一个发现者，随后，卓越公司的子公司畅想公司也发现其在运河支行的 530 万元资金不翼而飞。福至公司存于运河支行的资金约 3.2 亿元去向不明。有同样遭遇的还有该市社会保险事业管理局等数家单位。全部失款总额超过 10 亿元。与此同时，运河支行行长高某也神秘失踪。

调查发现，运河支行行长高某以跳票飞单的形式，利用高息获得巨额存款，在休眠期串通企业的实际控制人李某通过地下钱庄将超过 10 亿元的资金汇往国外，并顺利出境。

据了解，运河支行尽管具备同城结算资格，但始终没有接入同城结算系统。按照惯例，如果有完整的结算系统，上一级分行可以适时查询下一级支行的资金调度情况，而且每天还会轧平资金的头寸，一旦发现大额的可疑资金流动，就会进行风险预警。运河支行并未及时发现问题，直到卓越公司前来对账才发现资金被抽走。据 Z 银行另一支行的一位员工称，运河支行确实没有使用人民银行分配的同城交换号，其所有业务都是通过另一支行的同城结算交换号进行的。由于另一支行难以了解客户账户内容，运河支行实际上规避了外部监管。这种从根本上避开银行信息系统的问题导致许多监督等内部控制活动无法展开，为高某从事违法活动提供了一条便利的通道。

通过本任务的学习，掌握信息系统内部控制的定义，了解信息系统的开发方式，明确内部信息的传递流程，掌握信息系统控制的内容和风险。同时思考运河支行内部控制在哪些方面存在问题，针对这些问题，应采取哪些措施防范风险。

一、信息系统概述

（一）信息系统内部控制概述

《企业内部控制应用指引第 18 号——信息系统》中所指信息系统，是企业利用计算机和通信技术，对内部控制进行集成、转化和提升所形成的信息化管理平台。

信息系统是任何组织中都有的一个子系统，是为了生产和管理服务的，它渗透到组织中的每一个部门当中，与其他系统不同。信息系统虽然不从事某一具体的实物性工作，但是对全局的协调一致起重要作用。信息系统的运作状况与整个组织的效率密切相关。

（二）信息系统的开发方式

信息系统主要有自行开发、业务外包和外购调试三种开发方式。这些开发方式有各自的优缺点和适用条件，企业应根据自身实际情况合理选择。

1. 自行开发

自行开发是企业依托自身力量完成整个开发过程的开发方式。

其优点是开发人员熟悉企业情况，可以得到适合本单位的满意的系统。同时，通过自行开发，还可以培养锻炼自己的开发队伍，便于后期的运行和维护。其缺点是开发周期较长、技术水平和规范程度很难得到保证，成功率相对较低。

自行开发的方式适用于企业自身技术力量雄厚，而且市场上没有能够满足企业需求的成熟的商品化软件。

2. 业务外包

业务外包是指委托其他单位开发信息系统的开发方式，其基本做法是企业将信息系统开发项目外包给专业公司或科研机构负责开发、安装实施，由企业直接使用。

业务外包的优点是外包供应商对不断变化的技术有更好的了解，能够提供更高标准和质量的服务；同时，外包供应商减轻了企业专业管理人员的负担，外包供应商可按需求提供服务，不用长期在企业中保留信息技术部门；此外可以很好地保障企业核心业务竞争力。其缺点是沟通成本高，外包供应商难以深刻理解企业需求，可能导致开发出的信息系统与企业的期望产生较大偏差；同时，外包信息系统与外包供应商的专业技能、职业道德和敬业精神存在密切关系，也要求企业必须加大对外包项目的监督力度；此外，当外包服务不再受企业控制时，企业不能根据环境的改变做出迅速的反应，失去了灵活性。

业务外包方式的适用条件通常是市场上没有能够满足企业需求的成熟的商品化软件和解决方案，企业自身技术力量薄弱或出于成本效益原则考虑，不愿意维持庞大的开发队伍。

3. 外购调试

外购调试的基本做法是企业购买成熟的商品化软件，通过参数配置和二次开发满足企业需求。

其优点是开发建设周期短；成功率较高；成熟的商品化软件质量稳定、可靠性高；专业的软件供应商实施经验丰富。其缺点是难以满足企业的特殊需求；系统的后期升级进度受制于商品化软件供应商产品更新换代的速度，企业自主权不强，较为被动。

外购调试方式的适用条件通常是企业的特殊需求较少，市场上已有成熟的商品化软件和系统实施方案。如大部分企业的财务管理系统、ERP 系统、人力资源管理系统等，多采用外购调试方式。

（三）信息系统内部控制的目标

（1）促进企业有效实施内部控制，提高企业现代化管理水平，减少人为操纵因素。

（2）增强信息系统的安全性、可靠性和合理性以及相关信息的保密性、完整性和有用性。

（3）为建立有效的信息与沟通机制提供支持保障。

二、信息系统内部控制的内容及风险

信息系统内部控制包括一般控制和应用控制。一般控制的基本流程划分为四个阶段：战略规划、开发建设、运行维护和系统终结，其中运行维护阶段主要包含日常运行维护、系统变更管理和系统安全管理三个环节；应用控制的基本流程划分为三个阶段：输入、处理和输出，如图 7-2 所示。

图 7-2 信息系统内部
控制的内容

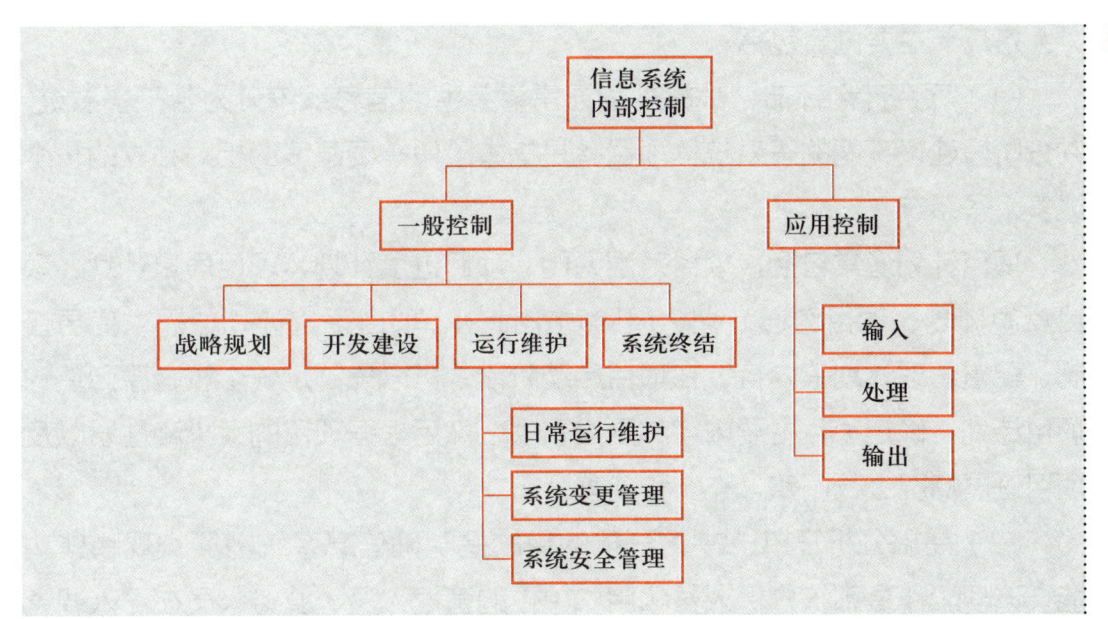

（一）信息系统一般控制战略规划阶段的内容及风险

企业根据发展战略和业务需要进行信息系统建设，首先需要确立系统建设目标，根据目标进行系统建设战略规划，再将规划细化为项目建设方案，最终根据实际情况选择自行开发、外购调试或业务外包等方式。信息系统归口管理部门的职责有：加强信息系统开发全过程的跟踪管理，增进开发单位与企业内部业务部门日常沟通和协调，组织独立于开发单位的专业机构对开发完成信息系统进行检查验收，并组织系统上线运行。

在该阶段，风险主要表现为：

（1）缺乏战略规划或规划不合理，可能造成"信息孤岛"或重复建设，导致企业经营管理效率低下。

（2）没有将信息化与企业业务需求结合，降低了信息系统的应用价值。

（二）信息系统一般控制开发建设阶段的内容及风险

开发建设阶段，企业开展信息系统建设，可以根据实际情况，选择自行开发、业务外包或外购调试等方式。各种开发方式流程大体相似，通常包含项目计划环节、需求分析环节、系统设计环节、编程和测试环节和上线环节。

1. 信息系统自行开发

选择自行开发信息系统的，信息系统归口管理部门应当组织企业内部相关业务部门进行需求分析，合理配置人员，明确系统设计、编程、安装调试、验收、上线等全过程的管理要求。

各环节主要内容包括：

（1）项目计划环节。战略规划通常将完整的信息系统分为若干子系统，并分阶段建设不同的子系统。项目就是指本阶段需要建设的相对独立的一个或多个子系统。

项目计划通常包括：项目范围说明、项目进度计划、项目质量计划、项目资源计划、项目沟通计划、风险对策计划、项目采购计划、需求变更控制、配置管理计划等内容。在项目启动阶段，可以先制定一个较有原则性的项目计划，确定项目主要内容和重大事项，然后根据项目的大小和性质以及项目进展情况进行调整、充实和完善。

（2）需求分析环节。需求分析的目的是明确信息系统需要实现哪些功能。该项工作是系统分析人员和用户单位的管理人员、业务人员在深入调查的基础上，详细描述业务活动涉及的各项工作以及用户的各种需求，从而建立未来目标系统的逻辑模型。

（3）系统设计环节。系统设计是根据系统需求分析阶段所确定的目标系统逻辑模型，设计一个能在企业特定的计算机和网络环境中实现的方案，即建立信息系统的物理模型。系统设计包括总体设计和详细设计。

总体设计主要任务包括四个：一是设计系统模块结构，合理划分子系统边界和接口。二是选择系统实现的技术路线，确定系统的技术架构，明确系统重要组件的内容和行为特征，以及组件之间、组件与环境之间的接口关系。三是数据库设计，包括主要的数据库表结构设计、存储设计、数据权限和加密设计等。四是设计系统的网络拓扑结构、系统部署方式等。详细设计主要任务有程序说明书编制、数据编码规范设计、输入输出界面设计等内容。

（4）编程和测试环节。编程阶段是将详细设计方案转换成某种计算机编程语言的过程。编程阶段完成之后，要进行测试，测试主要有以下目的：一是发现软件开发过程中的错误，分析错误的性质，确定错误的位置并予以纠正。二是通过某些系统测试，了解系统的响应时间、事务处理吞吐量、载荷能力、失效恢复能力以及系统实用性等指标，以便对整个系统做出综合评价。

信息系统自行开发阶段的测试环节流程为：文档测试—测试计划—测试设计—测试实施—测试总结。

（5）上线环节。系统上线是将开发出的系统（可执行的程序和关联的数据）部署到实际运行的计算机环境中，使信息系统按照既定的用户需求来运转，切实发挥信息系统的作用。

在信息系统自行开发方式下，风险主要表现为：

（1）项目计划方面。信息系统建设缺乏项目计划或者计划不当，导致项目进度滞后、费用超支、质量低下。

（2）需求分析方面。需求本身不合理，对信息系统提出的功能、性能、安全性等方面要求不符合业务处理和控制需要；技术上不可行、经济上成本效益倒挂或与国家有关法规制度冲突；需求文档表述不准确、不完整，未能真实、全面地表达企业需求，存在表述缺失、表述不一致甚至表述错误等问题。

（3）系统设计方面。设计方案不能完全满足用户需求，不能实现需求文档规定的目标；设计方案未能有效控制建设开发成本，不能保证建设质量和进度；设计方案不全面，导致后续变更频繁；设计方案没有考虑信息系统建成后对内部控制的影响，导致系统运行后衍生新的风险。

（4）编程和测试方面。编程结果与设计不符；各程序员编程风格差异大，程序可读性差，导致后期维护困难，维护成本高；缺乏有效的程序版本控制，导致重复修改或修改不一致等问题；测试不充分等。

（5）上线方面。缺乏完整可行的上线计划，导致系统上线混乱无序；人员培训不足，不能正确使用系统，导致业务处理错误，或者未能充分利用系统功能，导致开发成本浪费；初始数据准备设置不合格，导致新旧系统数据不一致、业务处理错误。

2. 信息系统业务外包

信息系统业务外包方式下企业应当重点关注三个环节的工作：选择外包服务商环节、签订外包合同环节、持续跟踪评价外包服务商的服务过程环节。

企业应当选择维护企业利益、具有综合实力的外包服务商，恰当拟订合同条款并签订合同，对外包服务商的服务过程持续跟踪评价，以确保外包服务商的服务质量满足企业信息开发需求。

在该方式下，风险主要表现为：

（1）选择外包服务商方面。企业与外包服务商之间本质上是一种"委托—代理"关系，合作双方信息不对称容易诱发道德风险，外包服务商可能会实施损害企业利益的自利行为。

（2）签订外包合同方面。合同条款不准确、不完善，导致企业正当权益无法得到有效保障。

（3）持续跟踪评价外包服务商的服务过程方面。缺乏外包服务跟踪评价机制或跟踪评价不到位，可能导致外包服务质量水平不能满足企业信息系统开发需求。

3. 信息系统外购调试

信息系统外购调试方式下企业应当重点关注两个环节的工作：软件产品选型和供应商选择环节、服务供应商选择环节。软件供应商的选择和软件产品的选型密切相关，企业要选择在功能、性能、易用性等方面能满足企业需求的软件产品，有充足服务能力的软件供应商，签订合约并跟踪服务质量，同时还需要选择合适的咨询公司等服务提供商，指导企业将通用软件产品与本企业的实际情况有机结合。

在该方式下，风险主要表现为：

（1）软件产品选型和供应商选择方面。软件产品选型不当，产品在功能、性能、易用性等方面无法满足企业需求。软件供应商选择不当，产品的支持服务能力不足，产品的后续升级缺乏保障。

（2）服务供应商选择方面。服务提供商选择不当，削弱了外购软件产品的功能发挥，无法有效满足用户需求。

（三）信息系统一般控制运行维护阶段的内容及风险

信息系统的运行维护阶段主要包括三个环节工作内容：日常运行维护、系统变更管理、系统安全管理。

1. 日常运行维护环节

日常运行维护的目标是保证系统正常运转，主要工作内容包括系统的日常操作、系统的日常巡检和维修、系统运行状态监控、异常事件的报告和处理等。

在该环节，风险主要表现为：

（1）没有建立规范的信息系统日常运行管理规范，计算机软硬件的内在隐患易于爆发，可能导致企业信息系统出错。

（2）没有执行例行检查，导致一些人为恶意攻击会长期隐藏在系统中，可能造成严重损失。

（3）未能定期备份信息系统数据，可能导致损坏后无法恢复，从而造成重大损失。

2. 系统变更管理环节

系统变更主要包括硬件的升级扩容、软件的修改与升级等。系统变更是为了更好地满足企业需求，但同时应加强对变更申请、变更成本与进度的控制。

在该环节，风险主要表现为：

（1）没有建立严格变更申请、审批、执行、测试流程，导致系统随意变更。

（2）系统变更后效果达不到预期目标。

3. 系统安全管理环节

安全管理的目标是保障信息系统安全，信息系统安全是指信息系统包含的所有硬件、软件和数据受到保护，不因偶然和恶意的原因而遭到破坏、更改和泄漏，信息系统能够连续正常运行。

在该环节，风险主要表现为：

（1）硬件设备分布物理范围广，设备种类繁多，安全管理难度大，可能导致设备生命周期短。

（2）业务部门信息安全意识薄弱，对系统和信息安全缺乏有效的监管手段。

（3）对系统程序缺陷或漏洞安全防护不够，导致黑客攻击，造成信息泄露。

（4）对各种计算机病毒防范清理不力，导致系统运行不稳定甚至瘫痪。

（5）缺乏对信息系统操作人员严密监控，可能导致舞弊和利用计算机犯罪。

（四）信息系统一般控制系统终结阶段的内容及风险

系统终结是信息系统生命周期的最后一个阶段，在该阶段信息系统将停止运行。停止运行的原因通常有：企业破产或被兼并、原有信息系统被新的信息系统代替。

在该环节，风险主要表现为：

（1）因经营条件发生巨变，数据可能泄密。

（2）信息档案的保管期限不够长。

三、信息系统应用控制的内容及风险

（一）信息系统应用控制输入阶段的内容及风险

输入控制的目的是发现和防止错误的交易数据的录入，其中包括：

（1）交易前的数据录入，如在发票与收到的货物、文件和采购订单相匹配后，核准供应商的发票。

（2）数据输入屏幕的规定格式令使用者不得跳过强制输入字段。

（3）输入体系内容的合理检查，如检查给予顾客的折扣是否在允许的限度内。

在该阶段，风险主要表现为：

进入系统的数据不准确、不完整、不及时，导致输出结果错误，造成财产损失。

（二）信息系统应用控制处理阶段的内容及风险

处理阶段应确保过程的发生按照公司的要求，没有被忽略或处理不当的交易发生。最常见的控制是交易记录、分批平衡和总量控制系统。

在该阶段，风险主要表现为：

（1）未经授权非法处理业务。

（2）信息系统处理不正确、导致业务无法正常进行。

（3）信息系统处理过程未留下详细轨迹，导致出现错误无法追踪。

（三）信息系统应用控制输出阶段的内容及风险

输出控制确保输入和处理活动已经被执行，而且生成的信息可靠并分发给用户。主要的输出控制形式是交易清单和例外报告等。

在该阶段，风险主要表现为：

（1）敏感信息被非授权用户获取。

（2）输出信息在内容的正确性和完整性、形式的规范性等方面存在质量问题，无法满足用户需求。

（3）输出的信息被篡改。

四、信息系统风险管理与控制

（一）信息系统内部控制的方法

1. 归口管理控制

企业需要成立专门的信息系统安全管理机构，具体实施工作由信息系统管理部门负责。该部门的主要职责包括：对信息系统开发全过程跟踪管理，组织企业内部相关业务部门进行需求分析，组织独立于开发单位的专业机构对开发完成的信息系统检查验收，组合信息系统上线运行。同时，归口管理部门要明确系统设计、编程、安装调试、验收、上线等全过程的管理要求，增进开发单位与企业内部业务部门的日常沟通和协调。

2. 不相容职务分离控制

信息系统不相容职务设计的人员可以分为三类：系统开发建设人员、系统管理和维护人员、系统操作使用人员。以下不相容职务应当实施分离：系统开发建设人员与系统操作使用人员，系统管理和维护人员与系统操作使用人员，系统操作使用人员不同岗位——业务数据录入、数据检查、业务批准等。

3. 授权控制

（1）自行开发方式下，需按规定的权限和程序审批后实施的文件有：信息系统开发的战略规划和中长期发展规划，自行开发方式的项目计划及项目建设方案，系统需求说明书，信息系统设计方案，信息系统测试制度、规范测试流程，信息系统上线计划。

（2）信息系统应用控制方面体现的授权控制包括：后台操作修改和删除数据需经授权；不同授权用户在授权范围内运用信息系统进行业务处理；经授权用户才能得到相关输出信息。

4. 实物保管控制

信息系统数据需要定期备份，数据正本与备份存放于不同地点，综合采用磁盘、磁带、光盘等备份存储介质。

信息系统安全管理方面，建立专门的电子设备管控制度，对于关键信息设备，未经授权，不得接触。

5. 内部监督控制

内部监督控制体现在信息系统应用控制中，具体侧重于进入系统数据的检查和校验，后台操作的监控，信息系统定期检测维护和输出资料分发控制。

（二）信息系统的一般控制

1. 系统规划阶段管理与控制

系统规划阶段主要应当确保战略规划的合理性、重视整体观念和意识、强调信息系统的协同效用，强调信息化与企业业务需求的结合，提高信息系统的应用价值。

（1）制定信息系统开发战略规划和中长期发展计划，每年制定经营计划的同时制定年度信息系统建设计划，促进经营管理活动与信息系统的协调统一。

（2）充分调动信息系统归口管理部门与业务部门的积极性，提高战略规划的科学性、前瞻性和适应性。

（3）信息系统战略规划要与企业组织架构、业务范围、地域分布、技术能力等相匹配，避免相互脱节。

2. 系统开发阶段管理与控制

系统开发阶段主要应当管控：企业信息系统开发建设要将企业的业务流程、内控措施、权限配置、预警指标、核算方法等固化到信息系统中，开发建设的好坏直接影响信息系统的成败。企业应当指定专门机构对信息系统进行归口管理。

（1）信息系统自行开发的管控措施。

① 项目计划环节。第一，企业应当根据信息系统建设整体规划提出分阶段项目的建设方案，明确建设目标、人员配备、职责分工、经费保障和进度安排等相关内容，按照规定的权限和程序审批后实施。第二，企业可以采用标准的项目管理软件制定项目计划并加以跟踪。在关键环节进行阶段性评审，以保证过程可控。第三，项目关键环节编制的文档应参照相关国家标准和行业标准，以提高项目计划编制水平。

② 需求分析环节。第一，信息系统归口管理部门应当组织企业内部各有关部门提出开发需求，加强系统分析人员和有关部门的管理人员、业务人员的交流，经综合分析提炼后形成合理的需求。第二，编制表述清晰、表达准确的需求文档。需求文档是业务人员和技术人员共同理解信息系统的桥梁，必须准确表述系统建设的目标、功能和要求。第三，企业应当建立健全需求评审和需求变更控制流程。依据需求文档进行设计（含需求变更设计）前，应当评审其可行性，由需求提出人和编制人签字确认，并经业务部门与信息系统归口管理部门负责人审批。

③ 系统设计环节。第一，系统设计负责部门应当就总体设计方案与业务部门进行沟通和讨论，说明方案对用户需求的覆盖情况；存在备选方案的，应当详细说明各方案在成本、建设时间和用户需求响应上的差异；信息系统归口管理部门和业务部门应当对选定的设计方案予以书面确认。第二，企业应参照相关国家标准和行业标准，提高系统设计说明书的编写质量。第三，企业应建立设计评审制度和设计变更控制流程。第四，在系统设计时应当充分考虑信息系统建成后的控制环境，将生产经营管理业务流程、关键控

制点和处理规程嵌入系统程序，实现手工环境下难以实现的控制功能。第五，应充分考虑信息系统环境下的新的控制风险，比如，要通过信息系统中的权限管理功能控制用户的操作权限，避免将不相容职务的处理权限授予同一用户。第六，应当针对不同的数据输入方式，强化对进入系统数据的检查和校验功能。比如，凭证的自动平衡校对。第七，系统设计时应当考虑在信息系统中设置操作日志功能，确保操作的可审计性。对异常的或者违背内部控制要求的交易和数据，应当设计系统自动报告并跟踪处理机制。第八，预留必要的后台操作通道，对于必需的后台操作，应当加强管理，建立规范的操作流程，确保足够的日志记录，保证对后台操作的可监控性。

④ 编程和测试环节。第一，项目组应建立并执行严格的代码复查评审制度。第二，项目组应建立并执行统一的编程规范，在标识符命名、程序注释等方面统一风格。第三，应使用版本控制软件系统，保证所有开发人员基于相同的组件环境开展项目工作，协调开发人员对程序的修改。第四，建立严格的测试工作流程，提高最终用户在测试工作中的参与程度，改进测试用例的编写质量，加强测试分析，尽量采用自动测试工具提高测试工作的质量和效率。

⑤ 上线环节。第一，企业应当制定信息系统上线计划，并经归口管理部门和用户部门审核批准。上线计划一般包括人员培训、数据准备、进度安排、应急预案等内容。第二，系统上线涉及新旧系统切换的，企业应当在上线计划中明确应急预案，保证新系统失效时能够顺利切换回旧系统。第三，系统上线涉及数据迁移的，企业应当制定详细的数据迁移计划，并对迁移结果进行测试。用户部门应当参与数据迁移过程，对迁移前后的数据予以书面确认。

（2）信息系统业务外包方式的管控措施。

① 选择外包服务商环节。第一，对外包服务商进行严格筛选。企业在选择外包服务商时要充分考虑服务商的市场信誉、资质条件、财务状况、服务能力、对本企业业务的熟悉程度、既往承包服务成功案例等因素。第二，企业可以借助外包业界基准来判断外包服务商的综合实力。第三，企业要严格外包服务审批及管控流程，对信息系统外包业务，原则上应采用公开招标等形式选择外包服务商并实行集体决策审批。

② 签订外包合同环节。第一，企业在与外包服务商签约之前，应针对外包可能出现的各种风险损失，恰当拟订合同条款，对涉及的工作目标、合作范畴、责任划分、所有权归属、付款方式、违约赔偿及合约期限等问题做

出详细说明，并由法律部门或法律顾问审查把关。第二，开发过程中涉及商业秘密、敏感数据的，企业应当与外包服务商签订详细的"保密协定"，以保证数据安全。第三，在合同中约定付款事宜时，应当选择分期付款方式，尾款应当在系统运行一段时间并经评估验收后再支付。第四，应在合同条款中明确要求外包服务商保持专业技术服务团队的稳定性。

③ 持续跟踪评价外包服务环节。第一，企业应当规范外包服务评价工作流程，明确相关部门的职责权限，建立外包服务质量考核评价指标体系，定期对外包服务商进行考评，公布服务周期的评估结果，以及对外包服务水平的跟踪评价。第二，必要时，可以引入监理机制，降低外包服务风险。

（3）信息系统外购调试方式管理与控制。

① 软件产品选型和供应商选择环节。第一，企业应明确自身需求，对比分析市场上的成熟软件产品，合理选择软件产品的模块组合和版本。第二，企业在进行软件产品选型时应广泛听取行业专家的意见。第三，企业在选择软件产品和服务供应商时，不仅要评价其现有产品的功能、性能，还要考察其服务支持能力和后续产品的升级能力。

② 服务供应商选择环节。选择服务提供商时，不仅要考核其对软件产品的熟悉、理解程度，还要考核其是否深刻理解企业所处行业的特点、是否理解企业个性化需求、是否有过相同或相近的成功案例。

3. 系统运行和维护阶段管理与控制

系统运行和维护阶段主要应当管控：规范信息系统日常运行管理规范，对信息数据进行备份，对系统变更的流程控制，对信息系统硬件、软件和数据的安全控制等内容。

（1）日常维护环节。第一，企业应制定信息系统使用操作程序、信息管理制度以及各模块子系统的具体操作规范，及时跟踪、发现和解决系统运行中存在的问题，确保信息系统按照规定的程序、制度和操作规范持续稳定运行。第二，企业需要切实做好系统运行记录，尤其是对于系统运行不正常或无法运行的情况，应对异常现象发生时间和可能的原因做出详细记录。第三，企业要重视系统运行的日常维护，在硬件方面，日常维护主要包括各种设备的保养与安全管理、故障的诊断与排除、易耗品的更换与安装等，这些工作应由专人负责。第四，配备专业人员负责处理信息系统运行中的突发事件，必要时应会同系统开发人员或软硬件供应商共同解决。

（2）系统变更环节。第一，企业应当建立标准流程来实施和记录系统变更，保证变更过程得到适当的授权与管理层的批准，并对变更进行测试。

信息系统变更应当严格遵照管理流程进行操作。信息系统操作人员不得擅自进行软件的删除、修改等操作；不得擅自升级、改变软件版本；不得擅自改变软件系统的环境配置。第二，系统变更程序需要遵循与新系统开发项目同样的验证和测试程序，必要时还应当进行额外测试。第三，企业应加强紧急变更的控制管理。第四，企业应加强对将变更移植到生产环境中的控制管理，包括系统访问授权控制、数据转换控制、用户培训等。

（3）安全管理环节。第一，建立信息系统相关资产的管理制度，保证电子设备的安全。企业应在健全设备管理制度的基础上，建立专门的电子设备管控制度，对于关键信息设备，未经授权，不得接触。第二，企业应成立专门的信息系统安全管理机构，由企业主要领导负总责，对企业的信息安全做出总体规划和全方位严格管理，具体实施工作可由企业的信息主管部门负责。企业应强化全体员工的安全保密意识，特别要对重要岗位员工进行信息系统安全保密培训，并签署安全保密协议。企业应当建立信息系统安全保密制度和泄密责任追究制度。第三，企业应当按照国家相关法律法规以及信息安全技术标准，制定信息系统安全实施细则。根据业务性质、重要程度、涉密情况等确定信息系统的安全等级，建立不同等级信息的授权使用制度，采用相应技术手段保证信息系统运行安全有序。对于信息系统的使用者和不同安全等级信息之间的授权关系，应在系统开发建设阶段就形成方案并加以设计，在软件系统中预留这种对应关系的设置功能，以便根据使用者岗位职务的变迁进行调整。第四，企业应当有效利用技术手段，对硬件配置调整、软件参数修改严加控制。企业应当利用技术手段防止员工擅自安装、卸载软件或者改变软件系统配置，并定期对上述情况进行检查。第五，企业委托专业机构进行系统运行与维护管理的，应当严格审查其资质条件、市场声誉和信用状况等，并与其签订正式的服务合同和保密协议。第六，企业应当采取安装安全软件等措施防范信息系统受到病毒等恶意软件的感染和破坏。企业应当特别注重加强对服务器等关键部位的防护；对于存在网络应用的企业，应当综合利用防火墙、路由器等网络设备，采用内容过滤、漏洞扫描、入侵检测等软件技术加强网络安全，严密防范来自互联网的黑客攻击和非法侵入。对于通过互联网传输的涉密或者关键业务数据，企业应当采取必要的技术手段确保信息传递的保密性、准确性、完整性。第七，企业应当建立系统数据定期备份制度，明确备份范围、频度、方法、责任人、存放地点、有效性检查等内容。系统首次上线运行时应当完全备份，然后根据业务频率和数据重要性程度，定期做好增量备份。数据正本与备份应分别存放于不同地点，防止因火灾、水灾、地震等事故产生不利影响。企业可综合采用光盘等备份存储介质。第八，企业应当建立信息系统开发、运行与维护等环节的岗位责任制度和不相容职务分离制度，防范利用计算机舞弊和犯罪。开发人员在运行阶段不能操作使用信息系统，否则就可能掌握其中的涉密数据，进行非法利用；系统管理和维护人员承担密码保管、授权、系统变更等关键任务，如果允许其使用信息系统，就可能较为容易地篡改数据，从而达到侵吞财产或滥用计算机信息的目的。此外，信息系统使用人员也需要区分不同岗位，包括业务数据录入、数据检查、业务批准等，在他们之间也应有必要的相互牵制。企业应建立用户管理制度，加强对重要业务系统的访问权限管理，避免将不相容职责授予同一用户。企业应当采用密码控制等技术手段进行用户身份识别。对于重要的业务系统，应当采用数字证书、生物识别等可靠性强的技术手段识别用户身份。对于发生岗位变化或离岗的用户，用户部门应当及时通知系统管理人员调整其在系统中的访问权限或者关闭账号。企业应当定期对系统中的账号进行审阅，避免存在授权不当或非授权账号。企业应当严格规定用户使用条件和操作程序，并对其在系统中的操作全程进行监控或审计。第九，企业应积极开展信息系统风险评估工作，定期对信息系统进行安全评估，及时发现系统安全问题并加以整改。

4. 系统终结阶段管理与控制

系统终结阶段的管控重点在于防止数据泄密、信息档案的保管等内容。

其主要措施有：第一，做好善后工作，不管因何种情况导致系统停止运行，都应对废弃系统中有价值或者涉密的信息进行销毁、转移。第二，严格按照国家有关法规制度和对电子档案的管理规定，妥善保管相关信息档案。

任务实施

从本案例发生来看，运河支行内部控制至少在以下几方面存在问题：

（1）忽略预警征兆，内控环境存在问题。内部控制环境是其他要素的基础，发挥着重要的作用。但这点在运河支行却没有得到应有的重视，至少说明分行领导风险意识薄弱。

（2）行长权力过大，内外人员合谋。本案中，运河支行的存贷款业务完全掌握于行长高某手中。运河支行不仅不存在集体审议贷款的原则，行长更是亲自负责贷款业务。资金被卷走不仅有外部人员与内部人员的勾结，还有其他涉案企业负责人和财务人员参与串谋。

（3）违规业务存在，银行内控失效。银行内部控制制度未能杜绝违规业务的存在，不仅为高某提供了可乘之机，也使违规操作者付出了惨重的代价。在运河支行，属于企业账外资金的账户多达上百个。这种违规行为在帮助高某拉到巨额存款的同时，也为高某盗走巨额银行存款提供了便利，使他成功地躲避了监管。

（4）信息未入网，信息系统存在漏洞。运河支行尽管具备同城结算资格，但始终没有接入同城结算系统。按照惯例，如果有完整的结算系统，上一级分行可以适时查询下一级分行的资金调度情况。

防范风险的措施主要有以下几项：

（1）加强内部控制理念，完善内控环境。

（2）严格遵守、执行相关法规，处罚违规行为，确保内控执行有效性。

（3）加强信息系统建设，为完善内部控制提供信息系统支撑。

项目八
内部监督和内部控制评价

项目目标

1. 理解内部监督的作用和定义，掌握内部监督的程序，了解内部监督的形式；

2. 理解内部控制评价的定义和作用，掌握内部控制评价的内容和程序；

3. 了解内部审计的定义和职能，掌握内部审计机构的设置原则与方式，了解内部审计的职责与权限。

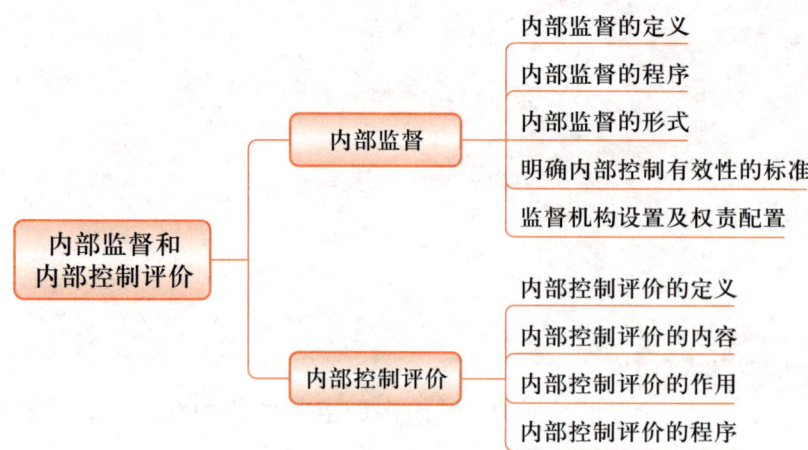

内部监督和内部控制评价

内部监督
- 内部监督的定义
- 内部监督的程序
- 内部监督的形式
- 明确内部控制有效性的标准
- 监督机构设置及权责配置

内部控制评价
- 内部控制评价的定义
- 内部控制评价的内容
- 内部控制评价的作用
- 内部控制评价的程序

内部监督

2018 年，国家药品监督管理局发布通告指出，长春某公司冻干人用狂犬病疫苗生产存在记录造假等行为。由此，长春某公司疫苗造假事件引发市场轰动。10月，国家药品监督管理局和吉林省食品药品监督管理局对长春某公司违法违规生产行为做出行政处罚，吊销其药品生产许可证并罚款 91 亿元。

经调查发现，该公司董事长高某同时担任总经理、财务总监，副董事长张某兼任副总经理，董事会和管理层成员高度重叠。同时，副董事长张某为董事长高某的儿子，高某的丈夫张某奎也在公司中担任营销总监，公司主要的管理岗位几乎被其家族包揽，业务活动完全由其家族掌控，不受任何监督。此外，公司监事会成员仅 3 人且全部由公司职工担任，监事会成员多为专科学历且专长的业务与内部监督毫不相关，不具备监督素质与能力。公司在治理结构和内部机构设置上没有单独设置审计部、内控部等专门的内部监督机构，各业务部门负责自己部门的内部监督。

通过本任务的学习，掌握内部监督的定义，熟悉内部监督的程序，了解内控有效性的标准。同时思考在此次疫苗事件中，长春某公司内部监督失效造成其内部控制失败主要原因有哪些。

一、内部监督的定义

内部监督是内部控制的构成要素之一，同时又对内部控制的其他要素进行监控，是保障内部控制有效性的关键。有效的内部监督应该以风险导向为核心理念，实施风险导向的内部监督必须在明确风险归属的前提下，将风险评估与内部监督相联系，根据风险评估结果确定的侧重点；同时，全面系统地识别和分析内部监督流程各环节的主要风险，针对风险点设置关键控制点，实施相应的风险控制措施。

二、内部监督的程序

（一）建立健全内部监督制度

企业管理层需要实施必要的监督检查来确保内部控制的持续和有效运行。为此，企业首先需要建立健全内部监督制度。内部监督制度的主要内容包括但不限于：明确监督的组织架构、岗位设置、岗位职责、相关权限、工作方法、信息沟通的方式以及各种表格和报告样本等。

1. 高层基调

董事、监事和高级管理人员对内部监督要素应保持正确的论调，表达企业高层对内部控制及监督要素重要性的认识，强调监督机构及人员的独立性，恰当表述高层对内部监督的期望。高层基调对于内部控制的有效性具有直接影响，董事、监事的言论基调会影响管理层执行监督以及对监督的反应方式，管理层的言行举止同样也会影响员工的行为。企业高层应以身作则、诚实守信、恪尽职守，依据规程和制度实施管理，尊重和支持内部监督机构的工作，积极沟通和反馈监督结果。同时，企业高层应建立良好的沟通机制，确保沟通渠道顺畅，使监督结果能够得到及时反馈。此外，企业还应建立举报制度和反舞弊机制，有助于发现和阻止企业内部的不当或违规行为。

2. 监督机构

监督职能依赖监督机构和监督人员来实施，因此监督机构设置和监督人员配备是影响内部监督有效性的重要因素。监督机构的独立性、监督检查人员的专业胜任能力及职业操守、监督机构及人员被适当授权等是形成有效监督的重要基础。企业内部监督机构的设置一般包括董事会、监事会、审计委员会和内部审计部门等。

3. 理解与把握内部控制有效性的依据和标准

有效性是指内部控制对控制目标实现的合理保证程度。有效性应从内部控制的设计和运行两个方面进行评价，评价的内容应涉及内部控制的整体框架，应结合内部控制目标进行综合评价，存在一个或多个重大缺陷的内部控制的应认定内部控制无效。

企业应通过宣传、培训等手段明确内部控制有效性的判断标准，在整个企业内部统一该标准，这是进行有效监督的方向和基准。

（二）设计和执行监督程序

1. 风险排序

风险是影响目标实现的不确定性，是不确定事件发生的概率及其影响结果的组合。企业应从整体层面、业务单元、分支机构及子公司四个方面系统地梳理各业务、各活动、各环节的风险点，进行风险识别、分析和排序，这是风险评估要素的重要内容。内部监督应与风险评估的结果联系起来，把焦点放在重大风险点的控制活动上。

2. 识别关键控制点

控制点是在流程运行过程中能抑制风险发生概率或减少风险损失、协助业务控制目标实现，以及保证前一步骤正确性的操作环节、步骤或过程。主要风险必须在关键控制点上加以预防和控制；关键控制点应设置在最佳、最有效的控制点上。关键控制点应规避高风险，与该控制点相关的风险如果发生，就将对企业的生产经营、报告质量、合规责任等产生重大影响，并且该控制点对应的风险无其他控制点能够规避和防范。风险点是企业设置控制点、实施控制活动的依据。企业应依据风险评估结果确定关键控制点，这是建立控制活动的重点，内部监督应围绕主要风险点和关键控制点进行。

3. 获取有说服力的信息

针对关键控制点，监督者应努力获取有说服力的信息，以支持自己的监督结论。正如审计要获取足够多的高质量审计证据来支撑审计结论一样，内部监督者也要从"量"和"质"两个方面获取有说服力的信息以支撑监督结论。有说服力的信息是适当且充分的，适当要求信息具有相关性、可靠性和及时性。同时，获取有说服力的信息有助于确定使用哪些监督程序及监督频率。

4. 执行监督程序

监督程序包括持续监督和专项监督。持续监督对生产经营和日常管理进行常规的、持续的监督检查，以提供关于控制有效性的日常信息。持续监督程序必须植入企业的日常经营活动中，以尽早识别和纠正内部控制缺陷。专项监督的范围和频率，主要取决于对风险的评价和持续监督执行的效率，持续监督的有效性越高，对专项监督的需要程度就越低。在进行专项监督时，企业应充分利用在持续监督中所获得的信息。

（三）评估和报告监督结果

1. 监督结果排序

企业应制定内部控制缺陷认定标准，针对监督过程中发现的内部控制缺陷，分析其性质和产生的原因，从定性、定量或定性与定量结合等方面界定内部控制缺陷等级。内部控制缺陷按严重程度分为重大缺陷、重要缺陷和一般缺陷三个等级，如表8-1所示。按监督目的和缺陷严重性进行排序，有助于确定所要报告的层级。

表 8-1　内部控制缺陷等级

严重程度	重大缺陷	重要缺陷	一般缺陷
内容	是指一个或多个内部控制缺陷的组合	是指一个或多个内部控制缺陷的组合，其严重程度和经济后果不如重大缺陷	是指除重大缺陷、重要缺陷之外的其他缺陷
特点	可能导致企业严重偏离控制目标	仍有可能导致企业偏离内部控制目标	影响内部控制有效性

2. 报告监督结果

企业应制定相关的管理规定，明确缺陷报告的职责、报告的内容，对缺陷报告程序及跟进措施等方面加以规范。例如，企业下属业务部门和其他控制人员在工作中发现内部控制的缺陷，应及时以书面形式向上级主管部门和内部控制主管部门报告；内部控制主管部门向管理层随时或定期汇报新出现的风险，或业务活动中存在的风险控制缺陷，涉及重要风险的控制方案及重大整改事项由内部控制委员会审查；内部控制主管部门在对企业内部控制体系进行评价的基础上，编制企业内部控制综合评价报告，经内部控制委员会审核确认后报董事会审议。

3. 后续追踪

针对监督中发现的问题，监督人员应根据监督结果，针对缺陷和薄弱环节给出整改建议，并汇总需进行后续整改的问题，编制后续整改工作通知书。董事会、管理层及相关人员应分析缺陷原因，及时采取措施予以纠正，并明确整改措施、整改时限、整改状态、整改责任人等。内部监督人员应对整改的落实情况进行后续追踪，以确保发现的问题都得到整改。

（四）形成内部控制有效性结论

无论是专项监督还是持续监督，都要对监督结果给出结论。在实施并完成以上三个步骤后，企业应根据监督结果排序、报告和纠正情况，对内部控制设计和运行的有效性进行全面评价，形成内部控制有效性结论并出具监督评价报告。

三、内部监督的形式

根据《企业内部控制基本规范》，内部监督包括日常监督和专项监督。

（一）日常监督

日常监督是指企业对建立与实施内部控制的情况进行常规、持续的监督检查，实际上就是持续监控活动。日常监督应当与企业日常的经营活动相结合，整合于企业的经营活动过程之中；对于发现的内部控制缺陷，应当及时向有关方面报告并提出解决问题的方案，对存在的问题予以纠正。

（二）专项监督

专项监督是指在企业发展战略、组织结构、经营活动、业务流程、关键岗位员工等发生较大调整或变化的情况下，对内部控制的某一方面或者某些方面进行有针对性的监督检查。企业应当定期拟定内部控制专项监督计划，确定当期专项监督的内容和对象。对于专项监督的范围和频率，企业应当根据风险评估结果以及日常监督的有效性等予以确定。对于风险评价结果具有重要性风险的内部控制以及关键业务的内部控制，应当优先对其进行专项监督。

四、明确内部控制有效性的标准

理解和把握内部控制有效性的评价依据和认定标准是进行有效监督的方向与基准。内部控制有效性是指企业建立与实施内部控制对实现控制目标提供合理保证的程度，包括设计有效性和运行有效性，其含义和评价内容见表8-2。

表 8-2　内部控制有效性的含义和评价内容

	设计有效性	运行有效性
含义	是指评估为实现控制目标所必需的内部控制要素是否都存在并且设计恰当，从而判断其中是否存在设计缺陷、是否缺少为实现控制目标所必需的控制	是指现有内部控制按规定程序得到了正确执行
评价内容	1. 是否为防止、发现并纠正财务报告重大错报及漏报而设计了相应的控制； 2. 是否为合理保障资产安全而设计了相应的控制； 3. 相关控制的设计是否能够保证企业遵循适用的法律法规； 4. 相关控制的设计是否有助于企业提高经营效率和效果，促进发展战略的实现	1. 相关控制在评价期内是如何运行的，是否得到了持续一致的运行； 2. 实施控制的人员是否具备必要的权限和能力； 3. 相关控制运行的方式，一般包括人工控制和自动控制、预防性控制和发现性控制

五、监督机构设置及权责配置

企业组织架构的设计应覆盖决策、执行、监控等企业活动的全过程，企业一般应设置相应的权力机构、决策机构、执行机构和监督机构，这些机构通过协作与制衡共同促进企业的运行与发展。设计合理的责任授权体系要解决三个问题：所有的事都有人做，做事者得到充分授权行事，所有行为都要有人承担责任。

明确管理层和董事会在监督中的角色，将监督机构摆在恰当的位置，明确监事会、董事会和内部审计的职责与权限。董事会、审计委员会及监事会应发挥主导作用，重点关注公司治理和机构运行的有效性、高管操守及其胜任能力、授权的规范与执行、人力资源政策、防舞弊机制的构建与运行、信息系统及沟通机制等；内部审计部门应重点关注职能部门和业务单元岗位职责的履行情况，执行力情况、内部机构的运行情况等。

任务实施

在此次疫苗事件中，长春某公司内部监督失效造成其内部控制失败的主要原因包括以下两个方面：

一、内部监督失效

董事会对管理层的监督失效。长春某公司的董事会和管理层人员的任命违背了不相容职务分离的原则。董事会和管理层成员重叠，层级之间没有相互独立，这直接导致了董事会监督失效。

经理层对业务部门的监督失效。主要的管理者不受任何监督。

监事会对董事会、管理层以及公司业务活动的监督失效。公司职工本身就受到管理层的制约，被管理者难以对管理者及业务活动进行监督。

二、缺乏具有独立性、全局性、专业性的内部监督机构和人员

虽然业务部门熟悉自身业务活动，但是其并不具备专业的内部监督素质与能力，无法上升到对整体内部控制运行进行监督的高度，也极易出现包庇行为。因此，在董事会、监事会等机构失去监督效用的情况下，这种内部监督的效果微乎其微。

任务二

内部控制评价

HW 公司董事长在公司监管体系座谈会上发表讲话——《内外合规多打粮，保驾护航赢未来》。他在讲话中提到，公司发展得越快，管理覆盖就越不足，暂时的漏洞也会越多，因此，HW 公司设置了内部控制的三层防线。

通过本任务的学习，了解内部控制评价的定义，掌握内部控制评价的内容，了解内部控制评价的作用，熟悉内部控制评价的程序。同时思考内部控制评价的方法有哪些，HW 公司可能设置哪三层内部控制防线。

一、内部控制评价的定义

内部控制评价是指企业董事会或类似权力机构对内部控制的有效性进行全面评价、形成评价结论、出具评价报告的过程。评价主要针对企业在内部控制设计与实施中存在的问题，通过评价—反馈—改进—再评价的动态循环，实现内部控制的持续改进和自我完善。

我国《企业内部控制基本规范》明确要求："企业应当结合内部监督情况，定期对内部控制的有效性进行自我评价，出具内部控制自我评价报告。"内部控制评价是优化内部控制自我监督机制的一项重要安排，对促进内部控制有效性的持续提升、提高企业运营的透明度、实现企业管理与政府监管的协调互动、满足利益相关者对企业关注的需要等具有重要意义。

二、内部控制评价的内容

（一）内部环境评价

内部环境评价包括组织架构、发展战略、人力资源、社会责任、企业文化等方面。

（1）组织架构评价重点从机构设置的整体控制力、权贵划分、相互牵制、信息流动路径等方面进行。

（2）发展战略评价重点从发展战略的制定合理性、有效实施和适当调整三方面进行。

（3）人力资源评价重点从企业人力资源引进结构合理性、开发机制、激励约束机制等方面进行。

（4）社会责任评价重点从安全生产、产品质量、环境保护与资源节约、促进就业、员工权益保护等方面进行。

（5）企业文化评价重点从建设和运行两方面进行，从而促进正直诚信、道德价值观的提升，为内部控制的完善夯实人文基础。

（二）风险评估评价

企业开展风险评估评价，应当遵从《企业内部控制基本规范》有关风险评估的要求，以各项应用指引中所列主要风险为依据，对已经识别的评估对象面临的各种风险、承受风险的能力、风险消减对策等进行认定和评估。

（三）控制活动评价

控制活动评价应对企业各类业务的控制措施与流程的设计有效性及运行有效性进行认定和评价。控制活动评价的主要关注点如下：

（1）企业针对每一项业务活动是否制定了恰当的控制政策和程序；

（2）已确定的控制政策和程序是否得到持续、恰当地执行。

（四）信息与沟通评价

信息与沟通评价应当对信息搜集、处理和传递的及时性，反舞弊机制的健全性，财务报告的真实性，信息系统的安全性，以及利用信息系统实施内部控制的有效性进行认定和评价。

（五）内部监督评价

内部监督评价应当对管理层关于内部监督的基调、监督的有效性，以及内部控制缺陷认定的科学、客观、合理进行认定和评价，重点关注监事会、审计委员会、内部审计机构等是否在内部控制设计和运行中有效地发挥了作用。

三、内部控制评价的作用

（1）内部控制评价有助于企业经营者发现并纠正内部控制制度缺陷，完善企业内部控制体系。对内部控制制度进行评价的首要任务是评价内部控制制度的健全性、可执行性。

（2）内部控制评价有助于寻找并改善企业内部控制的薄弱环节，检验内部控制制度的遵循性。

（3）内部控制评价有助于促进企业健康发展，促使股东增强对企业的信心。良好的内部控制评价报告有利于股东以及其他利益相关者深入了解企业的实际情况并增强对企业未来经营发展的信心。

（4）内部控制评价有助于企业实现与政府监管的协调互动。企业借助内部控制评价排查企业经营风险，发现问题并积极完善，有利于其在配合政府监管中赢得主动，促进企业内部控制评价与政府监管的协调互动。

四、内部控制评价的程序

（一）制订评价工作方案

评价机构应根据内部监督情况和管理要求，分析企业经营管理过程中的高风险领域和重要业务事项，确定与检查评价方法，制订科学的评价方案，经董事会批准后实施。评价方案应明确评价范围、工作任务、人员组织、进度安排和费用预算等内容。评价方案既可以全面评价为主，也可根据需要采用重点评价的方式。

（二）组成评价工作组

评价工作组是在内部控制评价机构的领导下，具体承担内部控制的检查评价任务。评价机构根据经批准的评价方案，挑选具备独立性、业务胜任能力和职业道德素养的评价人员实施评价。评价工作组应吸收企业内部相关机构熟悉情况、参与日常监控的负责人或业务骨干参加。评价工作组成员对本部门的评价应实行回避制度。企业应根据自身条件，尽量建立长效的内部控制评价培训机制。

（三）实施现场评价

现场评价首先要了解被评价单位的基本情况，充分沟通企业文化和发展战略、组织机构设置及职责分工、领导层成员构成及分工等基本情况。根据掌握的情况，进一步确定评价范围、检查重点和抽样数量，并结合评价人员的专业背景进行合理分工。检查重点和分工情况可根据需要适时调整。评价人员应对被评价单位进行现场测试，综合运用个别访谈、调查问卷、专题讨论、穿行测试、实地查验、抽样和比较分析等方法，充分搜集被评价单位内部控制设计和运行是否有效的证据，按评价内容如实填写评价工作底稿，研究分析内部控制缺陷。

（四）认定控制缺陷

内部控制缺陷的认定流程如下。

1. 评价工作组初步认定阶段

该阶段，内部控制评价工作组根据现场测试获取的证据，对内部控制缺陷进行初步认定，并按其影响程度分为重大缺陷、重要缺陷和一般缺陷。

2. 工作组负责人审核阶段

首先，企业内部控制评价工作组依据质量交叉复核制度对评价结果进行复核；其次，评价工作组负责人对评价工作底稿进行严格审核，并对所认定的评价结果签字确认后，提交企业内部控制评价部门。

3. 内部控制评价部综合分析全面复核阶段

企业内部控制评价部门应当编制内部控制缺陷认定汇总表，结合日常监督和专项监督发现的内部控制缺陷及其持续改进情况，对内部控制缺陷及其成因、表现形式和影响程度进行综合分析和全面复核，提出认定意见，并以适当的形式向董事会、监事会或者经理层报告。

（五）汇总评价结果

评价工作组全面复核和确认检查出来的各种问题，分析汇总评价结果，提出认定意见。

（六）编报评价报告

内部控制评价机构以认定的内部控制缺陷和汇总的评价结果为基础，综合内部控制工作整体情况，客观、公正、完整地编制内部控制评价报告，并报送企业经理层、董事会和监事会，由董事会最终审定后对外披露。

任务实施

HW 公司设置的内部控制的三层防线包括：

第一层防线，业务主管 / 流程负责人，是内部控制的第一责任人。在流程中建立内部控制意识和能力，不仅要做到流程的形式遵从，还要做到流程的实质遵从。流程的实质遵从，就是行权质量。落实流程责任制，流程负责人 / 业务主管要真正承担内部控制和风险监管的责任，95% 的风险要在流程化作业中化解。业务主管必须具备两个能力：一是创造价值，二是做好内部控制。

第二层防线，内部控制及风险监管的行业部门，针对跨流程、跨领域的高风险事项进行拉通管理，既要负责方法论的建设及推广，也要做好各个层级的赋能。稽查体系聚焦事中，是业务主管的帮手，不能越俎代庖，业务主管仍是管理的责任人，稽查体系则是帮助业务主管管理好自己的业务，发现问题，推动问题改进，使问题有效地形成闭环。稽查和内部控制的作用是在帮助业务完成流程化作业的过程中实现监管。内部控制的责任不是在稽查部，也不是在内部控制部，这一点一定要明确。

第三层防线，内部审计部通过独立评估和事后调查建立冷威慑。冷威慑，就是抓住一个缝隙，深查到底，沿着这个小问题把风险查清、查透。一个是纵向的，一个是横向的，没有规律，不按大小来排队，抓住什么就查什么，从而建立冷威慑。

项目目标 ···

1. 理解风险管理流程的定义，掌握风险管理一般流程的内容，熟悉风险管理的实施步骤；

2. 理解风险管理方法的内容及含义，掌握风险管理方法的应用。

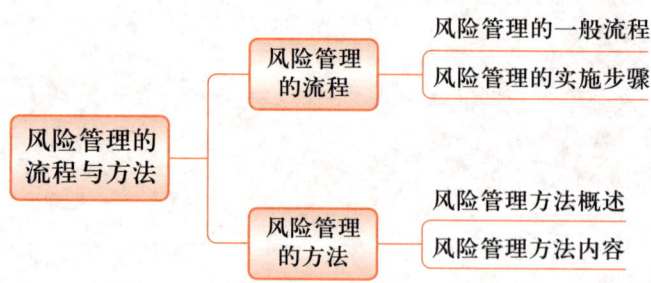

风险管理的流程

　　某税务局与当地某烟草有限公司合作防范税收风险项目荣获该市烟草系统管理创新奖。消息一经发布，立刻引起了该市多家大企业的关注。这些大企业纷纷表示要跟税务局加强合作，共同防范税收风险。

　　某烟草有限公司为该市大型商业企业，先后被评为该市"商品流通十大企业""商品流通十大突出贡献企业"、商贸行业首批"诚信企业"和纳税信用 A 级企业。作为该市的税源大户，该烟草有限公司一直是该市税务局关注的重点。为提高税务风险管理水平，降低税务机关征纳成本，提高企业税法遵从度，从 2013 年开始，税务局与该烟草有限公司共同探讨烟草商业企业的税务风险管理，通过建立税务风险识别、评估平台，实现税企合作，形成工作合力，共同防范税务风险；避免税收隐患，使企业内控管理水平得到提高。税务局为该烟草有限公司发放《烟草商业企业税务风险管理手册》，为其日常涉税工作发挥了规范和指导的作用。企业财务负责人、财务主管、具体办税人员及税务管理人员发生变动，上岗前必须学习这个手册，从而更好地了解企业生产经营流程概况及各环节税务风险点，了解掌握各自风险应对措施，提高风险防范能力。税企合作共同防范税收风险项目实施 1 年多来，企业通过税务风险评估，能够在第一时间掌握最新的税收政策，及时准确地获得税务机关的操作建议和具体指导，及时更正企业财会工作中的不规范做法，提升财务人员财税管理水平，满足企业对于税收风险管理的信息需求；能够按照设定的涉税风险点，通过归纳和整合企业涉税风险点，全面梳理各税种的纳税环节，根据不同税种的风险特征，实施应对策略，进一步完善企业风险管理能力，全面规范涉税工作。

　　通过本任务的学习，了解风险管理的一般流程，掌握风险管理的实施步骤，同时思考该烟草有限公司加强税收风险管理取得了哪些成效，哪些做法值得肯定和借鉴。

一、风险管理的一般流程

风险管理是应用一般的管理原则去管理一个经济主体的资源和活动，并以合理的成本尽可能减少风险损失及其他不利影响，实现主体利益最大化。

风险管理的一般流程包括风险识别、风险估计、风险评价、风险应对和风险监控，具体内容如下。

（一）风险识别

风险识别也称风险辨识，是指在特定的系统中确定存在的风险因素并定义其特征的过程。风险识别是风险管理的基础和起点，也是风险管理中最重要的、实施起来最困难的一项工作。它的任务是辨认企业面临的风险有哪些，确定各种风险的性质，分析发生的损失及损失的处理部门。风险识别的意义在于，如果不能准确地识别所面临的各种风险，就会失去处理这些风险的机会，使风险管理的职能不能正常发挥作用，不能有效地进行风险管理和控制。企业通过风险识别方法来识别存在的潜在风险，以及可能在合理的时间段内影响每项业务的较为重大的风险。风险识别的基本方法是制作风险清单。

（二）风险估计

风险估计也称风险评估、风险衡量，是在特定系统里对风险损失的大小进行定量核算的过程，主要有风险频率分析和风险后果分析。频率分析是指特定风险因素发生的概率分析，包括极少发生、偶尔发生、经常发生等。风险后果分析是指特定风险在特定环境下可能导致的各种事后结果及造成的损失，包括情景分析和损失分析，进一步对风险带来的损失进行量化。

（三）风险评价

风险评价是对特定系统中所有风险进行估计后，根据相应的风险标准判断该风险是否可以被系统接受，是否需要采取进一步的安全措施，一般风险评估和风险评价同时进行，也称风险评估。识别出企业所面临的各层级的风险后，下一步就是对风险发生的可能性及影响程度进行评估，一般风险评估不仅进行量化评估，也要进行定性评估，因此风险评估方法既包括定量方法也包括定性方法。

（四）风险应对

风险应对也称风险决策或风险防范，它是根据风险评估的结果以最低成本最大限度降低系统风险的动态过程。风险应对包括两个方面：风险评级和对应策略。风险评级是指为评估后的风险划分等级。应对策略是指企业应对风险的态度和方式，风险应对策略方法主要包括：风险规避、风险转移、风险分散等。风险应对是风险管理流程中至关重要的一部分，应参照企业以前的活动制定风险应对策略，由于情况是不断发生变化的，必须紧跟风险识别和评估，及时实施应对策略，仔细分析各种风险策略。

（五）风险监控

风险监控包括风险的检测和控制。企业对主要风险的识别不是单一的过程，经正规的集体讨论或其他程序识别的一系列风险，将会随着这些风险性质的改变而变化，某些环境变化后也可能使风险变成更严重的威胁。企业需要设立一项科学的机制，对识别的风险进行检测和控制。风险监控应由流程中的执行者或者独立审查人执行，贯穿于风险管理的全过程。在某段时间内，风险检测和风险控制往往交替进行，即发现风险后需要马上采取控制措施，风险因素消失后立即调整风险应对策略。因此，各经济主体常常将风险监测和风险控制结合起来考虑，称为风险监控。

上述风险管理的流程体现了风险管理的主线思路，不论经济主体单位怎么不同，这些基本的过程都是需要的。风险管理兼有科学性和艺术性的特点。一方面，它提供了一系列风险科学决策的方法和技术手段；另一方面，它在很大程度上还需要依靠非数量的方法，即风险管理的许多决策需要依靠人的经验、直觉判断和演绎而做出。整个风险管理的流程中涉及科学的数量分析方法，又涉及人的管理艺术。随着风险管理理论研究和实践的不断发展，必然形成新的更精确的科学的决策方法，风险管理学科也会日臻完善。

二、风险管理的实施步骤

从前面讲述的风险管理一般流程看，风险管理过程是个循环系统，如图

9-1 所示。风险管理的具体实施步骤包括风险管理计划的制订、风险管理计划的实施、风险管理计划的调整三个部分。

图 9-1 风险管理过程

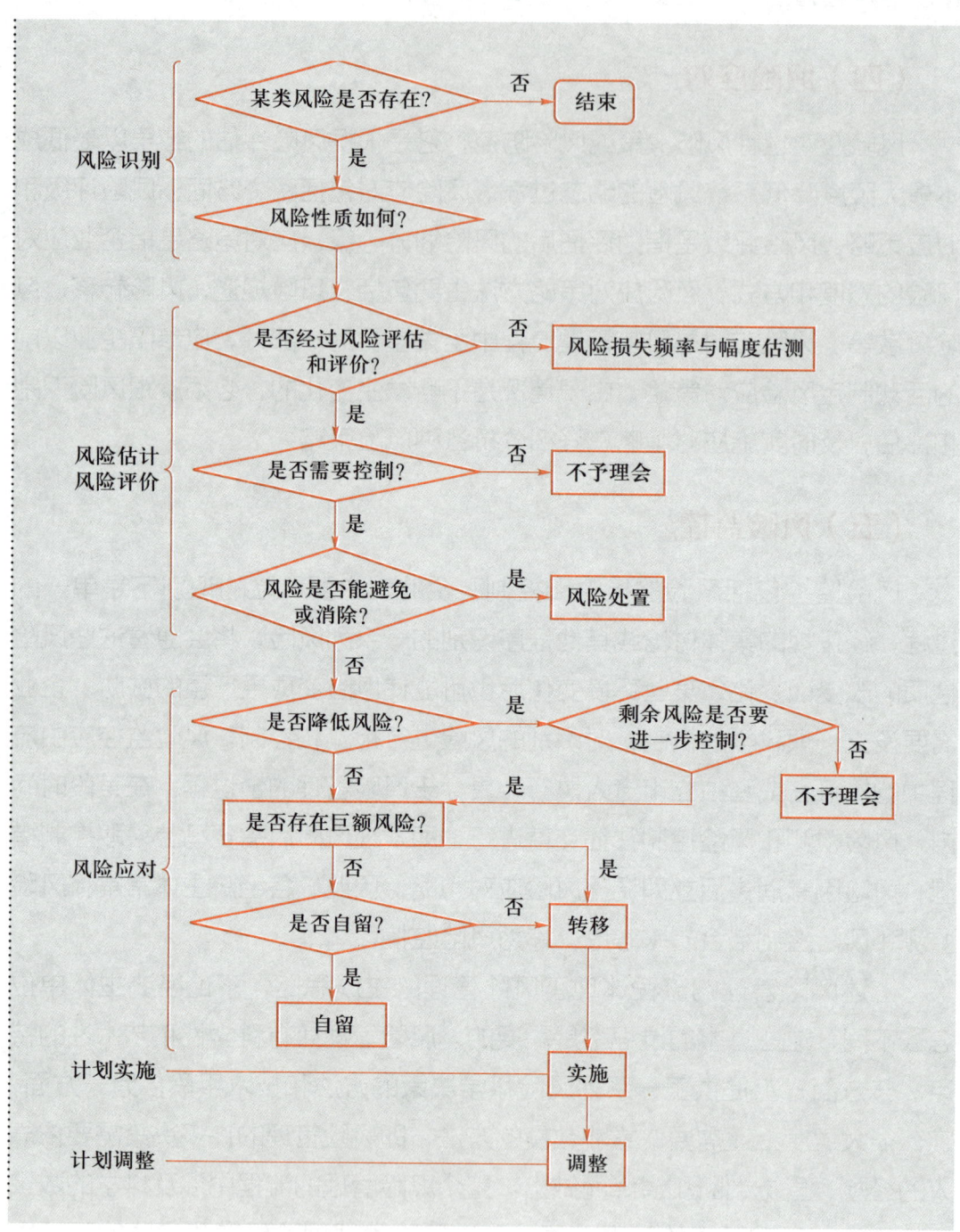

（一）风险管理计划的制订

风险管理计划是风险管理经济主体进行风险管理的重要部分，是全部风险管理过程中的基础环节。风险管理计划的主要内容包括构建风险管理组织、风险识别、风险估计、风险评价、风险处置方案安排。

1. 构建风险管理组织

周全的管理计划的制订及高效地贯彻实施计划离不开良好的组织机构。从广义的角度来说，风险管理组织是风险经济主体为实现风险管理目标而设置的内部管理机构，包含风险管理组织机构、组织活动及规章制度。风险管理组织活动是风险管理专职机构制订和执行风险管理计划的全过程，包括设置风险管理目标、为实现目标进行的风险辨别、风险估计与评价、风险处理等活动。风险管理机构规章制度，是指为保障完成风险管理活动，实现风险管理目标而制定的风险管理指导思想、政策纲要、方针策略、管理监督条例规定。从狭义讲，风险管理组织则主要是指进行风险管理的组织机构、管理体制和领导机构。如果没有一个稳定健全的组织机构，整个风险管理活动就会陷入混乱状态，甚至毫无效果。

一般的风险组织形态有直线型、职能型、矩阵型三种。直线型组织由一个上级统一给下属下达命令，每个下属只接受一个上级的指挥，组织的责任和权限完全是直线式的。直线型的风险管理组织是由少数的专人负责风险管理，容易发挥少数富有风险管理经验人员的作用，信息上传下达较容易。通常小型经济主体风险管理组织采用这种形式。这种形式的风险组织对风险管理者要求较高，要求管理者必须具备较强的专业技术知识和较强的管理能力。然而，一个人的认知和能力总是有限的，所以，该组织形式也存在着管理范围受限、不利于全员参与的弊端。职能型风险管理组织是在直线型组织的基础上发展起来的，为了扩大风险管理的参与面，在每一层次的负责人旁设置专业参谋人员，辅助进行风险管理。这种形态的组织形式的特点是容易发挥参谋人员的专业特长，有益于专业风险管理，适用于经济主体规模较大，风险主体的人、财、物及环境组合较复杂的大中型风险主体。这种形态的缺点是容易出现本位主义和多头领导，导致风险管理效率降低。矩阵型风险管理组织采取纵向和横向的交叉式的管理模式，对于某一特定位置的人员来说，既要接受直线领导，又要接受横向指挥和协调。这种形态的风险管理组织适用于复杂、大型的风险管理主体。这种形态的管理组织既具有了直线型的优点，又避免了它的缺点，但是这种形态组织内部人员复杂，对组织管理人员整体素质要求较高。

2. 风险识别

风险识别就是进一步明确风险识别对象，采用适当的风险识别方法，按照一定的原则识别出风险主体中可能存在的风险，对风险的属性进行判断。常用的风险识别方法有专家调查法、安全检查表法、工作风险分解法、情景分析法、失误树分析法、财务报表分析法、事故树分析法以及危险与可操作性研究等。

3. 风险估计与评价

在识别出经济主体存在的主要风险后，需要进行风险估计与评价，也就是衡量风险可能带来的损失及其对总体目标的影响。在衡量风险时，通常采用定量分析法，可以采用模糊评估方法，根据风险属性将其定级，以不同的风险级别区分风险的大小及其对风险管理目标的影响，确定风险可能产生的损失量。

4. 风险处置方案

在明确了可能存在的风险、估计了风险损失的影响程度之后，应该采取一定的风险处置对策。处置风险的方法包括：风险回避、预防风险、风险自留、风险转移等。根据风险的具体情况不同及主体接受风险的态度，拟定的风险处置方案也各不相同。

（二）风险管理计划的实施

风险管理计划制订完成、构建好管理组织后，接下来要做的就是风险管理计划的落实和实施。完善的计划只有经过落实才能显现其效力，从而实现风险管理的目标。例如，在一项铺设高速公路的工程中，风险管理人员已识别出在道路工程经过某居民居住区附近时，打桩铺设施工给地面带来的巨大、频繁的冲击力和噪声，有可能损害附近的居民住宅和居住质量，风险管理人员计划将风险转移，拟订了将该工程风险投保第三者责任险的处置方案，最后因为某种原因没有及时办理相应的工程保险手续，结果事故发生了，损失只能由承包商或业主自己承担。这个案例说明，一个完善的风险管理计划只有通过落实才能发挥作用。风险计划的实施需要有风险管理组织做保证。在风险管理计划的实施过程中，风险管理人员应做好指导、监督、检查、协调和信息反馈或决策等工作。对于现代企业风险管理来说，风险管理的实施是要经济主体全员参加、经济主体生命周期全过程、动态监控的复杂管理系统，其中一个细微的环节出现问题都可能导致风险事故的发生。风险管理计划实施过程中的主要责任人的专业指导和组织协调是非常重要的。风险管理组织主要责任人应向相关人员介绍风险管理计划的指导思想和具体内容，明确每人在风险管理计划实施中的职责和任务。在风险管理计划实施过程中，风险管理人员应随时根据计划的进展程度和风险主体中的风险分布情况，对风险计划的实施情况进行动态的监督和检查，保障风险管理计划的顺利实施落实。

（三）风险管理计划的调整

在风险管理计划的实施过程中，可能会出现一些突发的计划外的事项，动态风险管理的思想要求风险管理者能够根据风险种类及外界环境的变化不断地调整风险管理策略。若出现风险管理计划中不适应实际风险管理要求的情况，应调整计划。在调整计划时，一般情况下可以采取局部修补的方式，这时需要注意调整计划的部分与其他未调整部分的协调关系。

风险管理计划的调整主要涉及以下几个环节：一是风险管理组织的调整，主要是指增减或调整风险管理人员。风险管理组织是实施风险管理计划、实现风险管理目标的重要的组织基础。一般情况下，风险管理组织及管理人员设置是根据计划预测的风险设计的。当风险环境发生变化时，应做相应的调整，应根据风险属性和风险管理任务的实际要求，加派或减少风险管理者人数，或者重新调配适合新的风险管理任务要求的风险管理者。这个调整涉及风险管理人员的变动，需要主要领导者参与安排，计划的调整需要经过层层上报与审批才能进行落实。二是补充或修正部分风险分析、风险处置对策。当出现风险种类变化或者新的风险发生时，要注意查找新的风险源并判断风险属性。若识别出新的风险，则要估计和评价风险损失、风险发生的频率以及每次风险损失程度等。评价风险损失及影响结果后，应提出风险处置方案，修正调整风险管理计划。风险管理计划的调整，需要事前有预案，在计划实施过程中做好动态的监控和监督，发现新情况及时上报并提出调整建议，以应对突发事项的处理，尽可能地减少风险给经济主体带来的损失。

任务实施

一、某烟草有限公司加强税收风险管理取得的成效

首先，通过税企合作，形成工作合力，共同防范税务风险，可以有效规避税务风险，避免税收隐患，提高企业内控管理水平。

其次，加强了税收风险管理的组织重视。相关责任人上岗前的学习使其能够了解企业生产经营流程概况及各环节税务风险点，了解掌握各自风险应对措施，提高风险防范能力。

最后，通过提升财务人员财税管理水平，进一步完善企业风险管理能

力，全面规范涉税工作。

二、某烟草有限公司加强税收风险管理值得借鉴的做法

首先，组织上的重视，提前构建税企合作共同防范税收风险，加强财务人员的培训和学习。该公司采用了直线型风险组织形态，同时加强与税务机关的沟通交流，做到了对风险的识别和评估。

其次，形成了较完善的风险管理手册，为风险计划的实施做好了基础准备工作。

最后，对潜在的风险能及时发现，及时采取应对策略，规范涉税工作，规避了税务风险，实现税企双赢。

互联网金融有两大风险：一个是流动性风险，另一个是期限错配。传统金融企业花费了上百年的时间不断地优化调配，也是为了规避这两大风险。如今传统金融企业正在转型，从资产持有转向资产管理，银行负债短期化和资产的长期化趋势越来越明显，期限错配越来越严重。而某互联网金融公司，在保持较高回报率和流动性的同时，也有效地规避了这两大风险。

为了解决流动性风险的难题，该公司首先有针对性地制定了业务规则，如单户投资金额不得超过 100 万元。如今，该公司户均投资金额只有 4 000 元，而传统货币基金中有相当大的一部分投资者是机构投资者，户均投资金额远远高于该公司，用户数则远远少于该公司。有了上亿的用户数，大数据才得以发挥巨大的威力。

期限错配同样可以通过大数据来解决。该公司可以被看作一个 C2B（消费者到企业）的金融产品，虽然不同用户对流动性的需求不同，但是通过大数据可以把这些需求整合起来，找到相应期限匹配的资产，做一对一的匹配，这样也就能有效避免期限错配的问题了。

通过本任务的学习，掌握风险管理的方法，同时思考该互联网金融公司是如何进行有效的风险管理的。

一、风险管理方法概述

风险管理的方法包括定性分析和定量分析。风险定性分析，往往带有较强的主观性，需要凭借分析者的经验和直觉，或者是以行业标准和惯例为风险各要素的大小或高低程度定性分级，主要包括头脑风暴法、德尔菲法、流程图分析法、风险评估系图法。风险定量分析是对构成风险的各个要素和潜在损失的水平赋予数值或货币金额，当度量风险的所有要素都被赋值，风险分析和评估过程与结果得以量化。定量分析比较客观，但对数据的要求较高，主要包括马尔科夫分析法、敏感性分析法、决策树法、统计推论法。同时，还有部分定性和定量分析方法，包括失效模式影响和危害度分析法、情景分析法、事件树分析法。

二、风险管理方法内容

（一）风险回避

风险回避也称风险规避，是指直接避免某项风险发生的一种风险管理方式，即放弃某一活动或拒绝承担某种风险以回避风险损失。它是投资主体有意识地放弃风险行为，完全避免特定的损失风险。风险回避可以将风险降低至基本为零，是最彻底的风险管理措施。但是简单的风险回避是一种消极的风险处理办法，因为投资者在放弃风险行为的同时，往往也放弃了潜在的目标收益。

一般只有在以下情况下才会采用这种方法：一是投资主体对风险极端厌恶。二是存在可实现同样目标的其他方案，其风险更低。三是投资主体无能力消除或转移风险。四是投资主体无能力承担该风险，或承担风险后得不到足够的补偿。

风险回避对策的局限性：首先，完全回避某种风险也许不可能；其次，回避技术在经济上也不合适；最后，避免了某一风险，可能产生新的风险。

（二）风险控制

风险控制不是放弃风险，而是要制定计划和采取措施降低损失的可能性或者是减少实际损失。控制的阶段包括事前、事中和事后三个阶段。

事前控制的目的主要是降低损失的概率，又称风险预防，是通过一定的措施降低风险损失的发生概率。风险预防与风险回避不同，风险回避能够完全消除损失发生的可能性，因而风险管理中无须其他风险管理方法加以补充。而风险预防只能降低损失发生的可能性，并不能完全消除风险，因此还需要其他的风险管理方法来处理剩余风险。风险预防在实践中应用较为广泛，主要从以下三个方面入手：

① 改变风险因素；② 改变风险因素所处的环境；③ 改变风险因素和其他所处环境的相互作用。

事中和事后的控制主要是为了减少实际发生的损失，也称风险减损，是指减少风险所造成的损失及损失的严重程度。对于企业来说风险减损措施非常重要：一方面，风险预防不可能确保万无一失，企业需要考虑风险发生后的应对方法；另一方面，有些风险发生的结果无法挽回，这时就必须做好最周全处理措施，减少带给企业的损失。风险减损注重损失发生后的应急措施，常用的减损措施有：抢救和恢复工作、灾难计划和紧急救援、法律手段等。其中，制定的计划和预案，是事先想象出来的事后发生的情况，要对预案进行统一部署和演练，以便在真正实施时能够快速到位。

在实施风险减损措施时，需要注意以下两点：一是注意成本效益原则。风险减损措施本身也有成本，而风险管理的目标是成本最小化，如果风险减损的成本过高，则可以考虑其他的方法，如风险转移等。二是不能过分依赖风险减损措施。当面对较大风险时，也要考虑其他应对措施。风险减损措施本身也有可能带来新的风险。

（三）风险转移

风险转移是指通过契约（合同或协议），将损失的法律责任转移给其他个人或组织承担的行为。通过风险转移有时可大大降低经济主体的风险程度。

风险转移的主要形式是合同和保险。通过签订合同，可以将部分或全部风险转移给一个或多个其他参与者，主要有出售、分包等方式。而保险也是使用最为广泛的风险转移方式之一。风险转移主要是转移风险源、免责协议、利用合同中的转移责任条款等。

（四）风险保留

风险保留也称风险自留，是指接受风险，是一种被动策略，由个人或单位自行承担风险，主要是处理残余风险，即风险承担。也就是说，如果损失发生，经济主体将以当时可利用的任何资金进行支付。风险保留包括无计划自留和有计划自我保险。无计划自留是被动的、无意识的、无计划的；是指风险损失发生后从收入中支付，不是在损失前做出资金安排。当经济主体没有意识到风险并认为损失不会发生，或将意识到的与风险有关的最大可能损失显著低估时，就会采用无计划保留方式承担风险。一般来说，无计划自留应当谨慎使用，因为如果实际总损失远远大于预计损失，将引起资金周转困难。有计划自我保险是主动的、有意识的、有计划的；是指在可能的损失发生前，通过做出各种资金安排来确保损失出现后能及时获得资金以补偿损失。有计划自我保险主要通过建立风险预留基金的方式来实现。

任务实施

某互联网金融公司作为金融行业企业，具备较强的风险控制能力。该互联网金融公司在规模急剧膨胀的同时，很好地规避了流动性风险与期限错配风险。通过应用大数据技术，能够有效控制用户数量和户均金额，还可以做好相应期限匹配，合理规避业务风险。

郑重声明

读者意见反馈

为收集对教材的意见建议，进一步完善教材编写并做好服务工作，读者可将对本教材的意见建议通过如下渠道反馈至我社。

咨询电话　400-810-0598

反馈邮箱　zz_dzyj@pub.hep.cn

通信地址　北京市朝阳区惠新东街 4 号富盛大厦 1 座
　　　　　　高等教育出版社总编辑办公室

邮政编码　100029

防伪查询说明

用户购书后刮开封底防伪涂层，使用手机微信等软件扫描二维码，会跳转至防伪查询网页，获得所购图书详细信息。

防伪客服电话　（010）58582300

学习卡账号使用说明

一、注册 / 登录

访问 https://abooks.hep.com.cn，点击"注册 / 登录"，在注册页面可以通过邮箱注册或者短信验证码两种方式进行注册。已注册的用户直接输入用户名加密码或者手机号加验证码的方式登录。

二、课程绑定

登录之后，点击页面右上角的个人头像展开子菜单，进入"个人中心"，点击"绑定防伪码"按钮，输入图书封底防伪码（20 位密码，刮开涂层可见），完成课程绑定。

三、访问课程

在"个人中心"→"我的图书"中选择本书，开始学习。

如有账号问题，请发邮件至：4a_admin_zz@pub.hep.cn。